I0233876

DIE KRAFT DES GEBETS

wie durch Zikir Hirnwellen gelenkt werden

AHMED HULUSI

ISBN-10: 0692228101
ISBN-13: 978-0692228104

DIE KRAFT DES GEBETS

wie durch Zikir Hirnwellen gelenkt werden

AHMED HULUSI

www.ahmedhulusi.org/de/

Übersetzung Susanne Öz

Überarbeitung der Edition 2014
Gökhan Bekensir, Tariq Mir

ÜBER DEN BUCHUMSCHLAG

Der schwarze Hintergrund auf der Vorderseite des Buches repräsentiert Dunkelheit und Ignoranz während die weiße Farbe der Buchstaben Licht und Wissen repräsentiert.

Das Symbol ist eine Kufi-Kalligrafie des Wortes der Einheit: **„La ilaha illAllah; Mohammed Rasulallah." Dies bedeutet, es gibt keinen „Gott" oder Gottesbegriff, es gibt nur das, worauf mit dem Namen Allah hingewiesen wird und Mohammed (FsmI) ist der Rasul (das Gehirn, wo sich dieses Wissen entfaltet) dieses Verständnisses**.

Die Platzierung dieser Kalligrafie, welche sich über allem anderen auf dem Umschlag befindet, ist eine symbolische Repräsentation der vorherrschenden Wichtigkeit, welche dieses Verständnis im Leben des Schriftstellers innehat. Das grüne Licht, welches reflektiert wird vom Fenster des Wortes der Einheit, öffnet sich von der Dunkelheit zur Helligkeit heraus, um das Licht von Allahs Rasul zu erleuchten. Dieses Licht wird verkörpert im Titel des Buches durch die Feder des Schriftstellers und wird konkretisiert mit der weißen Farbe, um die Erleuchtung zu beschreiben, die der Schriftsteller in diesem Feld versucht zu erzielen. Während das Wissen von Allahs Rasul sich verbreitet, erlangen diejenigen, die fähig sind dieses Wissen zu bewerten, Erleuchtung. Dies wird durch den weißen Hintergrund auf der Rückseite des Buchumschlags repräsentiert.

VORWORT DER ÜBERSETZER ZUR NEUEN, ÜBERARBEITETEN EDITION

Verehrter Leser,

dies ist die überarbeitete Version des Buches „Gebet und Zikir" aus dem Jahr 2009, welches von Susanne Öz übersetzt wurde.

Ziel der Überarbeitung war es, die Kapitel „Asma ul Husna" und vor allem die Verse des Korans in einem besseren Verständnis wiederzugeben, so wie es Ahmed Hulusi in seinem neuesten Werk der Koranübersetzung **„Allah Ilminden Yansimalarla Kuran-i-Kerim Cözümü"** (deutsch: Die Entschlüsselung des Korans anhand der Reflexionen um das Wissen um Allah) widergespiegelt hat.

Da alle Koranübersetzungen auf einem Oben-befindlichen-Gott basieren, haben sie nicht das Verständnis widergespiegelt, welches er Zeit seines Lebens versucht hat, zu vermitteln.

Für die korrekte Aussprache der arabischen Verse, empfehlen wir folgenden Link:

http://www.ahmedhulusi.org/sohbet/kuran-cozum-hg.htm

Wir denken, dass es einfacher ist, sich mittels oben genannten Link die Verse bzw. den Koran anzuhören und gleichzeitig die Transliteration zu lesen. Das vereinfacht das Lernen der richtigen Aussprache…

WARUM MANCHE WÖRTER IM ORIGINAL BELASSEN WERDEN

Verehrter Leser,

Ziel dieser Übersetzung ist es so gut es nur geht, die türkischen Bücher von Ahmed Hulusi in der deutschen Sprache sinngemäß wiederzugeben. Viele Wörter aus dem Koran können nicht direkt in der deutschen Sprache (oder generell in einer anderen Sprache) wiedergegeben werden, da ein äquivalentes Wort dazu fehlt. Man muss also wissen, was dieses Wort ausdrücken möchte, um den Begriff dieses Wortes dann in der übersetzten Sprache wiederzugeben.

Mit dem arabischen Wort **„Schirk"** haben wir es hier insbesondere zu tun.

Wörter wie z.B. Vielgötterei, welches man in nahezu allen Koranübersetzungen findet, sind unzulänglich und geben nicht wirklich die Bedeutung wieder, welche mit **„Schirk"** ausgedrückt werden soll.

„Schirk" leitet sich vom arabischen Wort *„Ischrak"* ab, welches vermischen, zusammentun bedeutet. Es soll also mit der Bedeutung, welche mit dem Namen Allah bezeichnet wird, nichts zusammengetan und vermischt, also verglichen werden.

Das menschliche Gehirn ist aber auf Assoziationen aufgebaut. Eine Information wird mit einer anderen Information verknüpft und so entsteht durch die verschiedensten neuronalen Verbindungen eine entsprechende Datenbank im Gehirn, um sich selbst und die Umwelt zu verstehen.

Wenn derjenige, der Allah genannt wird, zu einem entfernten Gott wird bzw. mit einem *Oben-befindlichen-Gott* gleichgesetzt wird, dann wurde mit der Bedeutung des

Namens Allah etwas verglichen. Und zwar wurde „Allah" als Information mit anderen bestimmten Informationen assoziiert, nämlich die Information, dass diese scheinbare duale Welt die Wirklichkeit darstellt. Alles ist getrennt, alles was existiert, sind begrenzte Objekte unterschiedlichen Ausmaßes. Es gibt dich, mich und gleichzeitig einen Gott…

Man hat die ganze duale Sichtweise mit dem nicht zu Begrenzenden assoziiert und verglichen. Dies wird **„Schirk-i-Khafi"**, verstecktes Schirk, genannt. Versteckt, weil dies das Gehirn automatisch tut und es so für den Menschen unbewusst entsteht.

In der Psychologie wird dies auch Projektion genannt. Der Mensch projiziert aus seiner begrenzten Sichtweise heraus. Deswegen benutzt Ahmed Hulusi für seine Bücher den Satz: „***Von der Annahme eines Gottes, der wie ein Mensch denkt, zu der Sichtweise eines Menschen, der wie ALLAH denkt."***

Aus diesem Grunde wurde beschlossen **„Schirk"** mit Dualismus oder unbewusste Assoziation zu übersetzen. Und deswegen stellt es auch laut dem Koran „die größte Grausamkeit dar", die nicht zu vergebende Sünde, weil solch eine Datenbank nicht in Synchronisation ist mit dem Mechanismus des Systems und der ewigen Existenz.

Genauso, wie es bei Schirk der Fall ist, gibt es eine Vielzahl von Wörtern im Koran, die einfach im Original belassen werden müssen. Denn es geht um das Verstehen von bestimmten, wichtigen Begriffen, welche ***Schlüsselbegriffe*** darstellen…

Denn selbst ein Araber versteht nicht unbedingt, dass mit **FUAD**, welches wortwörtlich Herz bedeutet, ein verstecktes Potenzial im Unterbewusstsein des Menschen gemeint ist. Und zwar ist mit **FUAD** eine andere Bedeutung gemeint als mit **KALB**, welches ebenfalls wortwörtlich Herz bedeutet…

Warum wird an einer Stelle FUAD benutzt und an anderer Stelle KALB?

Vereinfacht ausgedrückt: Anderes Wort, andere Bedeutung!

Um den Koran zu verstehen, muss man zuerst die Prinzipien und Konzepte verstehen. Und dafür braucht man das Fundament, worauf die Konzepte aufgebaut sind.

Das Fundament bildet die Bedeutung des Namens **ALLAH.** Das Verstehen des Namens ALLAHS ist gleichzeitig an das Verständnis des Schirks gebunden... Und dann versteht man langsam die anderen Schlüsselbegriffe wie **RABB**(=Herr), **YAKIN**(=Nähe), **ASMA UL HUSNA**(=die schönen Namen, also die Eigenschaften Allahs) u. v. m....

Deswegen werden viele Schlüsselbegriffe im Original beibehalten. Die Definitionen zu den Eigenschaften von Allah finden Sie im Kapitel **„Asma-ul-Husna"**.

Gökhan Bekensir

Tariq Mir

EINFÜHRUNG

Schau mein Freund...

Du musst wissen, dass dieses Buch eines der wertvollsten Dinge ist, die Du in Deinem Leben erhalten wirst! ...

Dieses Buch ist die Ansprache Deines Herrn an Dich, es ist ein ganz spezielles Tor, welches **„Hu[1]"** Dir eröffnet! ...Wer Du auch bist, was Du auch tust, welchen Glauben Du auch immer hast, Du musst wissen, dass Dein Herr Dich erwartet und sein Tor für Dich offen steht! ...

Frage nicht, wo das Tor Deines Herrn ist, dieses befindet sich bei Dir, in Deinem Herzen! ...Dein Herr erwartet Dich hinter dem Tor, welches sich in Dir, für Dich öffnet! ...

Dieses Tor ist die Pforte von **Gebet und Zikir** (Rezitation, Erinnerung)! ...

Sie öffnet sich direkt von Deinem Herzen zu Deinem Herrn! ...

Es ist das Tor für Bitte und Hinwendung! ...

Verlass den Gott, den Du außerhalb von Dir im Himmel vermutest, wende Dich an den **end- und grenzenlosen ALLAH**, bemerke endlich, dass **„Hu"** an jedem Punkt, in jedem Teilchen vorhanden ist und versuche **„Hu"** in Deinem **Herzen** zu finden! ...

Daraufhin kannst Du von **„HU"** wünschen, was Du möchtest! ...Einen Partner, eine Arbeit, Nahrung, die Erreichung Deiner Ziele oder Deine Genesung! ...

---

[1] **Hu** - steht hier für ALLAH. Da die 3. Person Singular in der deutschen Sprache für eine bestimmte Person unter vielen steht und außerdem geschlechtsspezifisch ist, kann sie hier nicht für die Übersetzung von „Hu" benutzt werden. „Hu" ist geschlechtsunspezifisch und bezeichnet die Einheit, aus der sich die gesamte Vielfalt herleitet. Wir haben uns deshalb entschlossen, das Originalwort „Hu" zu gebrauchen.

Du sollst wissen, dass **Gebet und Zikir** der einzige Weg sind, all Deine Wünsche und Verlangen zu befriedigen.

Mein Freund, Du musst wissen, dass **Allah**, dessen Eigenschaften in jedem Teilchen vorhanden sind und neben dessen Wesen niemals von dem Vorhandensein eines anderen gesprochen werden kann, **Dich aus Dir selbst heraus erhören wird!**

Du solltest wissen, dass Du **„KHALIFATULLAH"** nämlich **„Statthalter Allahs"** auf Erden bist.

Hast Du eine Ahnung von den Kräften in Deinem **Herz** und **Gehirn**, die **Allah** Dir als **„Statthalter auf Erden"** verliehen hat? ...

Bist Du Dir bewusst, dass Du durch **Gebet und Zikir** mit Deinem großartigen Gehirn, den in Dir vorhandenen Mechanismus in Betrieb setzen kannst? ...

Kennst Du den Mechanismus des **Gebets**, der Dir als **stärkste Waffe** zur Verfügung gestellt wurde? ...

Wie viele grausame Sultane wurden durch **Gebet und Zikir** einfacher, mittelloser Menschen vernichtet! ...

Wie viele Mittellose haben durch **Gebet und Zikir** großen Reichtum erhalten! ...

Wie viele Sorgenvolle, Kranke, Gequälte und Leidtragende haben ihre Rettung durch **Gebet und Zikir** erfahren! ...

Mein Freund, Du musst wissen, dass das System von **Gebet und Zikir**, welches die stärkste Waffe der Welt darstellt, **in Dir** vorhanden ist. Dadurch, dass Du den Gebrauch dieser wirkungsvollen Waffe, die in **Deinem Gehirn, Deinem Herz und Deiner Seele** vorhanden ist, erlernst, kannst Du alle Schönheiten in dieser Welt und im Leben nach dem Tode erlangen! ... Oder aber, Du gebrauchst das System von **Gebet und Zikir** nicht, lässt es links liegen und verrotten und wirst dann die Folgen dafür bis in alle Ewigkeit zu tragen haben!

Dieser Mechanismus wurde Dir ohne Gegenleistung gegeben, er ist ein Geschenk für Dich!

Bei **Gebet und Zikir** bist Du auf niemanden angewiesen und Du brauchst keinen Vermittler! ...Wenn Du möchtest, kannst Du dieses Buch gebrauchen, oder Dich so wie es aus Deinem Herzen kommt, hinwenden! ... Aber Du solltest den Gebrauch des Systems von **Gebet und Zikir**, welches den wertvollsten Mechanismus auf dieser Welt darstellt, unbedingt erlernen.

Du wirst sehen, wie schön Deine Welt dann wird.

Ahmed Hulusi

Dieses Buch widme ich meiner Mutter ADALET und meinem Vater AHMED EKREM, die ich sehr geliebt habe. Möge Allah ihnen nach seinem Willen Gnade schenken....Gedenken Sie ihrer bitte mit einem Fatiha.

Ahmed Hulusi

Rabbi inni massaniyasch schaytanu binusbin wa azâb; Rabbi auzu bika min hamazatisch schayatıyni wa auzu bika rabbi an yahdurun. Wa hifzan min kulli schaytanin marid.

Sad 41 – Muminun: 97-98 – Saffat: 7

Auzu biwadjillâhil kariym wa kalimâtillâhil tâmmatillatiy lâ yudjawiz hunna barrun walâ fâdjirun min scharri mâ yanzilu minas samâi wa mâ yâ'rudju fiyha wa min scharri mâ zara`a fil ardı wa mâ yahrudju minha wa min fitanil layli wan nahhari wa min scharri kulli tarikin illâ târikan yatruku bikhayrin yâ Rahman.

Erläuterung dieses wichtigen Schutzgebetes im Kapitel „Einige nützliche Gebete"

VORWORT

1965 haben wir unser erstes Buch **„Manevi Ibadetler Rehberi"** (Anleitung zur inneren Andacht) herausgebracht...

Zu dieser Zeit bestand auf dem Buchmarkt ein großer Bedarf zu diesem Thema. Aufgrund der höchst unzureichenden Gebetbücher war das Erscheinen eines solchen Buches zwingend notwendig geworden. Wir haben damals, soweit es in unserer Kraft lag, ein knappes und wesentliches Gebetbuch im klassischen Stil vorbereitet und unseren muslimischen Geschwistern zur Verfügung gestellt.

Ich weiß nicht, wie viele dieser Bücher, die im Laufe der Jahre in großer Zahl gedruckt wurden, in der Türkei Verbreitung fanden. Aber ich höre und sehe, dass das Buch im Heim vieler Menschen vorhanden ist, so dass ich außerstande bin, meinem Dank hierfür Ausdruck zu verleihen...

* * *

„In meiner Kindheit kam mein Vater mit einem Gebetbuch, dem „REHBERI IBADÂTIL MANEVIYYE" nach Hause... und da ich genauso interessiert und wissbegierig wie meine Mutter war, las ich das Buch und begann, meine täglichen Sorgen und Probleme diesem Buch entsprechend zu bewerten. Zum Beispiel zur Stärkung meines Glaubens oder für meine Bedürfnisse und ich habe mit Bestimmtheit sehr großen Nutzen daraus gezogen. Als ich heiratete, kaufte mein Vater mir auch ein Exemplar dieses Buches und ich lese noch immer darin..."

Dies ist ein Auszug aus einem Brief eines Lesers, der jetzt schon fast erwachsene Kinder hat...

Ja, Allah sei dank, unser erstes Buch ist zu einem Klassiker geworden, der Generationen erreicht hat.

Indessen haben wir teils durch die Ergebnisse von Untersuchungen, teils durch die Inspirationen unseres Herrn (ILHAM-I-RABBANI) noch viel mehr Formeln erfahren und es war unser Wunsch, diese nützlichen Erkenntnisse mit der größtmöglichen Zahl von muslimischen Brüdern und Schwestern zu teilen...

Außerdem sollte ein solches Buch über **Gebet und Zikir** entstehen, welches den Anforderungen, dem Wissen und den Fragen der heranwachsenden Generation zu diesem Thema Rechnung trägt...

Mit der Unerfahrenheit der Jugend haben wir die Urheberrechte unseres ersten Buches an das Monopol eines Verlegers abgegeben. Aber dieses Mal möchte ich mein Buch, im Glauben an Allah, allen Muslimen zum Geschenk machen. Für dieses Buch gibt es keine Urheberrechte. Es wurde nicht in kommerzieller Absicht geschrieben. Jeder kann, unter der Vorraussetzung dem Original treu zu bleiben, dieses Buch verwenden oder zur Verwendung bringen...und seinen Freunden zum Geschenk machen. Wie schön wäre es, wenn wir dafür ein **„Möge Allah es vergelten"** gewünscht bekommen oder man für uns **„drei Ikhlas und ein Fatiha**" liest…

Hazreti Mohammed, Friede sei mit ihm, pflegte zu sagen: **„Wer den Anlass zu einer guten Tat liefert, hat soviel Nutzen wie derjenige, der die gute Tat ausführt."**

Ich bitte Allah inständig darum, mich mein Leben lang Anlass zu guten Taten sein zu lassen; möge Allah mich davor beschützen, ein Werkzeug des Bösen zu werden und Taten zu begehen, die ich jetzt und in der Zukunft sehr bereuen werde.

Möge Allah es uns allen ermöglichen, dieses Buch auf die beste Art zu benutzen und möge Allah uns vor Augen führen, welchen Wert wir mit diesem Buch in Händen halten.

Lâ ilâha illallâh

Es gibt keinen Gott, einzig Allah (existiert)

There is no God, only Allah

INHALT

1

WESHALB GEBET?

Der Rasul Allahs, Hazreti Mohammed Mustafa, Friede sei mit ihm, sagte: **„Das Gebet ist die Waffe des Gläubigen"...** und in einem anderen Kommentar sagte er über das **Gebet**:

„Das Gebet ist der Kernpunkt der religiösen Handlungen."

Nach diesen Worten wollen wir uns an diesen erhabenen Koranvers erinnern:

„Ich habe Djinn[2] und Menschen erschaffen, damit sie mir dienen."

Im einfachsten Sinne stellen **Gebet und Zikir** Dienen dar! Im weitesten Sinne ist Dienen, das Hervorbringen von Handlungen gemäß dem Schöpfungsauftrag...

Ja, wie ist das nun, wenn wir beten, wird unser Gebet erhört? ...

In einer Offenbarung des Rasul Allahs heißt es folgendermaßen:

„Wenn eines meiner Geschöpfe die Hände zu mir erhebt und betet, so hüte ich mich davor, die Hände leer zurückzuweisen."

---

[2] **Djinn**: Aus „rauchlosem" Feuer erschaffene Geschöpfe, welche mit den menschlichen Sinnen normalerweise (innerhalb des elektromagnetischen Spektrums der fünf Sinne) nicht wahrnehmbar sind. Djinn verfügen wie Menschen über Urteils-und Entscheidungsfähigkeit und sind egobasierte Wesen.

Eine andere Offenbarung zu diesem Thema besagt:

„Menschensohn, das Gebet ist von Dir, die Erhörung von mir, die Bitte um Vergebung der Sünden kommt von Dir, die Begnadigung kommt von mir, das Bußversprechen kommt von Dir, die Annahme von mir, der Lobpreis kommt von Dir, die Hilfe kommt von mir. Was hast Du von mir gefordert, was ich Dir nicht gegeben habe?"

Hier noch eine Offenbarung des Rasul Allahs, welche die oben angeführten unterstützt:

„Betet zu mir, ich werde euch erhören!"

Noch eine weitere Offenbarung, die das Thema erläutert:

„Ich bin in dem Zustand, in dem mich mein Geschöpf vermutet, soll es also denken wie es will! ...

Wenn Sie also beten und denken, dass dieses Gebet erhört wird, so können Sie sicher sein, dass Ihre Wünsche in Erfüllung gehen! ...

Weil dieses Thema von diesem Standpunkt aus betrachtet wird, hat auch der führende Würdenträger Allahs, **Imam Rabbani Ahmed Faruk Sarhandi,** folgendes gesagt:

„Etwas zu wünschen heißt, das Gewünschte zu erreichen, denn Allah lässt sein Geschöpf kein Gebet beten, dass Hu nicht erhören wird!"

Eigentlich müssten wir uns, wenn wir beten oder etwas wünschen, sofort an folgenden Koranvers erinnern:

„Solange Allah nichts wünscht, könnt ihr nichts wollen." (76:30)

Das bedeutet, dass der Wunsch, der sich bei Ihnen gebildet hat, in Wahrheit zuerst bei Allah entstanden ist, bevor er bei Ihnen zutage treten konnte! ...Wenn Allah nicht gewünscht hätte, dann hätten Sie noch nicht einmal diesen Wunsch verspürt.

Das **Gebet** ist der wirkungsvollste, einfachste Mechanismus und obendrein noch kostenlos... Deshalb heißt es, dass das Gebet **„die Waffe des Gläubigen"** ist.

Wie wird das **Gebet** zur Waffe? ...

Um das verstehen zu können, müssen wir in die Tiefe der Mystik vordringen...

Der Mensch ist in Wirklichkeit, mit den persönlichen Eigenschaften Allahs ausgerüstet und erschaffen. **Durch HUs Sein, ist er ein dauerhaftes, ewiges Wesen**...

Er lebt, weil er mit dem Attribut des **Lebendigen** ausgestattet ist, auf welches der **Name Allahs „HAY"** hinweist...

Er ist im Besitz von **Wissen und Bildung**, auf welche der **Name Allahs „ALÎM"** hinweist und mit deren Hilfe er seinem Leben eine Richtung gibt...

und durch die **Willenskraft**, welche durch **Allahs Namen „MURID"** gekennzeichnet ist, wendet er sich der Verwirklichung seiner Wünsche zu...

Aus diesem Grunde kann der Mensch in dem Maße, in dem er die in seinem Wesen enthaltenen Namen bzw. Eigenschaften Allahs hervorbringt, in dem ihm vorherbestimmten Umfang, seine Wünsche erfüllen und vor seinen Ängsten sicher sein.

Was ist **das Gebet**?

Ist es ein Ersuchen an einen Gott außerhalb von Dir oder die Forderung, die Kräfte Allahs, die in jedem Bereich Deines Körpers, in jeder Zelle von Dir vorhanden sind und durch die Du in **Hu** dauerhaft bestehst, zu aktivieren?

Das Gebet ist nichts anderes, als die Aktivierung der Kräfte Allahs, die im menschlichen Wesen vorhanden sind! ...

Aus diesem Grunde kann der Mensch feststellen, dass, wenn er mit voller Konzentration betet, sich sehr viele Dinge, die unmöglich erscheinen, verwirklichen werden.

Aus diesem Grunde ist das Gebet die stärkste Waffe des Menschen...

Wenn wir den größtmöglichen Erfolg aus dem Gebetsmechanismus ziehen wollen, so müssen wir manche Besonderheiten bezüglich der Art und Weise des Gebets, des Ortes und der Zeit beachten.

2

DIE FORM DES GEBETS

Beim Gebet sind einige Bewegungen äußerst wichtig...

Beim Gebet sollte man die Arme seitlich erheben, so dass die Achselhöhlen sichtbar werden. Die Hände hält man dabei mit den Handflächen zum Gesicht gerichtet, parallel etwa 30 cm vom Gesicht entfernt mit etwas gespreizten Fingern. Dadurch treffen die Strahlen, die von den Händen wie von Parabolspiegeln aufgefangen und reflektiert werden, mit den vom Gehirn ausgesendeten Strahlen zusammen und werden so verstärkt.

Schauen Sie, was der Rasul Allahs, Hz[3] Mohammed, Friede sei mit ihm, zu diesem Thema sagt:

„Wenn irgend ein Geschöpf seine Hände erhebt, so dass die Achselhöhlen sichtbar werden und vor Allah einen Wunsch äußert, so wird sein Gebet, vorausgesetzt er zeigt keine Eile, ganz bestimmt erhört...

Wie ist die Eile zu verstehen? ...

Indem man sagt: ‚Ich habe gebetet und gebetet und bin doch nicht erhört worden‘ (und gibt dann auf).**“**

---

[3] Hz. - Hazreti ist ein Ehrentitel vor dem Namen von Personen, welche nach islamischer Auffassung als heilig (erleuchtet durch die Nähe Allahs) gelten.

Das ist falsch; man muss bis zur Erfüllung beharrlich weiterbeten.

Die von den Handflächen und Fingern reflektierten Wellen und die von unserem Gehirn zielgerichtet ausgesandten Wellen treffen an einem Punkt zusammen und bilden eine, einem Laserstrahl ähnliche Kraft, die bei der Entstehung bestimmter Dinge eine sehr wichtige Rolle spielt.

Wie Sie hier feststellen werden, wirkt diese ursprüngliche Kraft, welche die Entstehung des Gebets bewirkt, nicht von außen auf den Menschen ein, sondern entwickelt sich aus der seelischen Kraft, die von den Namen (Eigenschaften) Allahs hervorgerufen wird, welche im Wesen der Menschen vorhanden sind.

Kurzum, das Gebet stellt eine Tätigkeit dar, bei der die Person mit Hilfe der in ihr enthaltenen Kräfte Allahs, ihre Wünsche realisiert und natürlich gibt es hierfür eine wissenschaftliche und technische Erklärung...

Im Grunde besteht das Gebet aus den **„auf ein Ziel gerichteten Wellen"** des Gehirns.

So wie sich der Kosmos aus der Energie der Dimension des Wissens, nach der Vorstellung Allahs in Form einer Quantenstruktur gebildet hat, so finden auch die großen Wünsche und Bedürfnisse des Menschen, die sich im Bewusstsein bilden, Entsprechung durch die Konzentration von zielgerichteten Gehirnwellen.

Daraus ergibt sich, dass ein Gebet umso schneller erhört wird, je größer die Konzentration beim Gebet ist... Deshalb heißt es auch **„das Gebet des Unterdrückten bleibt nicht unerhört und der Verwünschte wird keine Erlösung finden!"...**

Denn die verwünschende Person richtet mit solch einer Bedrängnis und gewaltigen Konzentration ihre negativen Gehirnwellen auf die verwünschte Person, dass es für diese keine Rettung vor dem „abgeschossenen Pfeil" gibt...

Wenn die Verwünschung beim Großvater auch keine Folgen zeigte, beim Enkel werden die Folgen zutage treten! ...Wie das gehen soll? Ganz einfach...

Die „verwünschenden", negativen Wellen treffen den Menschen in seiner Genetik dermaßen, dass die Folgen, wenn sie bei ihm selbst auch nicht zutage treten, bei seinen Kindern oder Enkeln als Reaktion auf die genetische Beeinflussung zutage treten und diese haben dann die Strafe für den Vater oder Großvater zu tragen...

Deshalb heißt es auch im türkischen Volksmund: **„Der Großvater hat Pflaumen geklaut, die Zähne des Enkels sind (durch die Säure) stumpf geworden"...**

Wir sprachen davon, beim Gebet die Hände zu öffnen und die Arme auszubreiten... So hat dies auch Hazreti Mohammed getan...

In der Wüste waren Verletzte aufgefunden worden und nachdem man sie verbunden und geheilt hatte, töteten diese ihre Wohltäter und flüchteten. Um die Flüchtenden zu finden, betete der Rasul zusammen mit seinen Gefährten, aufrecht stehend, die Arme wie oben beschrieben, erhoben und die Flüchtenden wurden kurze Zeit später aufgegriffen und ihrer Strafe zugeführt.

So wie das Gebet im Stehen, mit nach vorne ausgestreckten Armen und dem Gesicht zugewandten Handinnenflächen aufgrund der Reflexion durch die Finger sehr wirkungsvoll ist, ist auch das Gebet, welches in der **„Sadjda"** genannten Niederwerfung gesprochen wird, äußerst wirkungsvoll.

Besonders nach Mitternacht, wenn die Sonne genau über der gegenüberliegenden Erdhalbkugel steht und somit ihre Strahlung auf ein Minimum reduziert wird, ist die Kraft des in der Niederwerfung gesprochenen Gebets ungemein stark.

Wenn man in der letzten Niederwerfung des Nachtgebets, nach dem Eingestehen und Bereuen seiner Verfehlungen und der Bitte um Vergebung betet, dann wird dieses Gebet, je nachdem, was man gewünscht hat und besonders, wenn man das gleiche Gebet ein paar Tage lang täglich oder jeden zweiten Tag wiederholt -vorausgesetzt es liegt in Allahs Bestimmung- ganz gewiss erhört... Denn die Möglichkeit, das Gebet beharrlich zu wiederholen, deutet auf die Annahme des Gebets hin. Denn Allah gibt uns nicht die Möglichkeit, ein Gebet, welches nicht erhört werden wird, mit Beharrlichkeit zu beten.

Wenn man beim Gebet für eine bestimmte Sache nicht ausdauernd ist, so ist die Wahrscheinlichkeit der Erhörung sehr gering.

Warum ist das Gebet, welches man während der Niederwerfung, besonders nach dem Eingestehen von Verfehlungen spricht, so wirkungsvoll?

Während der Niederwerfung strömt das Blut verstärkt in den Kopf und so wird das Gehirn in vorzüglicher Weise mit Sauerstoff und Energie versorgt. Aus diesem Grunde ist es dann in der Lage, sehr starke Hirnwellen auszustrahlen.

Außerdem bewirkt das Eingeständnis der Verfehlungen eine erhöhte Konzentration und Hinwendung, was eine verstärkte Ausstrahlung von Hirnwellen in Bezug auf die gewünschte Sache nach sich zieht.

Der wichtigste Faktor, welcher das **Gebet** verstärkt und zur Erfüllung beiträgt, ist der Umstand, dass das Bewusstsein während des **Gebets** von illusionistischen Einflüssen frei ist... und dieser Zustand der „**Sadjda**" oder **Niederwerfung** ist ein Zustand, in dem der Begriff des **„Ich-Seins"** aufgehoben ist.

So hat uns auch der **Rasul Allahs, Hz. Mohammed,** Friede sei mit ihm, empfohlen, **entschlossen und ohne Zweifel an der Annahme des Gebets** zu beten.

Illusionen und Zweifel des Betenden sind die wichtigsten Faktoren, welche die Wirkung eines Gebets unterbinden...

Je weiter ein Mensch von Zweifel und Illusionen entfernt ist, umso schneller und effektiver wird sein Gebet erhört.

Einen der wichtigsten Faktoren bei der Erhörung von Gebeten der Personen, die Allah sehr nahe sind, bildet der Umstand, dass bei diesen kaum Zweifel und Illusionen vorhanden sind. Außerdem sind bei solchen Menschen die Kräfte und Eigenschaften Allahs, bedingt durch ihre Handlungen oder durch Allahs Gnade, stark ausgeprägt, was natürlich bei der schnellen Erfüllung der Gebete auch eine wichtige Rolle spielt.

Außerdem geben die Djinn, die auch als satanische Kräfte bekannt sind, den Menschen sehr unzutreffende Gedanken in Bezug auf das Gebet ein, was den Menschen dann daran hindert, diese wirkungsvolle Waffe zu gebrauchen. Genau in dem Augenblick, in dem Sie beten möchten, geben Ihnen die Djinn, welche wegen ihrer satanischen Eigenschaften auch Satan genannt werden, irgendwelche Zweifel ein.

„Ach, wozu soll ich denn beten, wenn es in meinem Schicksal liegt, wird es sowieso werden..."

„Egal ob ich bete oder nicht, die Sache läuft doch sowieso, wie sie vorbestimmt wurde, wozu soll ich da beten..."

Und so lassen Sie dann vom Beten ab und schließen sich selbst von dem Gebrauch der stärksten Waffe, dem Gebet aus. Sie können sich im Traum nicht vorstellen, um was Sie sich bringen, wenn Sie sich das Gebet versagen und nicht beten. Schauen Sie deshalb, was der Rasul Allahs, Hz. Mohammed, Friede sei mit ihm, uns empfiehlt:

„Ihr sollt alles, vom Schuhriemen bis zum Heu für eure Schafe von Allah erbitten."

„Erbittet von Allahs Großherzigkeit, denn Allah liebt es, wenn man bittet..."

„Es steht außer Zweifel, dass Allah diejenigen seiner Geschöpfe sehr liebt, welche mit Beharrlichkeit beten."

„Seht es als Geschenk an, wenn ihr in euren empfindsamsten Stunden betet... denn dieser Zustand tritt in den Stunden der Gnade Allahs zutage."

Die Bedeutung dieser oben angeführten Empfehlung aus den Büchern der Überlieferung (Hadith) ist folgende:

Mit den empfindsamsten Stunden sind die Augenblicke gemeint, in denen wir, hervorgerufen durch die Konzentration auf ein Thema, hochgradig seelisch empfänglich sind. In diesem Moment ist man ganz eindeutig auf Allah fixiert und diese Hinwendung führt dazu, dass das Gehirn, welches ganz auf eine bestimmte Absicht gerichtet ist, die in ihm enthaltenen Kräfte Allahs zutage treten lässt.

Der wichtigste Faktor bei der Erhörung des Gebets besteht darin, dass die Person ihr „Ich" beiseite schiebt, so dass nur noch **„Hakk", der Wahrhaftige,** übrig bleibt, welcher im Gehirn den Wunsch erweckt und durch deinen Mund das Gebet spricht... dann erfüllt sich der Satz:

„Wenn Hu es wünscht, dass etwas werden soll, dann sagt Hu:

„Werde!"... und es wird"...

Es ist falsch, wenn man nur ein- oder zweimal etwas beim Gebet wünscht und dann aufgibt, denn der wichtigste Hilfsfaktor bei der Erhörung des Gebets ist die Ausdauer.

Bei der Sache, für die wir beten, müssen wir zum einen beharrlich sein, zum anderen müssen wir genau darauf achten, dass die gewünschte Sache so weit wie möglich auf unser Leben nach dem Tode gerichtet ist und für uns vorteilhaft ist. Denn durch einen falschen Wunsch können wir uns selbst im großen Umfang Schaden zufügen.

So wie wir die Elektrizität sehr nutzbringend anwenden können, so kann sie uns auch durch unsachgemäßen Gebrauch schaden, ja sogar zu unserem Tode führen.

Wir sagten, dass das **Gebet** den Weg der Realisierung, durch die in Deinem Wesen, in Deinem Inneren, in Deinem Selbst enthaltenen **Kräfte Allahs** darstellt.

Wenn sich das so verhält, dann können wir in dem Umfang, in dem wir es verstehen, diese Waffe bewusst und zielgerichtet einzusetzen, uns vor unseren Feinden schützen; unsere Wünsche realisieren und sogar die **Nähe Allahs** erlangen...

In unserem Buch **„Der Mensch und seine Geheimnisse"** (A.d.Ü. dieses Buch ist z.Z. nur in türkischer Sprache erhältlich) beschrieben wir schon 1984, dass das Gebet sich auf die Kräfte des Gehirns stützt, da das Gehirn eine mit den Kräften und Eigenschaften Allahs ausgestattete Struktur darstellt und beschrieben das System, mit dem der Mensch nötigenfalls sogar durch seine Gehirnwellen Waffen außer Gefecht setzen kann...

Schauen Sie, wie die nicht religiösen Russen heutzutage das Gehirn bewerten:

Lesen wir zusammen folgende Nachricht, die am 11. Juni 1991 auf Seite 8 der „SABAH" Zeitung erschien:

„Die Kriege der Zukunft werden telepathisch geführt werden"

Der bekannte russische Wissenschaftler Vlail Kaznatcheev

stellt fest, dass das menschliche Gehirn auf dem Wege der Telepathie Kriege beeinflussen kann. Professor Kaznatcheev führt seine Untersuchungen in einem speziellen Labor fort, welches der Akademie von Novosibirsk angeschlossen ist und in dem Genies forschen.

„MOSKAU – Eines der angesehensten Mitglieder der russischen wissenschaftlichen Akademie, Professor Vlail Kaznatcheev betont, dass das menschliche Gehirn weit entfernt von dem Ort, an dem sich der Körper befindet, Menschen, Gedanken und elektronische Einrichtungen beeinflussen kann.“

Professor Kaznatcheev arbeitet emsig daran, diese These zu beweisen, die von vielen Menschen als Hirngespinst abgetan wurde, in Russland aber großes Interesse fand.

Die Regierung hat ihm an der Akademie von Novosibirsk, die für ihre hier ausgebildeten Genies bekannt ist, ein mit allen Einrichtungen ausgestattetes Labor, sowie Assistenten für die Forschungsarbeit zur Verfügung gestellt und die Erwartungen in Kaznatcheevs Forschungsarbeiten sind hoch.

Eine der größten Besonderheiten von Kaznatcheevs Arbeiten, stellt der Versuch dar, die telepathischen Fähigkeiten des menschlichen Gehirns als Waffe zu verwenden. Seiner Meinung nach ist es möglich, alleine durch die Kraft des Denkens, Computersysteme, Radaranlagen von Flughäfen, ja sogar alle möglichen Waffen, die mit neuester Technologie hergestellt sind, unwirksam zu machen.

Die Regierung, welche diese Untersuchungen aus nächster Nähe verfolgt und überwacht, ließ Kaznatcheev unter den Schutz der besten Agenten des KGB stellen, um eine Entführung durch die CIA zu verhindern.

Der berühmte Wissenschaftler legt seine Ansichten mit einfachen Beispielen dar:

„Wenn der Computer, an dem Sie gerade arbeiten, eine Störung aufweist, dann sollten Sie die Ursache nicht sofort bei der Herstellerfirma suchen. Es genügt schon, wenn Sie unter Stress stehen oder sich bei der Arbeit aufgeregt haben, um die technische Anlage des Gerätes zu beeinflussen. Denn selbst das

Gehirn eines durchschnittlichen Menschen ist stärker als der hervorragendste Computer und manchmal gebraucht der Mensch, ohne dass er sich dessen bewusst ist, die Kräfte, welche ihm die Natur verliehen hat."

Laut Kaznatcheev sollte man es nicht als Zufall bewerten, wenn man an einen Menschen denkt, den man lange Zeit nicht gesehen hat und kurze Zeit darauf von diesem einen Brief oder Anruf erhält. In diesem Fall haben die konzentrierten Gedanken die Person, an die gedacht wurde, beeinflusst.

Als Letztes hat Kaznatcheev in einer Sendung des russischen Fernsehens die Zuschauer aufgefordert, eine Stunde lang ausschließlich an das Gedeihen einer Pflanze in seinem Labor zu denken, die er vorher ausführlich gezeigt hatte. Das Ergebnis war wirklich verblüffend, die Pflanze zeigte in der kurzen Zeitspanne eine unvorstellbare Entwicklung.

So liegt auch der Untersuchung von Professor Kaznatcheev der Gedanke zugrunde, mit der Kraft des Denkens die Unendlichkeit zu erreichen. Kaznatcheev, der in seinen Untersuchungen die Wünsche des Unterbewusstseins mit der Wissenschaft der Parapsychologie verbindet, betont, dass die Ergebnisse seiner Untersuchungen, welche zukünftig in Bezug auf die Lähmung feindlicher technischer Einrichtungen großen Erfolg versprechen, dazu dienen sollen, Kriege zu verhindern oder vor Kriegen abzuschrecken, aber nicht als direkte Waffe verwendet werden sollen."

Eben aus diesem Grunde kann man das Gebet als die vorzüglichste Kraft, welche dem Menschen zuteil wurde, bezeichnen.

3

DER ORT DES GEBETS

Unwillkürlich wird uns in den Sinn kommen: Soll es jetzt auch noch so etwas wie einen Platz für das Gebet geben? Müssen wir uns jetzt für unser Gebet auch noch einen besonderen Platz suchen? Was hat der Ort mit dem Gebet zu tun? ...

Ja, man kann an jedem Ort beten! ... Es gibt keine Notwendigkeit zum Beten einen besonderen Ort aufzusuchen!

Aber...

Das Funktionssystem unseres Gehirns steht in enger Beziehung mit dem elektromagnetischen Feld und der Strahlung der Umgebung.

So wie es für das Gehirn von großer Bedeutung ist die in der Natur vorkommenden positiven Energieströme auszunutzen, so sind auch die Auswirkungen des von der Umwelt ausgehenden Strahlenfeldes äußerst wichtig.

Gemeinsame Gebete rufen eine sehr große Wirkung hervor.

Denn wenn sich die Gehirnwellen eines Betenden mit den Gehirnwellen der Menschen in seiner Umgebung vereinigen, entstehen äußerst starke Wellen. Deshalb pflegte Hz. Mohammed, der Rasul[4] Allahs zu sagen:

„Wenn drei Menschen zusammenkommen, um zu beten, so wird Allah ihr Gebet nicht zurückweisen."

Bestimmte Orte? Wozu?

Zum Beispiel Gebete, die an der Kaaba gebetet werden; Gebete am **Berg Arafat;** Gebete, die in Medina am Grab Hz. Mohammeds, Frieden sei mit ihm, gesprochen werden; Gebete, die in Ephesus im Haus der Mutter Maria gesprochen werden, Gebete am Grab des Ayyub Sultan genannten Gefährten Hz. Mohammeds in Istanbul, oder Gebete an den Grabstätten von Heiligen, die in fast allen Regionen zu finden sind. Gebete, die an diesen Orten gesprochen werden, sind stets sehr wirksam und werden zumeist erhört.

Dabei spielen zwei Faktoren eine wichtige Rolle:

1. Die elektromagnetische Energie, welche an dem Ort selbst ausgestrahlt wird.

2. Die Energie, die aus der geistigen Kraft der dort bestatteten Personen herrührt...

Wenn sich der Betende der Unterstützung dieser beiden Faktoren versichert, so kann er mit großer Sicherheit erwarten, dass sein Gebet erhört wird.

Ebenso hat man festgestellt, dass Gebete, die in der Anwesenheit von (oder gemeinsam mit) einer religiös und moralisch hochgestellten Person gesprochen werden, einen hohen Wirkungsgrad haben.

---

[4] **Rasul-** bezeichnet die auserwählten Menschen, welche das Wissen über die Dimension des Wahrhaftigen (Allah-die einzig wahre Identität und Essenz von allem in der Existenz) hervorbringen und entfalten, das in ihrem Innersten vorhanden ist. Die allgemeine Übersetzung lautet Prophet, dies ist aber unserer Meinung nach zu undifferenziert, da im Koran nicht von Propheten, sondern von Nabi und Rasul gesprochen wird.

4

DIE ZEIT DES GEBETS

So wie Sie jederzeit, wenn es Ihnen in den Sinn kommt, beten können, so gibt es auch bestimmte Tage und Nächte, die bei der Erhörung der Gebete eine wichtige Rolle spielen z.B.:

Die ungeraden Nächte nach dem 20. des Monats Ramadan.

Die 10. Nacht des Monats Muharram.

Die Nacht, in welcher der Monat Radjab beginnt.

Die 15. Nacht des Monats Radjab.

Die Mirâdj-Nacht.

Die 15. Nacht des Monats Schaban.

Die Nächte vor den religiösen Festtagen.

Die Nächte des Ramadan Festes und des Hadj-Festes

Freitags, in der Zeit zwischen der Freitagspredigt und dem Nachmittagsgebet.

Der 27. Tag des Monats Radjab.

Der 15. Tag des Monats Schaban.

Die Tage des Monats Ramadan.

Die Vortage vor den religiösen Festtagen.

Der 10. Tag des Monats Muharram.

Der 10. Tag des Monats Zilhidja.

Nachdem wir diese Tage hier aufgeführt haben, möchten wir uns mit der Besonderheit der Nächte befassen und besonders darauf hinweisen, die Stunden nach Mitternacht gut auszunutzen.

Wenn man von der Zeit des Gebets spricht, dann sind speziell zwei Besonderheiten wichtig: Die inneren und die äußeren Gegebenheiten...

Mit den inneren Gegebenheiten ist unser seelischer Zustand, unsere Gemütsverfassung gemeint. Es ist wichtig aufrichtig, von Herzen kommend, aus tiefster Seele zu beten, denn nur solch ein Zustand bewirkt eine volle Konzentration. Die Kräfte des Gehirns können nur so auf einen Punkt gerichtet und auf ein Thema konzentriert werden und dann dem Wunsch entsprechend ausgestrahlt werden.

Die an zweiter Stelle genannten äußeren Gegebenheiten beziehen sich insgesamt auf die äußere Umgebung. Die erste dieser äußeren Gegebenheiten ist das Strahlen der Sonne und darüber hinaus das vollständige Verschwinden der Strahlung. Denn die von der Sonne ausgehende kosmische Strahlung wirkt sich zum größten Teil störend auf die Kraft des Gehirns aus.

Die zweitwichtigste Gegebenheit bilden Stunden, in denen die weiche und unterstützende Strahlung der Planeten Jupiter und Venus das Gehirn beeinflussen. Die notwendigen Berechnungsparameter zur Bestimmung dieser Stunden finden Sie zum Beispiel detailliert in dem Buch „Marifetnâme" des Ibrahim Hakkı Erzurumî erklärt. Dazu benötigen Sie eine vollständige Übersetzung, die auch diesen wichtigen Teil enthält.

Denn irgendeine Sache, die normalerweise gelingen müsste, wird in der Stunde des Planeten Mars in Streit ausarten und nicht gelingen und eine Sache, die unmöglich erscheint, wird in der Stunde der Planeten Jupiter oder Venus auf verblüffende Weise möglich und versetzt uns in großes Erstaunen.

Aus diesem Grund ist es sehr vorteilhaft, bestimmte Stunden zu beachten.

5

GEBET UND SCHICKSAL (KADAR)

Wenn die Rede auf das Gebet kommt, werden sehr viele von uns, aufgrund falscher Informationen oder Voreingenommenheit einwenden: **„Wozu soll ich überhaupt beten, was in meinem Schicksal festgelegt ist, wird sowieso geschehen!" ...**

Dabei ist das eine grundlegend falsche Einstellung!

Wirkliches Wissen über das Schicksal, gestützt auf die Verse des erhabenen Korans und die Überlieferungen des Rasul Allahs, Friede sei mit ihm, vermitteln wir in dem betreffenden Kapitel unseres Buches „Der Mensch und seine Geheimnisse"... Das Schicksal ist unumstößlich bindend und keiner kann seinem Schicksal entfliehen... So hat dies auch der Rasul Allahs, Hazreti Mohammed, Friede sei mit ihm, in seinen Darlegungen auf eine, selbst für weniger denkende Menschen, verständliche Weise erläutert. Es ist schade, dass man die Aussagen des Rasul Allahs zu diesem Thema in keinem Buch, außer in den Hadith genannten Büchern der Überlieferung finden kann. Sie können nicht darüber schreiben! Aber die Wahrheit bleibt Wahrheit, auch wenn darüber nicht geschrieben und gesprochen wird, erst recht, wenn sie von dem Rasul Allahs in solch leicht verständlicher Weise dargelegt wurde!

Der wichtigste Aspekt hierbei ist die Technik des Schicksals!

Bevor wir nun die Beziehung zwischen Gebet und Schicksal

näher erörtern, lassen Sie mich einige Überlieferungen des Rasuls zu diesem Thema anführen:

„Einzig das Gebet ändert das Schicksal. Das Leben kann nur durch gute Handlungen verlängert werden. Zweifellos verringern die begangenen Sünden einer Person die Gaben, welche ihm von Allah zugedacht waren."

* * *

„Unheil kann einzig durch das Gebet abgewendet werden. Das Leben indessen wird von guten Taten verlängert."

* * *

„Vorsehung schützt nicht vor dem Schicksal. Das Gebet indessen ist wirksam gegen bereits eingetretenes oder kommendes Unheil, denn zweifelsohne kommt Unheil (auf uns zu) **...dieses Unheil wird von dem Gebet empfangen und beide werden sich gegenseitig bis zum Jüngsten Tag bekämpfen."**

* * *

Nun hier heißt es auf der einen Seite, dass das Schicksal unabänderlich ist und auf der anderen Seite wird offenbart, dass das Gebet das Schicksal und Unglück abwenden kann. Wie lassen sich diese beiden Belange vereinigen, zu welchem Ergebnis werden wir kommen?

Wir sollten wissen, dass das Schicksal, so wie alles andere, dem Menschen vorbestimmt ist. Auch das Gebet ist ein Faktor, der allerdings im System des Schicksals enthalten ist. Wenn Sie beten, können Sie-ein in Ihrem Schicksal enthaltenes Ereignis abweisen- und Unglück und Unbilden abwenden. Allerdings ist die Möglichkeit zu beten wiederum an unser Schicksal geknüpft. Das bedeutet, wenn es unser Schicksal erlaubt, können wir beten und das auf uns zukommende Ereignis abwenden.

Wenn es Ihnen durch Ihr Schicksal bedingt, leicht fällt zu beten, dann werden Sie noch vor dem Eintreffen von Unheil oder Leid beten, und so werden Sie vor den negativen Folgen dieser Ereignisse geschützt sein.

Deshalb können Sie mit Vorsichtsmaßnahmen das

Vorherbestimmte nicht abändern, aber wenn es Ihnen in Ihrem Schicksal beschieden ist, werden Sie Vorsorge treffen und so das Unglück abwenden.

Zu diesem Thema bietet uns eine praktische Anwendung des Kalifen Umar (R.A.[5]) ein wichtiges Beispiel:

Als sich der Kalif Umar, der mit seiner Armee nach Damaskus zog, der Stadt näherte, erhielt er die Nachricht, dass hier die Pest ausgebrochen sei, daraufhin ließ er seine Armee umkehren.

Diejenigen, welche den Begriff des Schicksals nicht richtig verstanden hatten und sich mit den vordergründigen Äußerlichkeiten der Sache befassten, wunderten sich und fragten:

„Läufst Du vor Allahs Schicksal davon, Umar?“

Die Antwort Hazreti Umars, dem das System des Schicksals wohlbekannt war, bildet für uns alle eine Lehre:

„Ich suche Schutz bei Allahs Schicksal, vor dem von Allah gesandten Unheil!”

Die oben aufgeführte Antwort beinhaltet den springenden Punkt zum Thema Schicksal.

Das Schicksal ist absolut und kategorisch.

Der Mensch jedoch sieht die Auswirkungen seines eigenen Handelns!

Erinnern wir uns an folgenden Koranvers:

„Für den Menschen gibt es nichts außer seinem Tun...” (53:39)

Aus diesem Grunde müssen Sie das tun, wozu Sie befähigt sind, was Ihnen leicht fällt. Wenn Sie beten können, beten Sie sofort! Wenn Sie die Fähigkeit zu einer Handlung haben, führen Sie diese sofort aus! Wenn Sie zu Ihrem Schutz etwas tun können, wenden Sie es sofort an...

Sie müssen wissen, dass alles, was Sie tun können, in Ihrem Schicksal begründet liegt und Sie werden ganz bestimmt die

---

[5] **R.A.** ist die Abkürzung für Radiyallahuanh und bedeutet: Möge Allah ihm gewogen sein.

Ergebnisse Ihrer Handlungen sehen.

Aus diesem Grunde wurde auch gesagt: „Das Gebet weist Unbilden und Unglück zurück”,... die Zurückweisung des Unglücks ist an Ihr Gebet gebunden! Es liegt an Ihrem Gebet, wenn das Unglück Sie verschont. Aus diesem Grunde kann Ihr Gebet Unglück und Unbilden von Ihnen abwenden oder aber erwünschte Ereignisse oder Hoffnungen erfüllen sich durch Ihr Gebet...

Der Rasul Allahs, Hz. Mohammed bewertet das Wort **„wenn...doch nur”**, welches die Einleitung zu einem irrealen Wunschsatz bildet, als Werk Satans. Wir sollten über die Bedeutung dieser Bewertung gründlich nachdenken und seine Bewandtnis gut verstehen... Warum wurde die Benutzung des Wortes **„wenn...doch”** verboten?

Wir müssen wissen, dass das Gebet ein wichtiger Bestandteil des Schicksal-Systems ist...

Wenn Sie beten können, dann beten Sie soviel Sie können. Sie werden den Erfolg für all Ihre Gebete, in einer Weise, die uns in unserem irdischen Leben unvorstellbar ist, sehen. Denn Allah hat sehr viele der Eigenschaften, die Hu bei seinen Geschöpfen zur Entfaltung bringen möchte, an die Bedingung des Gebets geknüpft; das Gebet ist ein Vorwand für viele Dinge, die Hu uns zugedacht hat. Aus diesem Grunde gilt das Gebet als „Waffe des Gläubigen”.

Das Gebet stellt die wertvollste Gabe dar, die als Vorwand gilt, Ihnen all die Wohltaten und Schönheiten zu erweisen, die Ihnen von Allah vorbestimmt sind. Wer das Gebet oft und mit Nachdruck benutzt, wird den größten Segen erlangen.

Der Ungebildete jedoch, der das Schicksal nicht versteht, verlässt das Gebet und daraufhin werden ihn Nöte und Entbehrungen erwarten! ...

Schließen wir das Thema mit folgenden Feststellungen von Allahs Rasul, Friede sei mit ihm:

„Demjenigen unter Euch, dem die Türen des Gebets geöffnet sind, dem stehen zweifelsohne auch die Tore zu Allahs Gnade offen und es wurde von Allah noch nichts Schöneres erbeten als die Bitte um Wohlergehen.”

„Das Gebet ist gegen eingetretenes Unheil und noch bevorstehendes Unheil wirksam. O Ihr Geschöpfe Allahs, haltet fest am Gebet!"

6

ÜBER DAS ZIKIR

Zikir ist unserer Meinung nach die nützlichste Handlung, die ein Mensch auf dieser Welt tun kann.

Wenn man **Zikir** auch als „Erinnerung an Allah" übersetzt, so bleibt diese Übersetzung doch äußerst unzureichend.

1. Durch **Zikir** wird die Gehirnkapazität in Bezug auf die Bedeutung des im Gehirn wiederholten Wortes erweitert.

2. Durch **Zikir** wird die im Gehirn produzierte Energie in die Seele ausgestrahlt und dort in einer Art holografischem Strahlenkörper gespeichert, auf diese Art wird gewährleistet, dass die Seele für das Leben nach dem Tode gekräftigt wird.

3. Durch **Zikir** vertieft sich im Gehirn die Möglichkeit, die Bedeutung des wiederholten Wortes zu verstehen, es zu begreifen und zu verinnerlichen.

4. **Zikir** schafft Nähe zu Allah.

5. **Zikir** ermöglicht das Hervortreten der Eigenschaften Allahs.

Wegen dieser Eigenschaften, von denen wir hier nur einige aufgezählt haben, wird **Zikir** im erhabenen Koran als eine sehr lobenswerte Tätigkeit hervorgehoben, gleichzeitig werden diejenigen, welche dem Zikir keinen Wert beimessen, gewarnt:

„Wer sich (mit weltlich-äußerlichen Dingen) **dem Zikir des Rahman** (während man sich daran erinnert, dass die Namen von Allah die Wahrheit darstellen und gemäss diesem nicht lebt) **gegenüber blind verhält, dem werden Wir einen Satan** (Zweifel, sich selbst nur als Körper zu akzeptieren und Gedanken auszuleben nur für körperliche Vergnügen) **anerkennen! Diese** (Akzeptanz) **wird seine** (neue) **Persönlichkeit sein...**

Wahrlich dieses hat sie vom Weg (die Wahrheit zu erreichen) **abgebracht, sie nehmen aber immer noch an, dass sie sich selbst noch auf dem richtigen Weg befinden!" [43:36-37]**

„Der Satan (der Gedanke nur ein Körper zu sein) **hat diese so etablieren lassen, dass sie das Zikir an Allah** (derjenige, der sich seiner Wahrheit erinnert, sich von seinem Körper abwendet und dass er durch die Namen Allahs existent wurde und mit seiner Konstruktion *[Schu 'ur, reines universales Bewusstsein]* bis zur Unendlichkeit leben wird) **vergessen haben... Sie gehören zur Partei Satans** (die Unterstützer von satanischen Gedanken-sich selbst nur als Körper anzunehmen) **... Seid vorsichtig, wahrlich die Partei Satans** (diejenigen, die denken sie sind nur ein Körper) **wird große Verluste erleiden." [58:19]**

„Oh ihr, die glaubt. Bringt Allah viel Zikir entgegen" [33:41]

„Wer sich aber von Meinem Zikir (von der Wahrheit meiner Erinnerung) **abwendet, wahrlich wird es für ihn** (durch Körper-Bewusstseinsbegrenzungen) **einen sehr begrenzten Lebensraum geben und Wir sehen für ihn vor am Auferstehungstag als Blinder aufzustehen!" [20:124]**

„In diesem Zustand bringt Mir Zikir entgegen (denkt-erinnert euch an Mich), **so dass ich euch Zikir entgegenbringen kann!" [2:152]**

„Wenn Meine Diener dich nach Mir fragen, ohne Zweifel Ich bin Kariyb (nah bis zum Begrenzungsverständnis...Lasst uns an den Vers „Ich bin näher als ihre Halsschlagader" erinnern)**. Wer sich zu Mir dreht, dessen Gebet nehme Ich an" [2:186]**

„Es ist gewiss Akbar (Akbariyat-zur Grenzenlosigkeit sich zu öffnen)**, Allah Zikir** (Erinnerung) **entgegenzubringen" [29:45]**

Lassen Sie uns sehen, wie der Rasul Allahs, Friede sei mit ihm, die Menschen auf den großen Nutzen des Zikir hinweist:

Auf die Frage: **„Welches ist bei Allah die beliebteste Tätigkeit?"**, antwortete er Folgendes:

„Wenn Du stirbst, während Du das Zikir sprichst! ...

„Soll ich euch verkünden, was noch verdienstvoller ist als eure verdienstvollste Tätigkeit, die bei Allah am Reinsten ist und euren Stand am meisten erhöht, die verdienstvoller ist als Gold und Silber für den Lebensunterhalt anderer zu spenden, die verdienstvoller ist als eure Feinde auf dem Schlachtfeld zu schlagen und verdienstvoller ist, als den Märtyrertod für Allah zu sterben? ...

Es ist das Zikir Allahs!"

„Es schützt nichts besser vor der Bestrafung Allahs als das Zikir."

Auf die Frage, wessen Rang am Auferstehungstag bei Allah am meisten geschätzt sei, antwortete er:

„Diejenigen, welche Allah am meisten Zikir entgegenbringen..."

Es wurde weiter gefragt, wie es sich mit den Kriegsveteranen verhalte, die auf dem Wege Allahs in den heiligen Krieg gezogen seien. Er sagte:

„Selbst wenn diese gegen Ungläubige und Abtrünnige gekämpft haben, bis ihr Schwert zerbrach und sie vom Blut durchtränkt waren, so sind doch bei Allah zweifelsohne diejenigen am höchsten angesehen, die Allah viel Zikir entgegenbringen..."

„Das Geschöpf kann sich nur durch Zikir vor dem Satan schützen!"

„Das Vortrefflichste was ihr besitzt, ist eine Zunge, die Allah lobpreisend gedenkt, ein Herz voller Dankbarkeit und ein Ehepartner, der euch in eurem Glauben unterstützt."

„Der Vergleich zwischen einem, der Allahs gedenkt und einem, der dieses nicht tut, ist wie der Vergleich zwischen einem Lebenden und einem Toten!"

„Bringt Allah so viel Zikir dar, dass die Menschen sich fragen, ob ihr noch bei Verstand seid!"

„Übt das Zikir in solchem Maße aus, dass die Heuchler zu euch sagen, ihr tut dies nur zum Schein!"

Man befragte ihn nach dem Ausspruch: „Ein *Mufarridun* ist vorbeigegangen" und fragte, wer *Mufarridun* ist...

„Das sind solche, die es lieben Allah fortwährend Zikir darzubringen, sie werden davon ganz leicht... So werden sie auch am Auferstehungstag ganz leicht daherkommen."

„Satan hat seinen Mund im Herzen von Adams Sohn. Beginnt dieser mit dem Zikir, so zieht sich Satan immer mehr zurück.

Begeht er allerdings die Unvorsichtigkeit, das Zikir aufzugeben, dann verschlingt Satan sein Herz!"

Diese Überlieferung ist ein Gleichnis. Solange die Person Allahs Namen rezitiert und Seiner gedenkt, halten sich die Djinn von ihr fern und können ihr keine Zweifel eingeben, welche die Gedanken trüben; sobald der Mensch aber mit dem Zikir aufhört, haben die Djinn ein leichtes Spiel und beeinflussen das Gehirn, wie es ihnen beliebt.

„Das Wertvollste, was Allah seinen Geschöpfen gibt, ist die Erinnerung an das Zikir."

„Keine Spende, kein Almosen kann verdienstvoller sein als das Zikir."

„Die Bewohner des Paradieses sind über nichts traurig, außer über die Zeiten, die sie auf der Erde ohne Zikir verbracht haben!"

„Wer Allah nicht genügend gedenkt, entfernt sich vom Glauben."

„Der Mensch wird am Jüngsten Tag für jeden vergangenen Augenblick Reue empfinden, den er nicht mit dem Zikir Allahs zugebracht hat!"

„Wenn irgendeine Gemeinschaft sich versammelt und ohne Allah zu gedenken auseinander geht, so wird diese Versammlung am Jüngsten Tag für diese Anlass zur Reue sein!"

„Derjenige, der Allah viel gedenkt, ist vor Scheinheiligkeit

geschützt!

Solche wie diese Überlieferungen von Aussprüchen unseres Rasuls, gibt es noch sehr viele mehr, welche uns auf das Thema des Zikir hinweisen...

7

WARUM IST ZIKIR SO WICHTIG?

Obwohl wir das Thema in unserem Buch **„Der Mensch und seine Geheimnisse"** ausführlich dargelegt haben, möchte ich wegen der Wichtigkeit der Sache, bei der Notwendigkeit des **Zikir** verweilen.

Wir müssen mit Bestimmtheit wissen, dass die Religion ganz und gar auf wissenschaftlichen Tatsachen aufgebaut ist, welche den Gegebenheiten der jeweiligen Zeit entsprechend in symbolischer Form wiedergegeben wurden.

Alle im Islam vorhandenen Bestimmungen, welche dem erhabenen Koran und den Hadith-Büchern (in denen die Überlieferungen unseres Rasul und Nabi verzeichnet sind) entspringen, haben die Zielsetzung, den Menschen die Möglichkeit zu geben, Fähigkeiten, Eigenschaften und Ähnliches zu erwerben, welche für sie sowohl im heutigen Leben, wie auch im Leben nach dem Tode, zwingend erforderlich sind.

Das Leben des Menschen wird, wie wir wissen, vom **Gehirn** arrangiert. Alles was der Mensch hervorbringt, geschieht mittels des **Gehirns**. Sogar die **Seele**, die den Körper für das Leben nach dem Tod bildet, wird vom **Gehirn** mit Bewusstsein „geladen"!

Die durch die Namen Allahs bezeichneten Eigenschaften treten im Gehirn des Menschen zutage. Das menschliche Bewusstsein kann

Allah nur im Ausmaß seiner Gehirnkapazität erkennen und „*Yakîn*", das heißt Nähe zu Allah, herstellen.

Um die Wichtigkeit des **Zikir** zu begreifen, ist es notwendig, zuerst das Arbeitssystem des Gehirnes zu erfassen, um danach zu verstehen, welchen Ablauf **Zikir** in unserem Gehirn in Gang setzt.

Das Gehirn ist ein aus Milliarden Zellen bestehendes organisches System, welches bioelektrische Energie erzeugt und diese in strahlende Energie umwandelt. Dabei speichert das Gehirn, welches einem organischen Gerät gleicht, die gebildeten Gedanken zum einen in der Seele, zum anderen werden diese nach außen abgestrahlt.

Normalerweise arbeitet unser Gehirn aufgrund der Einflüsse, denen es während der Geburt ausgesetzt ist, mit einer Kapazität von fünf bis zehn Prozent. Es durchlebt dann aufgrund der Einflüsse, denen es ausgesetzt ist, ein durchschnittliches Leben. So wie alle uns bekannten Menschen...

Dabei ist es möglich, die Kapazität des Gehirns zu steigern![6]

Unter der Überschrift „Der Westen hat das Zikir spät entdeckt" schreibt die Zeitschrift **NOKTA** am 11. März 1994 in ihrer 11. Ausgabe zu diesem Thema:

Wussten Sie, dass die Ansichten, welche John Horgan in der Zeitschrift Wissen (Scientific American) in der Januar Ausgabe, in einer Abhandlung mit der Überschrift „Ordnungslose Funktionen" veröffentlichte, das erste Mal vor acht Jahren von Ahmed Hulusi beschrieben wurden?

Es wird Zeit in Anspruch nehmen, unsere Minderwertigkeitskomplexe in Bezug auf wissenschaftliche Themen auszuräumen. Wir ziehen es vor, statt der Meinung, die einer der Unsrigen schon vor Jahren veröffentlicht hat, Aufmerksamkeit zu

---

[6] Die Wichtigkeit des **Zikir** wurde erstmals 10 Jahre nach unserer Veröffentlichung zu diesem Thema von der Wissenschaft bestätigt. Die nachfolgenden Texte bestätigen unsere Feststellungen.

schenken, zu warten bis ähnliche Ansichten im Ausland Anerkennung finden. Manchmal finden wir, wie wir weiter unten am Beispiel Ahmed Hulusi's beschreiben werden, verblüffende Übereinstimmungen vor. In dem Artikel „Ordnungslose Funktionen" von John Horgan aus der wissenschaftlichen Zeitschrift, wird nach der Antwort auf die Frage „ob es eine dem Gehirn überlegene Struktur gibt, welche die Integration im Gehirn bewirkt" gesucht, und es werden verschiedene Theorien vorgebracht, die auf Versuchen aus dem Jahre 1993 basieren. Ahmed Hulusi gibt die Antwort auf diese Frage bereits viel früher in seinen 1986 erschienenen Büchern: **„Der Mensch und seine Geheimnisse im Licht von Religion und Wissenschaft**" sowie in dem Buch **„Gebet und Zikir"**.

In der beschriebenen Abhandlung von John Horgan wird folgender Versuch behandelt: Bei der Untersuchung wird Freiwilligen eine Liste mit Namen gegeben. Sie werden aufgefordert diese Namen laut zu lesen und jedem Namen ein Prädikat beizuordnen. Zum Beispiel soll bei dem Wort „Hund" das Prädikat „bellen" gesagt werden. Bei diesem Versuch zeigte sich eine Steigerung der Neuronenaktivität in sehr unterschiedlichen Bereichen des Gehirns. Aber die ständige Wiederholung der Liste mit den gleichen Namen bewirkte eine Verschiebung der Neuronenaktivität in ein anderes Gebiet. Gab man den Freiwilligen eine neue Namensliste, so verstärkte sich die Neuronenaktivität und kehrte zu ihrem Ausgangspunkt zurück.

Ahmed Hulusi schreibt in seinem 1986 herausgegebenen Buch **„Der Mensch und seine Geheimnisse"** im Kapitel „die wichtigste Tätigkeit auf dieser Welt ist das Zikir" im Zusammenhang mit diesem Thema Folgendes: Das menschliche Gehirn, welches aus etwa 14 Milliarden Zellen besteht, wird nur zu einem kleinen Teil durch die einwirkende Strahlung während der Geburt in Betrieb gesetzt; danach ist es unmöglich durch neue Impulse neue Kapazitäten zu öffnen. Das Gehirn kann nach der Geburt durch die Einwirkung von äußerer Strahlung keine neuen Zellgruppen aktivieren. Aber das soll natürlich nicht heißen, dass die nicht genutzte Hirnkapazität zum ewigen Brachliegen geschaffen wurde.

Nehmen wir an, dass Sie den Namen „Allah" mit Ihrer Stimme

sagen, dann bedeutet das sich des Namens „Allah" im Gehirn zu erinnern und bewirkt einen bioelektrischen Stromfluss zwischen den Zellgruppen, welche die Bedeutung des Namens bilden... Eigentlich sind alle Funktionen im Gehirn nichts anderes als bioelektrische Aktivität zwischen den Hirnzellen! Jeder Bedeutung entsprechend entsteht zwischen verschiedenen Zellgruppen eine bioelektrische Strömung... Die Zellgruppen, welche durch diese Strömung aktiviert werden, produzieren zahllose Bedeutungen..."

Die Funktion des Gedächtnisses wird von John Horgan in der Abhandlung über die „Ordnungslosen Funktionen" folgendermaßen beschrieben: „Dieser Versuch zeigt, dass einen Teil des Gehirns, das für das Finden der Wörter benötigte, Kurzzeitgedächtnis bildet.

Wenn aber der Ablauf automatisiert wird, übernimmt ein anderes Gebiet des Gehirns diese Funktion. Mit anderen Worten, das Gedächtnis unterscheidet nicht nur nach dem Inhalt, sondern gleichzeitig unterteilt es sich der Funktion zufolge in verschiedene Gebiete."

Die Beschreibung von Ahmed Hulusi wiederum in seinem Buch „Der Mensch und seine Geheimnisse" ist folgende: Beim Zikir, das heißt, wenn Sie eine Eigenschaft Allahs rezitieren, entsteht in der entsprechenden Zellgruppe im Gehirn eine bioelektrische Aktivität und diese wird als eine Art von Energie in den magnetischen Körper geladen. Gleichzeitig fahren Sie mit der Wiederholung der Eigenschaft fort. Also Sie rezitieren diesen Namen weiter, dadurch wird wiederum die Bildung von bioelektrischer Energie noch verstärkt und es werden neue Zellgruppen aktiviert und man kann hier von einer Kapazitätserweiterung des Gehirns sprechen."

Als Ergebnis halten wir zwei wissenschaftliche Abhandlungen über das Rezitieren in den Händen. Die erste Abhandlung ist vor acht Jahren von Ahmed Hulusi, die zweite von der weltbekannten wissenschaftlichen Zeitschrift in deren türkischer Ausgabe, von John Horgan, einem Vertreter der westlichen Welt, veröffentlicht worden. Bevor wir uns der Meinung des westlichen Wissenschaftlers anschließen, erscheint es uns wichtig, das Buch von Ahmed Hulusi noch einmal zu lesen.

* * *

Aus der Januar Ausgabe von 1994 der Zeitschrift **BILIM** auf Seite 12

Ordnungslose Funktionen

Gibt es eine dem Gehirn überlegene Struktur, welche die Integration im Gehirn bewirkt?

So wie die moderne Wissenschaft der Neurologie den Zustand des Gehirnes definiert, gleicht es einem Krankenhaus, bei dem die Spezialisierung bis an die Grenzen des Sinnlosen reicht. In dem für die Sprache zuständigen Abschnitt sind zum Beispiel manche Neuronen ausschließlich für spezielle Namen zuständig und manche Zellgruppen arbeiten alleinig auf dem Gebiet der unregelmäßigen Verben. Im Sehzentrum arbeitet ein Teil der Nervenzellen für die Erfassung oranger und roter Farbtöne, andere sind für die Erkennung kräftig kontrastierender Diagonalstreifen zuständig und ein anderer Teil arbeitet auf dem Gebiet der schnellen Bewegungen von links nach rechts. Jetzt stellt sich die Frage, auf welche Art das Gehirn diese hochgradig differenzierten Gebiete mit ihren speziellen Funktionen zusammenbringt und aus dem Denken und Wahrnehmen den Verstand formt.

Dieses Rätsel, welches auch als Verbindungsproblem (Bindingproblem) bekannt ist, wurde noch erschwert, da bei den Versuchen noch viel spezialisiertere Gehirnregionen gefunden wurden. Manche Theoretiker haben die Hypothese aufgestellt, dass die verschiedenen wahrgenommenen Bestandteile in „zusammenfassenden Zonen" (convergent zones) gesammelt werden und dass dort Gedanken daraus geformt werden. Den offensichtlichsten Anwärter für diese Zonen bildet das Kurzzeitgedächtnis- auch Arbeitsgedächtnis genannt. Bei zwei vergleichenden Tests im Jahre 1993, bei denen zum einen durch Elektroden monitorisierte Affen und zum anderen mit dem PET-System (positron emission tomography) überwachte Menschen untersucht wurden, stellte man fest, dass im Arbeitsgedächtnis überaus spezialisierte Gebiete vorhanden sind. Bei den Versuchen, die von Fraser A.W. Wilson, Séamas P.O. Scalaidhe und Patricia S. Goldman-Rakic von der medizinischen Fakultät der Universität Yale durchgeführt wurden, richteten die Angestellten die Affen dazu ab, zwei Aufgaben zu beherrschen, die das Arbeitsgedächtnis in Gang setzen. Bei einer der Aufgaben war es das Ziel, dass die Affen ihre Augen auf einen fixen Punkt auf der Bildschirmmitte richteten. Dabei erscheint im Gesichtsfeld des Affen ein blinkendes Quadrat auf dem Bildschirm. Einige Sekunden nach dem Verschwinden des Quadrates richtet der Affe seine Blicke auf den Punkt, an dem sich vorher das Quadrat befand.

Bei der zweiten Aufgabe galt es weniger den Ort als vielmehr die Erkenntnisse, die mit der Beschaffenheit des Gesehenen zusammenhängen, im Gedächtnis zu halten. Die Wissenschaftler projizierten ein blinkendes Bild auf die Mitte des Monitors. Die Affen wurden dazu abgerichtet zu warten, bis das Bild vom Monitor verschwand, um dann die Augen je nach dem Inhalt des Bildes nach links oder rechts zu bewegen. Durch die Elektroden waren die Nervenzellen des präfrontalen Kortex des Affenhirns auf dem Monitor sichtbar, wodurch man die Aktivität dieser Zellen auf dem Monitor verfolgen konnte.

Bei dem Test wurde ausschließlich eine Nervengruppe aktiviert. Der Test, in dem es um das „wo" ging, aktivierte Neuronengruppen im präfrontalen Kortexbereich, bei dem Test, der sich um das „wie" der sichtbaren Form drehte, wurden die Neuronengruppen eines gesonderten, aber benachbarten Gebietes aktiviert. Goldman-Rakic betonte, dass man das präfrontale Kortexgebiet bisher als Lokalisation des Planens, des weiterleitenden Wissens, des Überlegens, des Verstehens und des Wünschens angesehen hat und jetzt bewiesen wurde, dass dieses Gebiet zumindest so differenziert unterteilt ist, wie das Gebiet für Emotionen und Motorik.

Die vollständigen Ergebnisse, die im letzten Jahr von den Forschern der Washington Universität veröffentlicht wurden, gehen aus den PET-Untersuchungen an Menschen hervor. Bei den Untersuchungen wurden freiwilligen Testpersonen Listen mit Namen gegeben, welche sie laut vorlesen und zu jedem Wort ein Prädikat hinzufügen sollten. Zum Beispiel sollte man zu dem Wort Hund „bellen" hinzufügen.

Bei diesem Versuch zeigten sich in verschiedenen Gebieten des Gehirns, unter anderem auch im präfrontalen und cingulaten

Kortex eine Vermehrung der Neuronenaktivitäten. Allerdings bewirkt das ständige Wiederholen der Listen ein Verschieben der Neuronenaktivitäten in andere Gebiete des Gehirns. Wurde den Freiwilligen eine neue Namensliste gegeben, so konnte man eine Zunahme der Neuronenaktivität verfolgen, die wieder in den ursprünglichen Gebieten stattfand.

Dieser Versuch zeigt, dass ein Teil des Gehirns für das Ableiten von Worten zuständig ist und die Funktion eines Kurzzeitgedächtnisses aufweist, automatisiert sich aber die Aktivität, so wird die Funktion dieses Gebietes von einem anderen Gebiet übernommen. Mit anderen Worten, das Gedächtnis unterscheidet nicht nur nach Inhalten, sondern gleichzeitig unterteilt es auch die Gebiete nach der Funktion. Steven E.Petersen von der Washington Universität betont, dass seine Ergebnisse mit der Meinung von Goldman-Rakic übereinstimmend sind.

Wie kommt es eigentlich, dass diese so hochspezialisierten Gebiete des Gehirns in solcher Harmonie zusammenarbeiten? Werden die Aktivitäten in einem eigenen Zentrum oder von einem über das gesamte Gehirn verbreiteten Integrationsnetz koordiniert?

Peterson vertritt die Ansicht, dass für die Integration von Wahrnehmungen, Gedächtnis und Willen ein einziges, fest lokalisiertes Gebiet oder einige wenige lokalisierte Gebiete zuständig sind. Goldman-Rakics Ansichten sind hingegen, dass unterschiedliche, aber gleichwertige Gebiete untereinander in Verbindung und Beziehung stehen und eher eine unhierarchische Verbindung aufweisen.

.Larry R.Squire, der an der California Universität in San Diego forscht, glaubt, dass die Lösung des „Verbindungsproblems" noch lange Jahre in Anspruch nehmen kann, da zu der Frage nach dem Mechanismus noch kein wirklicher Anhaltspunkt gefunden wurde.

Gleichzeitig betont Squire aber, dass durch die neusten Errungenschaften der sich schnell entwickelnden Technologie bei den Mikroelektroden zum Beispiel, und die Entwicklung von unschädlichen Darstellungstechniken wie z.B. PET oder die

magnetische Resonanz und nicht zuletzt die Entwicklung der Computer, die Beantwortung dieser Frage in naher Zukunft möglich machen werden und er hofft, dass durch die Forschungsergebnisse neue Modelle geschaffen werden können. Squire unterstreicht, dass ohne die Unterstützung dieser Technologien letztendlich nichts mehr geht."

John Horgan

Der obige Text ist die Übersetzung des Artikels aus der Zeitschrift „SCIENTIFIC AMERICAN" vom Januar 1994.

Der Weg, um die ungenutzt brachliegenden Kapazitäten des Gehirns, die wir normalerweise nur zu einem kleinen Prozentsatz benutzen, zu aktivieren, führt über die **Zikir** genannte Rezitation...

Beim **Zikir** wird zwischen verschiedenen Zellgruppen in bestimmten Abschnitten des Gehirns bioelektrische Energie gebildet; bei fortwährendem **Zikir** verlagert sich die Aktivität aus diesem Gebiet und greift auf benachbarte, bisher brachliegende Zellgruppen über, diese werden der bestehenden Kapazität hinzugefügt und so aktiviert...

Das Gehirn, welches gemäß dem Gegenstand oder Sinn des Zikir, eine bestimmte Wellenfrequenz ausstrahlt und diesbezüglich neue Zellen aktiviert, erweitert seine Aktivitäten natürlich auch in diesem Sinne...

Wenn man zum Beispiel den Namen **„Murid"**, welcher für die **Willenskraft** Allahs steht, rezitiert, so werden brachliegende Gehirnzellen aktiviert, indem sie auf die Schwingungsfrequenz dieses Namens programmiert werden. Nach einiger Zeit ist festzustellen, dass sich die Willenskraft dieser Person gesteigert hat und diese kann nun plötzlich Dinge vollbringen, die sie vorher nicht fertig gebracht hat. Allerdings gibt es hier eine Sache, die ganz bestimmt verstanden werden muss und die ist folgende:

Das Gehirn jedes Einzelnen hat eine besondere, für ihn charakteristische Zusammenstellung aus den Namen bzw. Eigenschaften Allahs. Bei der Zusammensetzung der Zikir-Formeln aus den Namen Allahs ist unbedingt die Befragung einer kompetenten Person erforderlich! Führt man das Zikir einfach so, wie es einem in den Sinn kommt durch, dann kann es leicht geschehen, dass man unbewusst, durch die Inspiration von Seiten der Djinn, den Weg des Zikir betritt und sich so unwissend den Djinn ergibt. Deshalb haben auch einige der „Awliyâullah" genannten Meister der Einheit Allahs gesagt: **„Demjenigen, der keinen Meister hat, wird der Satan zum Meister"...**

Ja, es ist möglich, die von Natur aus unbenutzten, das heißt unprogrammierten Gehirnzellen durch das **Zikir** in einer bestimmten Richtung oder Absicht zu programmieren und ein sehr gut funktionierendes Gehirn zu erhalten...

Jetzt werden einige **Gegner des Zikir,** die diese Zeilen lesen, sofort folgende Frage stellen: Wenn das **Zikir** das Gehirn in solchem Maß fördert, warum bringt dann die islamische Welt, obwohl sie das **Zikir** durchführt, so wenig hoch entwickelte Gehirne hervor und übernimmt alle Entwicklungen aus dem Westen, von Nichtmuslimen?

Die Antwort auf diese Frage ist äußerst einfach. Allerdings nur für denjenigen, der die Technik dieses Vorgangs kennt! ..

Durch Allahs Gnade und das Vertrauen auf Hz. Mohammed, den Rasul Allahs, ist uns auf dem Wege des „*Kaschif*", das heißt, der Erkenntnis, das Geheimnis des Zikir zuteil geworden und indem ich die Technik des Zikir beschreibe, gebe ich die Antwort auf diese Frage...

8

SPEZIELLES UND ALLGEMEINES ZIKIR

Es gibt einige Arten des Zikir. Zunächst gliedert es sich in zwei Gruppen:

1. Allgemeines Zikir

2. Spezielles Zikir

Das **allgemeine Zikir** unterteilt sich wiederum in

A. Spirituelles Zikir

B. Zikir mit einem bestimmten Ziel

Das **spezielle Zikir** gliedert sich ebenfalls in:

a. Zikir mit einer speziellen Absicht

b. Speziell auf die Person ausgerichtetes Zikir

Wir sagten, dass die Wiederholung von einzelnen Worten oder Wortgruppen im Gehirn Zikir genannt wird...

Beim Zikir, egal mit welchem Wort, werden im Gehirn Wellenlängen einer bestimmten Frequenz erzeugt und damit ungenutzte Zellgruppen des Gehirns auf diese Frequenz programmiert...

Wenn nun das Zikir mit einem Wort, das aus der Inspiration durch die Djinn stammt oder mit dem bekannten „OM" der Buddhisten durchgeführt wird, so entwickelt sich das Gehirn dieser Person in diese Richtung und dieser Mensch geht, ohne es zu bemerken eine Beziehung zu den Djinn ein und nimmt eine Reihe von Eingebungen und Inspirationen auf. Infolge dieser Eingebungen hält er sich am Ende für einen Außerirdischen, für einen Heiligen, für den Messias oder einen Propheten oder gar für Allah selbst und er wird letztendlich ein Opfer seiner eigenen Ideen, die aller Logik entbehren...

Daneben existiert das **allgemeine Zikir,** welches aus dem **Islam** resultiert und insgesamt darauf ausgerichtet ist, die Kräfte **der Seele** des Menschen zu vermehren und ihn seinem Schöpfer näher zu bringen...

Lassen Sie uns hier gleich einige Beispiele für allgemeine Zikir-Formeln geben...

„Subhanallâhi wa bihamdihi"

„Subhanallâhi walhamdulillâhi walâ ilâha illallâhu wallâhu akbar"

„La ilâha illallâhu wahdahu lâ schariyka lah"

„Lâ ilâha illallâhul malîkul hakkul mubiyn"

„Subbûhun Kuddûsun Rabbul malâikati war Ruh"

Dann gibt es in der Klassifizierung des allgemeinen Zikir noch die, **auf ein bestimmtes Ziel ausgerichteten Zikir-Formeln.** Diese sind auf das Erlangen von Wissen, auf das Gestehen von Verfehlungen und Vergebung usw. ausgerichtet. Hier gleich einige Beispiele:

„Rabbi zidniy ilma"

„Lâ ilâha illâ anta subhanaka inniy kuntu minaz zâlimiyn"

„Rabbidj'alniy mukiymas salâti wa min zurriyyatiy"

Spezielle Zikir-Formeln verfolgen grundsätzlich das Ziel der Weiterentwicklung der Person in verschiedenen Hinsichten, es handelt sich um Rezitationen zwecks einer Fortentwicklung auf ein bestimmtes Ziel hin...

Im Prinzip besteht das spezielle Zikir aus Formeln, die auf das Gehirnprogramm, das heißt, auf die individuellen Eigenarten der Person, auf die persönlichen Wünsche und Absichten des Menschen abgestimmt sind. Diese Zusammenstellungen von Zikir-Formeln bestehen aus Gebeten, die auf Verse des Korans oder die Bücher der Überlieferung (Hadith) zurückgehen und bestimmte Namen Allahs, welche bei der Person in kurzer Zeit eine Weiterentwicklung bewirken. Da die Zikir-Formeln, welche die religiösen Orden heutzutage ausgeben, fast ausschließlich **allgemeine Zikir** sind, erstreckt sich die Zeit der Weiterentwicklung auf eine sehr große Zeitspanne von etwa 30 - 40 Jahren.

Diejenigen hingegen, welche **spezielle Zikir-Formeln** anwenden, verspüren schon nach 1-2 Jahren sehr große Fortschritte an sich selbst.

Wenn wir hier Beispiele für spezielle Zikir-Formeln anführen sollen, können wir folgende nennen:

„Allahumma inniy as'aluka hubbaka"

„Allahumma alhimniy ruschdiy"

„Kuddûs-ut tâhiru min kulli sûin"

Kommen wir zu dem speziell auf die Person ausgerichteten Zikir:

MURİD

KUDDÛS

FATTÂH

HAKÎM

MU'MIN

RAHMAN

RAHİYM

BÂSIT

WADUD

DJAAMI

RÂFI

...auch die anderen speziellen Eigennamen Allahs zählen hierzu. Je nach Bedarf, der sich aus der individuellen Gehirnprogrammierung der Person ergibt, wird aus den Namen in einer individuellen Anzahl eine Formel zusammengestellt und schon nach kurzer Zeit zeigen sich die Auswirkungen bei der Person.

Allerdings müssen wir hier gleich hinzufügen, dass es notwendig ist, sich während des **Zikir** verstärkt mit dem **Wissen des Islam** zu beschäftigen, damit die neu entstandenen Kapazitäten für dieses **Wissen** genutzt werden. Ansonsten kann es geschehen, dass die neu entstandene Kapazität von den **Eingebungen der Djinn** programmiert wird und das ist mit Gewissheit nicht gut.

Außerdem bringt es großen Nutzen, wenn man vor dem Zikir das Schutzgebet gegen die Djinn, welches am Anfang dieses Buches steht und aus dem Koran stammt, rezitiert...

Nachdem wir hier eine kurze Vorschau gegeben haben, möchten wir sofort zu der Antwort der anfangs gestellten Frage kommen...

Da in islamischen Gemeinschaften normalerweise das spirituelle Zikir, welches die Seele kräftigt zur Anwendung kommt, zeigen sich, obwohl sich zahllose moralisch und religiös überaus hoch gebildete Menschen entwickeln, nur wenige „Gehirne", die den weltlichen Wissenschaften zugewandt sind! ... Wenn die Gehirne systematisch im Hinblick auf die weltlichen Wissenschaften gefördert würden, dann würden sich zweifelsohne auf diesem Gebiet hoch entwickelte Gehirne herausbilden...

Aber wie dem auch sei, mit der Ansicht der islamischen Welt, dass man sich **„vor der Tortur schützen sollte, die entsteht, wenn**

man sich morgen gezwungenermaßen von heute angeeigneten Dingen trennen muss", hat man dem Weltlichen nicht so viel Bedeutung beigemessen und sich auf diesem Gebiet nicht vergeblich bemüht.

Geben wir hier erst einmal dieses leicht verständliche Beispiel...

Man gibt Dir eine kostbare Kassette, die mit hochkarätigen, wertvollen Schmuckstücken gefüllt ist und man sagt Dir: „Solltest Du den Schlüssel finden, dann kannst Du die Kassette öffnen, und alles, was darin ist, kann Dein werden."

Du fragst dann natürlich, wo der Schlüssel ist und wie Du die Kassette öffnen kannst.

Die Antwort lautet:

Der Schlüssel besteht aus einem Eisen, dessen Ende einer speziellen Formung unterworfen wurde. Um ihn zu erlangen musst Du soundsoviel Geld bezahlen.

Du wirst sagen, dass die Kassette sich sowieso in Deinem Besitz befindet!

Bevor ich soviel Geld ausgebe, nehme ich mir ein Eisen und eine Feile und feile mir aus dem Eisen einen Schlüssel zurecht!

Aber es gibt keinen Ausweg, Du wirst Dein Leben lang feilen, aber Du wirst keinen passenden Schlüssel für dieses speziell chiffrierte Schloss herstellen können und darum wirst Du die Kassette nicht aufschließen und den wertvollen Schmuck nicht in Besitz nehmen können solange bis Du das Geld bezahlst und den Schlüssel mit der speziellen Kodierung erhältst. Wir dürfen nicht vergessen, dass jedes Schloss ausschließlich mit dem auf seine Kodierung abgestimmten Schlüssel aufgeschlossen werden kann.

So wie in diesem Beispiel bedarf jedes Gehirn einer eigenen, speziellen Formel, um in sehr kurzer Zeit große Fortschritte zu erzielen. Dazu muss man natürlich eine Person finden, die dieses Thema beherrscht und großes Wissen auf diesem Gebiet besitzt.

Da wir uns dachten, dass es in dieser Zeit sehr schwer geworden ist, einen solchen Meister zu finden, haben wir uns entschlossen in diesem Buch verschiedene Zikir-Formeln zu beschreiben, soweit uns

Allah das Wissen dazu beschieden hat und es in unserer Macht liegt und diese sind nach **unserer Erfahrung** im höchsten Maße wirksam.

Wer es wünscht, kann diese Zikir-Formeln eine Zeit lang an sich ausprobieren; wem sie wirksam erscheinen, wird weitermachen. Wer keine Wirkung verspürt, kann mit dem allgemeinen, spirituellen Zikir fortfahren, um seine Seele zu kräftigen.

9

HAT HÄUFIGES ZIKIR NEGATIVE AUSWIRKUNGEN?

Es gibt eine Ansicht über das Zikir, vor der unser Volk große Angst hat... Dabei spielt natürlich **negative Voreingenommenheit** die größte Rolle...

„Gebrauch die Gebetskette nicht zu oft, sonst wirst Du verrückt!"

Solche-bedacht oder unbedacht-hervorgebrachte Redensarten haben ganz offensichtlich einen Grund und der liegt in der Voreingenommenheit, welche durch **Unwissenheit** hervorgerufen wird und die Menschen vor dem **Zikir zurückschrecken** lässt.

Der erhabene Koran empfiehlt in jedem Falle das **ständige Zikir**, im Stehen, Gehen, Sitzen und Liegen, aber leider versucht dieser unwissende Personenkreis mit allen Kräften, die Menschen vom Zikir abzuhalten...

„Sie gedenken Allah, wenn sie stehen, sitzen und liegen; sie denken über das Geheimnis der Erschaffung von Himmel und Erde nach, sie sagen: Mein Herr, Du bist darüber erhaben, dies alles ohne einen tiefen Sinn zu erschaffen..." (3:191)

Ja, der Mensch befindet sich ständig in einer der drei Lagen. Entweder ist er auf den Beinen, er sitzt oder liegt... und der oben aufgeführte Koranvers betont ganz klar und ausdrücklich, dass man das Zikir unter allen Umständen tun soll.

Wir sind also aufgefordert, das Zikir, sooft es in unserem Vermögen steht, anzuwenden! Egal wo wir uns befinden, ob wir die rituelle Waschung, den „Abdast" vorgenommen haben oder nicht, wir sind aufgefordert unser Gehirn durch so viel **Zikir** wie möglich zu fördern und die **Nähe zu Allah** zu erreichen!

Wie vielen Alkohol trinkenden Menschen, ja sogar Alkoholikern haben wir das Zikir empfohlen-woraufhin diese mit dem Zikir in der Kneipe beim Trinken von Alkohol begannen. Diese Menschen, die in der einen Hand das Glas mit ihrem Drink und in der anderen die Gebetskette haltend mit dem Zikir begannen, haben durch die Erweiterung in ihrem Gehirn, welche nach einiger Zeit durch das Zikir eintrifft, das Trinken gelassen und haben später aus eigenem Antrieb heraus, ganz ohne Druck von außen, begonnen, ihre täglichen fünf Gebete zu verrichten und sogar die „Hadj" genannte Pilgerfahrt nach Mekka unternommen...

Wir behaupten, dass das Zikir für den Menschen den einzigen Schlüssel für eine schöne Zukunft darstellt; denn Zikir stellt die einzig wirkungsvolle Aktivität zur Entwicklung des Gehirns dar. Aber Sie werden fragen, was mit denen ist, die verrückt werden!

Ich möchte hier ganz ausdrücklich feststellen, dass kein normaler Mensch durch häufiges oder sogar fortwährendes Zikir verrückt wird! Aber es ist gewiss, dass es sehr viele Menschen gibt, die, obwohl sie in ihrer Umwelt als normal gelten, schizophren oder wahnsinnig veranlagt sind! ... Bei den meisten kommt das Krankheitsbild im Alter zwischen 25 und 40 Jahren zum Ausbruch, bei manchen auch noch in späteren Jahren. Manchmal kommt es aber auch vor, dass diese Veranlagung mangels auslösender Faktoren nicht zum Tragen kommt und unbemerkt bleibt...

Wenn nun eine dieser Personen, die eigentlich für solch eine Krankheit prädestiniert sind, durch irgendeinen Anlass mit dem Zikir beginnt und später durch irgendeinen auslösenden Faktor-die in ihm schlummernde Krankheit ausbricht-so werden Menschen mit schlechter Absicht diese Krankheit sofort auf das Zikir zurückführen und werden so die Menschen von ihrem Glauben und dem Zikir abhalten.

Dabei ist Zikir für einen normal veranlagten, gesunden im Vollbesitz seiner geistigen und logischen Kräfte stehenden Menschen niemals in irgendeiner Form schädlich! Ganz im Gegenteil, die Menschen, welche mit derartigen Krankheiten behaftet sind, können sogar durch das Zikir Nutzen erfahren; so können Zustände höchster Erregung größtenteils unter Kontrolle gebracht werden oder aber ganz in sich gekehrte Menschen können zu einer Öffnung nach außen bewegt werden.

So sehr auch die Derwischorden oder Religionsgemeinschaften bis gestern in der Türkei verboten waren, so gibt es doch, wie wir aus Zeitungen und aus unserer Umgebung wissen, in allen Gegenden der Türkei Ordensoberhäupter oder Scheyhs, deren Anhängerschaft fast der Hälfte der Einwohnerzahl der Türkei nahe kommt...

Man kann also davon ausgehen, dass in der Türkei 10 Millionen Menschen das Zikir ausführen. In welchem Verhältnis stehen wohl diejenigen, welche vorher normal waren und durch das Zikir geisteskrank geworden sind, zu dieser Zahl? Sind es 1:100, 1:1000 oder 1:10.000?

Wir möchten noch einmal ganz klar und deutlich betonen, dass ein normaler, gesunder, im Vollbesitz seiner geistigen Fähigkeiten stehender Mensch durch das Zikir niemals verrückt wird oder seinen Verstand verliert! Sollte Ihnen jedoch jemand erzählen, dass einer durch das Zikir krank geworden ist, so empfehle ich, dessen Vorgeschichte genau zu untersuchen. Dann stellt sich nämlich heraus, dass die Ursache der Krankheit entweder in der Genetik lag oder durch andere, offensichtlich vorhandene Faktoren ausgelöst wurde.

10

SOLL MAN DAS ZIKIR IN DER EINSAMKEIT DURCHFÜHREN?

Menschen, die nicht genau verstanden haben, was Zikir ist, stellen Vorbedingungen auf, die man beim Zikir unbedingt beachten soll. Sie behaupten, dass man das **Zikir** an einem abgeschiedenen Ort, in der Stille durchführen soll.

Dies ist ein ganz falscher, unnötiger Zwang, der niemals Vorbedingung ist.

Natürlich ist es ein sehr förderlicher Aspekt, wenn man an einem abgeschiedenen Ort, ganz für sich, in tiefer Konzentration und Überlegung das Zikir durchführt, das ist bestimmt nicht abzustreiten...

Aber daraus kann man doch nicht ableiten, dass Menschen, die diese Möglichkeit nicht haben, das Zikir nicht durchführen können. Wir haben schon gesagt, dass das Zikir jederzeit und an jedem Ort durchgeführt werden kann. Angesichts der Tatsache, dass zum einen im erhabenen Koran steht, dass man **„im Stehen, Sitzen und Liegen"** das Zikir durchführen soll und zum anderen in den Büchern des Hadith steht, dass das Zikir von **„lâ ilâha illallahu wahdahu la scharîka lah, lahul mulku wa lahul hamdu yuhyi wa yumitu wa huwa hayyun lâ yamûtu biyad'ihil khayr, wa huwa alâ kulli schayin kadîr"** in der Stadt und auf dem Markt großen Nutzen bringt, sagen wir, **dass man das Zikir überall und zu jeder Zeit durchführen kann und durchführen soll!**

Das ist eigentlich ein sehr wichtiges Thema...

Ist beim Zikir Konzentration notwendig? Oder macht es das Gebet, was ja im Grunde auch nichts anderes als Zikir ist, ungültig, wenn einem etwas anderes in den Sinn kommt? ... Ist das Gebet oder das Zikir von Nutzen, obgleich uns andere Dinge in den Sinn kommen?

Wir können mit Bestimmtheit sagen, dass die Gedanken, die einem während dem Gebet oder Zikir in den Sinn kommen, unserer Tätigkeit niemals Schaden zufügen...

Das Gehirn führt zugleich unzählige unterschiedliche Aktivitäten aus, die alle in unterschiedlichen, spezifischen Gebieten des Gehirns ablaufen und alle führen zu ihrem Ziel! ...

Wenn Sie zum Beispiel auf einem Weg laufen, dabei mit der Gebetskette das Zikir durchführen, über etwas nachdenken und dabei die Umgebung betrachten, so wird eine jede dieser Aktivitäten in einem anderen Abschnitt bearbeitet und ausgeführt.

Wenn Sie zum Beispiel zu Hause in einem Buch lesen und dabei das Zikir ausführen, werden Sie sowohl das, was im Zimmer gesprochen wird, mit dem Ohr aufnehmen als auch aus den Augenwinkeln das Geschehen auf dem Bildschirm des Fernsehers verfolgen können... Das kann alles im gleichen Augenblick ablaufen... Das hängt vom Entwicklungsgrad Ihres Gehirns und Ihrer Fähigkeit vielseitig zu arbeiten ab. Spirituell veranlagte Menschen haben zu all diesen Aktivitäten auch noch spirituelle Verbindungen und verkraften dies problemlos...

Wichtig ist hier die Aktivität des Gehirnes und der automatische Transfer der Resultate in die Seele und ihre Speicherung. Es ist dabei unerheblich, ob Sie sich dessen bewusst sind oder nicht! Wir haben zu Anfang das Beispiel eines Menschen gegeben, der in der Kneipe beim Trinken, in einer Hand das Glas Raki haltend mit dem Zikir beginnt und im Verlauf der Dinge nach acht Monaten zur Hadj (Pilgerfahrt) geht! Deshalb ist Abgeschiedenheit keine Bedingung des Zikir.

11

WARUM ARABISCHE WORTE BEIM ZIKIR?

Eine andere Frage, die uns sofort in den Sinn kommt und gefragt wird, wenn die Rede auf das Zikir kommt, ist folgende:

Warum sollen wir diese Worte auf Arabisch sagen? Ist es nicht möglich, die Worte in der Übersetzung in unserer Sprache zu sagen? Als wenn Allah unsere Sprache nicht verstehen würde! ...

Natürlich müssen wir auch diese Frage in solch einem Buch beantworten! ...Dann wollen wir versuchen, soweit es uns möglich ist, diese Sache zu erklären...

Wir müssen wissen, dass das Wort, welches wir hören, das letzte Glied einer Kette von Aktionen darstellt! ... Die Aktion im Gehirn beginnt entweder im Inneren, ausgelöst von einem Impuls, einer Art Mikrowellenstrahlung, welche von einem kosmischem Wesen ausgeht, also aus der kosmischen Dimension kommt oder durch einen Impuls von außen, ausgelöst von irgendeinem Wesen, das wir in unserer Umgebung wahrnehmen.

Unter dem eingehenden Impuls wird zuerst die Biomagnetik, danach die Bioenergie und als letztes die biochemische Struktur des Gehirns beeinflusst. Nachdem die biochemische Struktur des Körpers den eingegangenen Impuls mit den eigenen vorhandenen Daten verknüpft hat, wird das Ergebnis wieder in die bioenergetische Ebene transferiert. Das zuständige Nervensystem wird aktiviert und das für diese Sache zuständige Organ wird instruiert. Wir nehmen dann als Resultat die Aktion des betreffenden Organs wahr! ...

Das Eigentliche ist also nicht der Schall und das Bild, welches wir äußerlich wahrnehmen, sondern die Aktion eines Dreiersystems von Strahlung, Bioenergie und Biochemie, welche in einer höheren Ebene stattfindet!

Wenn wir diese grundlegende Arbeitsweise des Gehirns begriffen haben, dann werden wir verstehen, dass **das Wichtigste nicht** die aus aneinander-gereihten Buchstabenfolgen bestehende **Sprache ist, sondern die Schwingungsfrequenzen, welche von den Worten ausgehen! ...**

Der Kosmos und alle Wesen, die in den verschiedenen Dimensionen vorhanden sind, sind von ihrem Ursprung her in den Quantenstrukturen verwurzelte Strahlenwesen, das haben wir auch in unserer Video Kassette mit dem Titel „ÜST MADDE" (Höhere Materie) dargelegt. Ein jedes dieser Strahlengeschöpfe hat eine spezifische Bedeutung.

Diese, aus Strahlung bestehenden Geschöpfe sind ihrer Beschreibung zufolge Wesen aus reiner Energie, welche eine bestimmte Bedeutung haben und gemäß dieser Bedeutung handeln. Sie werden in der Religion **Engel – „MALAAK"** genannt. Das Wort **„MALAAK"** hat indessen den Wortstamm „**Malk**", was mit **Kraft, Energie, Stärke** übersetzt werden kann.

So wie im kosmischen Sinn jede Schwingungsfrequenz eine Bedeutung hat, so beinhaltet jede kosmische Strahlung, die unser Gehirn erreicht, jede Frequenz, die es im All gibt, einen Sinn und diese Strukturen sind uns unter dem Namen **Engel** bekannt...

Der Mensch indessen ist das umfassendste Individuum auf Erden, welches dazu geschaffen ist, **seine eigene innere Identität, Allah zu erkennen!**

Der Koran definiert den Zustand des Menschen, sich nur als Körper anzusehen als **„als Niedrigster unter den Niedrigsten zu existieren".** Der Zustand des Lebens unter den Gegebenheiten seines eigentlichen, wirklichen Wesens wird hingegen als **„Leben**

im Paradies" bezeichnet. Daraus ergibt sich für den Menschen eine einzige Aufgabe: **„Sein eigentliches Wesen zu erkennen!".**

Dies ist in der Religion folgendermaßen formuliert: **„Man arafa nafsahu fakad arafa rabbahu-Wer sein Selbst (Nafs) kennt, kennt seinen Herrn (Rabb)."**

Wenn sich darum das Gehirn, welches die materielle Dimension als Wahrheit ansieht, über die Einschränkungen seiner fünf Sinne und die daraus resultierenden Konditionierungen hinwegsetzen kann, wird es die Realität des strahlenden Kosmos erkennen und begreifen und, um in dieser wirklichen Dimension seinen Platz einzunehmen zu können, wird es den Drang verspüren, seine wahre Existenz wahrzunehmen...

Dieser Wunsch wird seine Beziehung zu der Strahlenstruktur verstärken und als Folge davon wird er feststellen, dass alle bei ihm zutage tretenden Ereignisse nichts anderes sind, als die Offenbarung der Bedeutungen der Strahlen.

Das Gehirn ist ein bedeutendes Organ, welches den Sinn der Strahlungen in die uns bekannte Dimension transferiert und dabei einerseits diese Begriffe in unseren holografischen Strahlenkörper, die Seele lädt und andererseits nach außen abstrahlt.

Der Grund, warum das **Zikir** mit den originalen, arabischen Worten durchgeführt wird, kann erst dann verstanden werden, wenn man das, was wir oben beschrieben haben, begreift...

Denn jeder Buchstabe, jedes Wort ist eine Umwandlung einer bestimmten Schwingungsfrequenz durch unser Gehirn in Tonwellen... Da jede Frequenz eine Bedeutung aufweist, bilden Worte den in Tonfolgen transferierten Zustand von bestimmten, bedeutungstragenden Frequenzen und diese bilden **„die Worte und Begriffe des Zikir".**

Da bestimmte kosmische Bedeutungen und Quanten-Substanzen in den Wellenlängen des Universums als Schwingungen vorhanden sind und diese, wenn sie in Tonfrequenzen verwandelt werden, „Worte" genannt werden und da die arabischen Worte am meisten geeignet sind, die Schwingungen dieser Bedeutungen wiederzugeben, sind die Worte des Zikir arabisch.

Wenn Sie darum die Worte auswechseln, können Sie niemals diese Frequenz erlangen und niemals an die Bedeutung herankommen, welche diese gewünschte Frequenz enthält.

Aus diesem Grunde ist die Person, welche die Geheimnisse und die kosmische Wahrheit erlangen möchte, die der **Rasul Allahs** (saw) und der erhabene Koran den Menschen vermitteln wollen, dazu genötigt, die Worte des Zikir, so wie sie vermittelt wurden, in der originalen, arabischen Sprache zu wiederholen.

Wenigstens einmal im Leben sollten **Sie unbedingt den erhabenen Koran mit dem originalen, arabischen Wortlaut in Ihrem Gehirn wiederholen und diesen in Ihrer Seele, die einen holografischen Strahlenkörper oder Astralleib darstellt, speichern!** Damit Sie im Leben nach dem Tod bis in alle Ewigkeit auf diese, bei Ihnen befindliche Quelle des Wissens zurückgreifen können!

Außerdem gibt es für die Wiederholung dieser Worte im originalen, arabischen Wortlaut noch einen viel einfacheren Grund... Wenn Sie diese arabischen Worte in eine andere Sprache übersetzen möchten, müssen Sie manchmal eine Seite, oft noch viel mehr schreiben, um die Bedeutung wiederzugeben und den Sinn verständlich zu machen. Dabei besteht doch die Möglichkeit dieses mit einem Wort auszudrücken und zu wiederholen!

Ich weiß nicht, ob wir erklären konnten, warum das Zikir immer im Original, so wie es überbracht wurde, durchzuführen ist...

12

WIE IST DER ERHABENE KORAN ZU VERSTEHEN?

Bevor ich zur Erörterung des erhabenen Korans, welcher die größte **Erinnerung (Zikir)** darstellt, komme, möchte ich ohne ins Detail zu gehen, erst einmal in Grundzügen erklären, wie der erhabene Koran zu verstehen ist.

Denn er wurde uns mit folgenden Worten übermittelt... **„damit ihr ihn verstehen könnt"**

Alle Geschöpfe können durch Abrichtung und Auswendiglernen etwas tun. Allerdings ist nur dem **Menschen** als ein Wesen, das im Besitz von Verständnis und Denkvermögen ist, aufgrund dieser Eigenschaften die Würde zuteil geworden **„der Statthalter Allahs auf Erden"** zu sein. Denjenigen, denen diese Tatsache bewusst ist und die dementsprechend leben, hat man den Namen **„ehrenvolle Muslime"** gegeben. Natürlich erhalten auch diejenigen, welche durch Nachahmung etwas tun, im Maße ihrer **„Nähe"** ***(Yakîn[7])*** ihren Anteil daran.

Um den erhabenen Koran zu verstehen, muss man zuerst **„rein"** oder **„geläutert"** sein, denn es heißt: **„Die Unreinen sollen den**

---

[7] YAKÎN =ist durch Erfahrung zu wissen, ohne jeden Zweifel, das Erkennen der Wirklichkeit oder Realität eines Zustandes und ein dementsprechendes Leben.

Koran nicht anrühren!" Diesen Koranvers verstehen wir leider falsch, wir waschen uns mit Wasser, nehmen die rituelle Reinigung vor und glauben, dass wir **gereinigt** sind! ... Schauen Sie, wie der Koran ***„nadjis"***, den Zustand der Unreinheit, also das Gegenteil von ***„Tahir" (rein)*** beschreibt:

„Wahrlich die Muschriks (diejenigen, die Schirk ausleben) sind unrein (nadjis)." (9:28)

Diese Unreinheit ist die Folge von bestimmten Gedanken, was Schirk genannt wird.

Diese beiden Verse sagen zusammengefasst Folgendes aus:

„Diejenigen, die Gedanken von unbewussten und bewussten Assoziationen- mit demjenigen, der Allah genannt wird- pflegen, sollen ohne eine Läuterung von diesen unreinen Gedanken den Koran nicht berühren; denn aufgrund ihrer Gedanken können sie die Einheit (seine Einheit der Taten, Einheit der Dimensionen, Einheit der Namen und SEINE PERSÖNLICHE EINHEIT) Allahs, welche in diesem erhabenen Buch erläutert wird, nicht verstehen...

Es ist natürlich nicht leicht für die Menschen, welche sich aus dem Blickwinkel ihrer „Eigenständigkeit" heraus einen Gott im Himmel vorstellen, den **Koran** zu verstehen, der in einer klaren und deutlichen Weise die **Einheit (W*ahdâniyat)*, Einzigartigkeit (*Ahadiyat)*** und das **end- und grenzenlose Einssein Allahs** betont und bestrebt ist, den Blickwinkel von der Einheit zur Vielfältigkeit zu vermitteln.

Aus diesem Grunde heraus sind wir genötigt, uns erst von dem **Schmutz,** der ***„Schirk"*** genannten **Assoziation** zu reinigen, wenn wir den erhabenen Koran verstehen wollen...

Welche Gedanken liegen diesem ***„Schirk"*** zugrunde?

Die Annahme eines Gottes oder die Vermutung, dass es eine Gottheit gibt, bilden das Fundament des *„Schirk"*! ...

Die Vorstellung eines Gottes, außerhalb von Dir, irgendwo da oben im Jenseits, der Dich von ferne hört, sich mal in Deine Angelegenheiten mischt und sich dann wieder raus hält, der Dein

Tun beobachtet und Dich entsprechend kennt, der über Dich richtet, der Dich in die Hölle wirft, wenn Du ihn erzürnst oder Dich mit dem Paradies belohnt, wenn Du es geschickt anstellst, der bald zornig und dann wieder wie ein Großvater gütig und liebenswert ist! Eben das alles ist mit ***„Schirk"*** gemeint! .... Und damit verbunden bilden natürlich Begriffe wie die Göttlichkeit und die Anbetung eines Gottes die Details des ***„Schirk"***.

Das System und die Auffassung des **Islams**, welches den Menschen von der ***„Schirk"*** genannten Assoziation mit Allah errettet, wurde vom **Rasul Allahs, Mohammed Mustafa,** Friede sei mit ihm, folgendermaßen beschrieben und formuliert:

„Es gibt keinen Gott, einzig Allah existiert"

Das bedeutet kurz gefasst:

Es gibt mit Bestimmtheit weder den Begriff einer Gottheit noch einen Gott, so wie ihr euch das denkt, einzig Allah existiert und das von HU geschaffene System ist vorhanden...

„Das wertvollste „Zikir" ist *„Lâ ilâha illallâh"*, es gibt keinen Gott einzig Allah existiert"

„Wer „Lâ ilâha illallâh" sagt, wird ins Paradies eingehen, selbst wenn er stiehlt oder Ehebruch begeht"

Diese und ähnliche Überlieferungen aus den Büchern des *Hadith*[8] weisen auf die Wichtigkeit und Erhabenheit des ***Kalima-i Tawhid***, dem **Bekenntnis zur Einheit Allahs** hin. Das bedeutet, wenn ein Mensch Vergehen begeht und von derartigen Handlungen ablässt, nachdem er die Bedeutung der Bekenntnis zur Einheit Allahs begriffen hat und von dem Fehlverhalten, welches aus der illusionistischen Vorstellung eines Gottes resultiert, Abstand nimmt, sich Allah zuwendet und dementsprechend lebt, wird ihm das Paradies zuteil werden...

Diejenigen, welche noch ausführliche Erläuterungen zu diesem

---

[8] **Hadith**: Überlieferte Berichte über Taten oder Aussprüche des Rasul Allahs Hz.Mohammed sas., die in den Hadith Büchern gesammelt sind, welche durch eine lückenlose Kette von Überlieferern gesichert sind.

Thema wünschen, können diese in dem Buch **„Allah, wie ihn Hazreti Mohammed erläutert"** finden.

Ja wie beginnt nun der Mensch das Paradies zu leben?

Es wurde gesagt... **„Diese werden den Odem des Paradieses schon hier auf Erden spüren"**... was bedeutet das?

Wenn der Mensch damit beginnt, sich von dem **„Schirk"**, der Annahme eines Gottes im Jenseits, außerhalb von ihm, zu reinigen, entdeckt er den Begriff des end- und grenzenlosen Allahs und beginnt langsam ihn zu verstehen, zu fühlen und zu leben.

Er begreift, dass **Allah der End- und Grenzenlose** in jedem Teilchen mit seinem ganzen Sein vorhanden ist und dass folglich „HU" in höchster Vollkommenheit in seinem eigenen Sein, seinem innersten Wesen, in jeder Zelle seines Wesens vorhanden ist! **Der, den er jahrelang im Jenseits vermutete, hat sich ihm aus seinem innersten Wesen, dem eigenen „Ich" heraus offenbart!**

Aus seinem Mund werden die Worte sprudeln: **„Ich suchte in der Fremde, dabei war der Geliebte in meinem Herzen!" ...**Dann wird er schauen und feststellen, dass HU sich in jedem Teilchen zeigt!

„Wohin Du dich auch wendest, Du wirst immer Allahs Antlitz sehen"

Er wird das **Geheimnis** dieses Koranverses ergründen und überall, in allen Dingen beginnen **HU** zu lieben... Er wird niemanden tadeln, mit niemandem böse sein, wird zu niemandem ungerecht sein, über niemanden Schlechtes sagen, niemand zu etwas zwingen und wird seine Zeit nicht mit vergänglichen Werten vergeuden, sondern für bleibende Verdienste einsetzen; er wird mit seinem Tun, seiner Sprache und seinem Verstand ständig des Geliebten gedenken. Wenn es ihm auch vorher sehr schwer gefallen ist, den **Islam** zu leben, so fällt es ihm jetzt einfach und leicht!

Über das mündliche Wiederholen des **Glaubensbekenntnisses, dem *„Kalima-i Schahadat*"** hinaus hat dieser Mensch damit begonnen in diesem Zustand zu leben...

Das Pflichtgebet zu fünf Zeiten! Was macht es Dir schon aus, nachdem Du schon mal am **Morgen** aufgestanden bist, Gesicht, Hände und Füße zu waschen, schon ist die rituelle Waschung durchgeführt und dann noch zwei Minuten für die zwei *Rakat*[9] des Morgengebets!

Und **mittags**, findest Du nicht die Gelegenheit vier Minuten zu erübrigen? **Das Pflichtgebet** besteht mittags aus **vier Rakat**. In dem ganzen materiellen Stress vier Minuten abschalten und in die Vorstellung der Unendlichkeit eintauchen, mit den **vier Rakat des Mittagsgebets**.

Und am **Nachmittag**, lassen sich doch sicherlich auch vier Minuten für die **vier Rakat des Pflichtgebets** finden. Für das Fenster, dass sich zu Deiner wahren Dimension, der Unendlichkeit, öffnet!

Du bist am **Abend** nach Hause gekommen, um Dich von den ganzen weltlichen Sorgen des Tages zu befreien. Wasche Gesicht und Hände, führe die rituelle Reinigung aus und dann für drei Minuten, **drei Rakat** Hinwendung zu der Unendlichkeit in Deinem Inneren, dieser endlosen Ruhe!

Und endlich vor dem Schlafengehen **vier Rakat des nächtlichen Pflichtgebets**, welche Dich von allen Problemen des Tages befreien und es Dir erleichtern in Dein eigenes Reich hineinzutauchen. Das ist alles, was Dir **der Islam als Pflichtgebet** auferlegt hat, so **wenig und so einfach.** Wenn Du alles addierst 17 Minuten am Tag! Nur 17 Minuten von 1440 Minuten, die Dir zur Verfügung stehen!

Aber wenn Du gewillt bist und sagst, Du möchtest mehr, weil Du erkannt hast, dass auf Dich eine unendliche Zukunft wartet und Du dort noch viel mehr brauchen wirst, so kannst Du diese, für Dich nützlichen Handlungen ganz nach Wunsch erweitern.

Nach dem Pflichtgebet kommt die **Hadj (Pilgerfahrt)**...

Das ist wiederum ein ganz wichtiges Thema. Wir haben das ganze Thema, warum die Hadj so wichtig ist und was sie uns bringt, in unserem Buch **„Der Mensch und seine Geheimnisse"** (A.d.Ü. Dieses Buch ist z.Z. nur in türkischer Sprache erhältlich.) ausführlich

---

[9] **RAKAT**= eine bestimmte Abfolge von Körperbewegungen während des Gebets bestehend aus 1x aufrecht Stehen, 1xVerneigung, 2x Niederwerfung.

beschrieben. Der Rasul Allahs, Friede sei mit ihm, sagte Folgendes:

„Beeilt euch zur Hadj zu gehen!... Denn keiner von Euch weiß, mit welchen Hindernissen er später konfrontiert werden wird!"

Und mit Vehemenz warnt er:

„Wer stirbt, bevor er die Hadj angetreten hat, ohne dass er von einer schweren Krankheit, von Armut oder einem grausamen Herrscher daran gehindert worden ist, der könnte auch gleich als Jude oder Christ sterben!..."

Diese Ausführungen dessen, der uns die Religion überbracht hat, zeigen uns, dass die **Hadj** eine so schnell wie möglich zu vollziehende Pflicht ist! Warum?

Du wirst während der Hadj von **allen**, bewusst oder unbewusst begangenen Vergehen, den Verletzungen der Rechte anderer Menschen eingeschlossen, befreit und wirst **ganz ohne Sünden, so wie am Tage Deiner Geburt** zurückkehren. Außerdem bewertet der Rasul Allahs alleine den Gedanken daran, dass dies nicht so sein könnte, obwohl alle Sünden vergeben sind, als größte Sünde!

Kann man solch eine Gelegenheit ungenutzt verstreichen lassen? Es ist nicht bestimmt, wann der Tod kommt, gerade in unserer heutigen Zeit. Ist es da logisch, mit solch negativen Lasten und Sünden in das Leben nach dem Tode einzutreten, wo doch die Möglichkeit besteht, den Zähler wieder auf Null zu stellen und uns von diesen negativen Lasten zu befreien, welche uns ins Verderben führen!

Wo man außerdem auch noch **Gefahr läuft**, dadurch mit dem **Status eines Christen oder Juden zu sterben** *(A.d.Ü. Hier geht es darum, dass ein Gehirn sich im Zustand befindet, dass die absolute Wahrheit abgedeckt ist-weil an einen Oben-befindlichen-Gott geglaubt wird-ohne hilfreiche Frequenzen zu empfangen (Hadj), damit das Gehirn eine Veränderung erfahren kann...oder wenigstens* *die Seele von negativen, belastenden Energien zu befreien)***!**

Als zweites wäre da noch die mystische Seite der Hadj zu erwähnen! Sich von der Welt befreien, wenn auch nur für eine kurze Zeit, den Ihram gleich ein Leichentuch anlegend, sich von der materiellen Welt und ihren vergänglichen Werten lossagen und in die unbeschreiblichen Werte einer „höheren Dimension" hineintauchen! Sein Selbst aufgebend in der unendlichen Dimension des Bewusstseins schwimmen! In der Kaaba das Antlitz Allahs erblicken! Und mit dem Geliebten (*Yar*) plaudern!

Entschuldigt, wenn wir zu weit gegangen sind! Aber es sprudelt nun einmal aus uns heraus!

Wie dem auch sei, kommen wir zum **Fasten** und den ***Zakât*** genannten Abgaben.

Das Fasten ist eine besondere Pflicht, man könnte annehmen, dass sie dazu bestimmt ist, dem Menschen die **Dimension der Engel** in seinem Wesen aufzuzeigen! Es stellt eine große Gnade dar! Es handelt sich um eine Pflicht, welche dir zeigt, dass du auch ohne zu essen, ohne zu trinken, ohne Sex und ohne Gedanken daran, sowie ohne Schlechtes über andere zu denken, auch leben kannst. Du wirst dein „Selbst" fühlen und erfahren, dass in dir **die Eigenheiten eines Engels** stecken! An nur 29 Tagen des 365 Tage zählenden Jahres! Eine Pflicht, welche dir auferlegt wurde, damit du begreifst, dass du nicht dieser Körper bist, sondern ein bewusstes, denkendes Wesen, welches der Dimension der Engel angehört!...

Und die *Zakât* genannten Abgaben!... Wenn du verstanden hast, dass in jedem Teilchen, jeder Einheit alleine „HU" besteht, dann teile gemäß dieser Auffassung wenigstens ein Vierzigstel deines Vermögens mit ihnen!

Das ist kurz genommen der Islam...

Allahs Rasul, Friede sei mit ihm, sagte:

„Erleichtert, erschwert nicht, macht beliebt, lasst keinen Widerwillen aufkommen!"

Dies ist also in Kurzfassung das, was der Koran uns vermitteln möchte und was von uns erwartet wird. Wenn wir dies verstanden haben, dann wollen wir jetzt zuerst verstehen, was „Sünden" sind und unter welchen Aspekten an eine Vergebung der Sünden (*Istighfār*) gedacht werden kann.

„Wie ein Berg umgibt uns die Sünde des Ichs, ohne die Sünde zu kennen, erwünscht Du deren Vergebung"

Und dann kommt der Zeitpunkt, wo wir den erhabenen Koran „berühren" können und mit Gebet und Zikir beginnen können... Darf ich Sie bitten...

13

DIE BITTE UM VERGEBUNG DER SÜNDEN (ISTIGHFĀR)

Innallaha lâ yaghfiru an yuschraka bihi wa yaghfiru ma dûna zâlika liman yaschaa'a. (4:48)

„Wahrlich Allah vergibt nicht, dass man mit ihm etwas (äusserlich-offen oder innerlich-heimlich) assoziiert/gleichstellt. Alles andere (kleinere Vergehen als diese) vergibt Hu wie Hu wünscht…." (4:48)

Kul: yâ ibadiyallaziyna asrafû alâ anfusihim, lâ taknatu min rahmatillah!... Innallaha yaghfiruz zunûba djamîa, innahu huwal ghafûrur rahiym. (39:53)

„Sag: Oh Meine Diener, die ihrem Selbst die Rechte beraubt haben und verschwenderisch waren (diejenigen, die ihr Leben lang auf dem körperlichen Weg ruiniert worden sind, weil sie die Realität des Egos ausgelebt haben)! Verliert nie die Hoffnung auf Allahs Rahmet *(A.d.Ü. dass ein Weg zu Allah geöffnet wird)*! Wahrlich Allah vergibt alle Vergehen (zu denjenigen, die nach Vergebung bitten)…Wahrlich Hu ist Ghafur, Rahiym." (39:53)

Wa huwallaziy yakbalut taubata an ibadihi wa ya'fu anissayyiata wa yâ'lamû ma taf'âlûn, wa yastadjiybullaziyna amanû wa amilus salihati wa yaziyduhum min fadlihi...(42:25-26)

„HU ist derjenige, welcher das reuevolle Gelübde seiner Diener annimmt, ihre Verfehlungen vergibt und weiß, was sie tun... HU nimmt die Gebete derer, die aufrechte Taten tun und glauben, an... Aus dem ihm eigenen Großmut heraus, vergibt HU ihnen noch mehr."

yā-ʾayyuhāllazīna ʾāmanū tūbū ʾilāllāhi tawbatan naṣūḥan ʿasā rabbukum ʾan yukaffira ʿankum sayyiʾātikum wa-yudkhilakum djannātin taghrī min taḥtihāl-ʾanhāru. (66:8)

„Ihr Gläubigen, bittet Allah aus ganzem Herzen aufrichtig um Vergebung; es ist zu erwarten, dass euer Herr eure Vergehen zudeckt und euch in die Paradiese schickt, in denen goldene Flüsse fließen."

Verehrte Leser, aus den vier Versen des erhabenen Korans, welche ich oben angeführt habe, ist Allahs System der Vergebung und das mit diesem System verbundene *Tauba* genannte Bußversprechen klar und deutlich zu erkennen. Aus diesen Versen des **erhabenen Korans** gehen fraglos folgende Belange hervor:

1. **Das Vergehen, an einen Gott zu glauben**, kurz ***Schirk*** genannt, wird **niemals vergeben**... Denn **es gibt keinen Gott, einzig Allah existiert! Der Begriff „Gott" kann niemals das Pendant zu der Bedeutung des Namens Allah sein.** Aus diesem Grunde ist es vorrangig nötig zu erlernen, was mit dem Namen Allah beschrieben wird und es ist unerlässlich, unserem Leben dementsprechend eine Richtung zu geben, sonst laufen wir Gefahr, zu denen zu gehören, die sich neben Allah Götter schaffen. Es ist ein großer Fehler solch ein Risiko einzugehen. Weiteres Wissen und genauere Ausführungen zu diesem Thema können Sie in unserem Buch **„Allah wie ihn Hz.**

Mohammed erläutert" finden.

2. Da wir die Wahrheit unseres Selbst nicht erkennen und folglich leben ohne die Pflichten uns selbst gegenüber wahrzunehmen, gehören wir zu denen, die ihre Grenze überschreiten und es stehen uns große Verluste bevor. Wir sollen aber wegen dieses Zustandes niemals die Hoffnung verlieren, denn für alle Fehlverhalten steht der Weg der Vergebung offen. Wichtig ist, den Fehler zu erkennen und nach dem Motto: „Wo der Verlust aufhört, beginnt der Gewinn", versuchen, den Rest zu retten.

3. Der Weg zur Rückkehr von Verfehlungen geht über ***Tauba***, ein Gelübde der zukünftigen Unterlassung dieser Verfehlung. Wenn Du erkannt hast, dass Dein Tun falsch war und reumütig um Vergebung bittest, dann erwartet Dich die Vergebung. Außerdem werden gleichzeitig Deine Gebete erhört! Hüte Dich davor, die Bitte um Vergebung von heute auf morgen zu schieben... denn viele, die ihre Abbitte ständig verschoben haben, sind noch, bevor sie um Vergebung bitten konnten, von dieser Welt geschieden und müssen nun in der Welt des Grabes lebendig und bewusst die Folgen ihrer Handlungen tragen.

4. Eine Bitte um Vergebung kann man nicht einfach so daherreden, nur um zu sagen, ich habe das erledigt, oder weil jemand Dich dazu aufgefordert hat, irgendwelche Formeln zu wiederholen. Die Reue muss aufrichtig sein, sonst könnte sie auch als Spiel, Belustigung oder gar Spott aufgenommen werden.

Was versteht man unter aufrichtiger Reue/*Tauba Nasuh*?

Wenn ein Mensch erkennt, dass das, was er getan hat, wirklich falsch war und über dieses, von ihm begangene Unrecht große Reue empfindet und beschließt, dieses nie wieder zu tun und dieses

Gelöbnis vor Allah ausspricht und um Vergebung bittet, dann wird dies ***„Tauba Nasuh"*** genannt.

Wenn man sich jedoch für ein Fehlverhalten **entschuldigt**, so wird dies ***„Istighfār"*** genannt.

Hierbei gibt es eine wichtige Sache, die unbedingt verstanden werden muss, bevor ich mit dem Thema fortfahre...

Das Wort „Astaghfirullah", welches „Allah, ich bitte um Vergebung" bedeutet, soll niemals unüberlegt ausgesprochen werden, ansonsten entsteht der Eindruck, dass man den Angesprochenen nicht ernst nimmt...

Die heutzutage bei vielen Derwischorden beliebte Anweisung: „Sage soundsoviel *Istighfār* auf", ist eine ganz und gar falsche und auf Unwissenheit basierende Anwendung. Wenn auch von einem gewissen Energietransfer in die Seele ausgegangen werden kann, der durch diese Wiederholung hervorgerufen wird, so führt doch diese Aktivität in keinem Falle zu dem gewünschten Ziel! In dieser Situation, die durch die Unwissenheit des „Meisters der Nachahmung", welcher diese Anweisung gegeben hat, entsteht, ist derjenige, welcher das „A*staghfirullah*" aufsagt, der Leidtragende.

Um dieses Thema begreifen zu können, muss man erst einmal die Sache, die den Grund für die Entschuldigung (*Istighfār)* bildet, genau kennen... Hören wir was der Rasul Allahs, Friede sei mit ihm, sagt:

„Die Wahrheit ist, dass sich ein Schleier über mein Herz legt und ich mich hundertmal bei Allah entschuldige..." (überliefertes Hadith von Muslim-Abû Dawûd)

Geben Sie hier Acht... Eine Entschuldigung kann nicht einfach so daher geplappert oder zur Erlangung von Allahs Lohn daher gesagt werden, sondern sie ergibt sich aus der Trauer über die „Verschleierung" des Herzens, über die Verschlossenheit, die sich daraus ergibt und die Unfähigkeit, Allahs Wesen wahrzunehmen!

Nachdem was Allahs Rasul berichtet, entschuldigte er sich etwa hundertmal am Tag zu verschiedenen Zeiten, aufgrund des Unbehagens darüber, dass er Allahs „*Hakk*" genannte Wahrheit nicht genug wahrnehmen konnte.

Welcher Unterschied... Hundertmal am Tag zu verschiedenen Zeiten seine Unzulänglichkeit spüren und aus Kummer darüber sich bei Allah entschuldigen..., oder unwissend und nachahmend, wie eine lästige Hausaufgabe einhundert Mal hintereinander „Astaghfirullah" herunterleiern…(!)...

Diejenigen, welche die Wahrheit erkennend, Menschenwürde und menschliche Ehre erreichen möchten, müssen dringend und mit Bestimmtheit begreifen, dass **man von einem Nachahmenden** (*Mukallid*) **nichts lernen kann und durch Nachahmung (Taklid) niemals zur Wahrheit gelangt!**

Bleibt zu sagen, dass sogar manche das *Schariat* genannte Religionsgesetz nicht einmal aus Nachahmung annehmen...

Aber es ist nun einmal eine Tatsache, dass diejenigen, deren Kraft nicht für die Nachforschung „*Tahkik"* ausreicht, sich mit der Nachahmung begnügen müssen...

14

ISTIGHFĀR, WOZU UND WARUM?

Das ***Tauba*** genannte Gelübde zur Unterlassung, wird nach einem großen Vergehen, über dessen Ausführung man Reue empfindet, als Zeichen der Umkehr ausgesprochen.

Die *Istighfār* genannte Entschuldigung jedoch bedeutet, dass man sich bei alltäglichen Begebenheiten dafür entschuldigt, dass man seinen Schöpfungsauftrag aus den Augen verloren hat, was unbewusst falsche Handlungsweisen nach sich zieht...

Obwohl der Mensch als Stellvertreter Allahs (***Khalifatullâh***) auf Erden leben sollte, legt er ein Verhalten an den Tag, welches ihn daran hindert diese Vollkommenheit zu erlangen und dies ist der Hauptgrund für das ***Istighfār.***

Die Person, die sich während des *Istighfār* entschuldigt, muss notwendigerweise folgendermaßen denken:

„Mein Rabb, Du lässt mich als Deinen Stellvertreter auf der Erde leben... Dabei habe ich mit meinem Tun ein Benehmen an den Tag gelegt, welches für Deinen Stellvertreter nicht ziemlich ist. Ich habe meinen Fehler erkannt! Bitte vergib mir dieses Tun (oder diesen Gedanken), der meinem, von Dir vorzüglich ausgestatteten Wesen nicht gerecht wird... Wenn Du mir nicht vergibst, so werde ich im Sumpf des „Körperlichen" versinken, der nicht zu dem hohen Grad des „Stellvertreters" passt. Aus

diesem Grunde bitte ich, sei nachsichtig mit mir und erleichtere mir den Weg, meinem Schöpfungsauftrag gerecht zu werden."

Eine auf dieser Basis vorgebrachte Entschuldigung (*Istighfār*) hat natürlich ihren Zweck erfüllt... Ich denke, dass die Frage nach dem „Wozu" somit ausreichend beantwortet ist. Kommen wir jetzt zu dem Abschnitt „warum" *Istighfār*... Was sind die Gründe für diese Entschuldigung...

Allah, der überall und in jedem kleinsten Teilchen mit seinen Charakteristiken und den Eigenschaften seiner Namen vorhanden ist, hat gewünscht, dass wir HU sowohl in unserem eigenen Wesen wie auch in allem Vorhandenen wahrnehmen sollen... Dazu findet man im erhabenen Koran folgende Zeichen:

„Versteht ihr denn nicht, was in eurem Wesen vorhanden ist?", und **„Du kannst deinen Kopf wenden, wohin du willst, überall erblickst du das Antlitz Allahs!"**

Obwohl das die Wahrheit ist, haben wir weder von dieser Gegebenheit eine Ahnung, noch ist uns unser „Stellvertreter-Dasein" bewusst, noch können wir unserem eigentlichen Wesen entsprechende Handlungen an den Tag legen.

Und so bilden alle Handlungen, die sich aus Gedanken, Gefühlen und Konditionierungen entwickeln, die auf unseren fünf Sinnen basieren, die auf natürlichen Instinkten beruhen und den Erwartungshaltungen unserer Umwelt entspringen, einen Grund für das *Istighfār*. Deshalb sollen wir „Astaghfirullah" nicht einfach so dahersagen, sondern erst über unsere Fehler nachdenken, sie bemerken und unser *Istighfār* soll in diesem Sinne eine Entschuldigung dafür sein.

Nachdem wir diesen Umstand so gut wie möglich erklärt haben, lassen Sie uns zu verschiedenen Arten des *Istighfār* kommen, die uns Mohammed Mustafa, der Rasul Allahs, Friede sei mit ihm, gelehrt hat...

15

SAYYÎDUL ISTIGHFĀR

Allahumma anta rabbiy, lâ ilâha illâ anta khalâktaniy, wa ana abduka wa ana alâ ahdika wa wa'dika mastata'tu aûzu bika min scharri mâ sana'tu, abûu laka binı'matika alayya, wa abûu bizanbiy, faghfirliy zunûbî, fa`innahu lâ yaghfiruzzunûba illâ anta birahmatika yâ arhamarrâhımiyn.

„Allah, Du bist mein Rabb *(A.d.Ü. Herr-die Namenskompositionen, die sich im Gehirn entfalten, so wie Du es wünscht)*, es gibt keinen Gott, Du alleine bist vorhanden, Du hast mich erschaffen, zweifelsohne bin ich Dein Diener und soweit es in meiner Kraft steht, halte ich mich an mein gegebenes Versprechen. (Allah) ich begebe mich in Deinen Schutz vor den bösen (Folgen) meiner Verfehlungen, ich bekenne vor Deinem Wesen die Gaben, welche mir beschert wurden. Ich bekenne auch meine Sünden. Aus diesem Grund vergib mir meine Verfehlungen. Denn die Sünden werden nur MIT DEINER RAHMET vergeben, oh Rahiym!"

Erklärung:

Mohammed Mustafa, Friede sei mit Ihm, erklärte folgendes:

„Wer dieses Sayyid-ul Istighfār (gesegnete Vergebung) bewusst und glaubend, die Annahme Allahs erwartend, tagsüber

spricht und vor Einbruch der Nacht stirbt, der wird ins Paradies eingehen...Und wer es wiederum in der Nacht liest und vor Anbruch des Morgens stirbt, wird ebenfalls zu den Bewohnern des Paradieses zählen."

Wenn wir, nachdem wir solch einen Wert in Händen halten, diesen Wert nicht zu schätzen wissen, dann bleibt uns wirklich nichts anderes übrig, als das, was uns unausweichlich erwartet, zu ertragen.

Allahumma lakal hamdu lâ ilâha illa anta rabbî wa ana abdûka âmantu bika mukhlisan laka fiydiynî inniy asbahtu (amsaytu) alâ ahdika wa wa'dika mastata'tu atûbu ilayka min sayyii amalî astaghfiruka bizunûbillatiy lâ yaghfiruhâ illâ anta.

Erklärung:

„Wahrhaftig, bei Allah, wer auch immer dieses *Istighfār* morgens und abends je dreimal liest, der wird ganz gewiss ins Paradies eingehen."

Geben Sie Acht, der Rasul Allahs, Friede sei mit ihm, welcher uns mit diesen Hinweis ermahnt, beginnt seine Worte hier mit einem Schwur... Aus diesem Grunde haben wir dieses Istighfār gleich nach dem „Sayyid-ul Istighfār" an zweiter Stelle gebracht... Was verlieren wir schon, wenn wir es morgens und abends dreimal lesen? Aber was können wir gewinnen…!...

Rabbi inniy zalamtu nafsiy zulman kabiyra, wa lâ yaghfiruz zunûba illâ anta, faghfirliy maghfiratan min indika, warhamniy, innaka antal ghafûrur rahîm.

„Mein Rabb, ich habe meinem Selbst seine Rechte verweigert (ich bin der Wirklichkeit meines Selbst nicht gerecht geworden), diese Verfehlung kann niemand außer Dir vergeben. Verzeih mir mit Deiner Sichtweise, sei Rahiym zu mir, denn zweifelsohne bist Du Ghafur und Rahiym."

Erklärung:

Hz. Abû Bakir Siddik, möge Allah ihm gewogen sein, fragte den Rasul Allahs, Friede sei mit ihm, Folgendes:

„Was soll ich vor der Beendigung des *Salaah-Gebets* rezitieren, oh Rasul Allahs?“

Hz. Mohammed, der Rasul Allahs, lehrte ihm daraufhin folgendes Istighfâr, welches im Gebet vor dem Gruß gesprochen wird. Hz. Abu Bakr Siddik rezitierte fortan dieses im Gebet, bevor er den Gruß darbot...

Was sind die Feinheiten dieses Istighfār, welches uns der Rasul Allahs lehrte, der zu sagen pflegte:

„Wenn Abû Bakir in die eine Waagschale des Glaubens gegeben würde und alle Gläubigen in die andere Schale der Waage, so würde der Glauben Abû Bakirs schwerer wiegen.“

Den geheimnisvollen Punkt in diesem *Istighfār* bilden die Worte „min indika”, was „aus Deiner Sichtweise” bedeutet.

Das Wörtchen „ind”, welches in der Mystik auf das Geheimnis von „Maiyyat”[10] hinweist, könnte in etwa mit Stufe oder Ebene übersetzt werden, dies ist allerdings keine befriedigende Übersetzung, sondern verschleiert vielmehr die Feinheiten des Themas.

Es gibt das Offenkundige „Zahir”, das Verborgene „Bâtin” und „Ladun”...

Alles, auf das mit dem Wort „Ladun” *(A.d.Ü. „Ladun“ und „Ind“ sind in der arab. Sprache verwandt)* hingewiesen wird, weist auf die Allmacht Allahs hin, welche aus dem Wesen dieser Person hervortritt. Man könnte es auch folgendermaßen umschreiben... **Das Geheimnis der Allmacht Allahs, welches aus dem System des verborgenen Sinnes (Hikmat) hervortritt!**

---

[10] Das Geheimnis um **„Maiyyat”**(Ableitung vom arab. Wort Mawt=Tod) beinhaltet die Realität, dass alle Besonderheiten, die beim Menschen zutage treten, dem gehören, auf den mit dem Namen ALLAH hingewiesen wird. (A.d.Ü: Das Ego ist also gestorben, nur ALLAH ist vorhanden)

Die Welt ist die Heimat des verborgenen Sinnes (*Hikmat*)... Alles geschieht aus einem Grund, unter einem Vorwand... Das Akhirat genannte Leben nach dem Tod indessen ist die Heimat der Allmacht Allahs; dort sind die Regeln des „Hikmat" und die physikalischen Gesetze der Welt außer Kraft gesetzt.

So wird den „*Mukarrab*"[11] Genannten, die Gabe des *Ladun* auf dieser Welt wie ein Geschenk zuteil und sie können die Geheimnisse der Allmacht Allahs betrachten.

Beim Istighfâr begehrt man somit eine Vergebung von Allah aus seiner „Ebene/Sicht" heraus, welche unsere menschlichen Schwächen bedeckt und den „*Nuur*" genannten Glanz der Wahrheit in unserem Selbst hervortreten lässt. Entschuldigt! Meine Befugnis reicht nicht dazu aus, mehr davon in Zeilen zu fassen... Aber die Wissenden werden unseren Hinweis verstehen...

Allahummaghfirliy khatıyatiy wa djahliy wa israfiy fiy amri; wa ma anta â'lamu bihî minniy... Allahummaghfirliy hazliy wa djiddiy wa khata`iy wa amdiy wa kullu zâlika indiy.

„Allah, vergib mir meine Fehler, meine Unwissenheit und meine unangemessene Reaktion auf Deine Gebote, vergib mir auch all meine Sünden, welche Dir besser bekannt sind als mir... Allah, vergib mir auch all jene Vergehen, die ich aus Spaß oder im Ernst, wissend oder unbewusst begangen habe... Ich bekenne, dass all diese Verfehlungen bei mir vorhanden sind! ..."

Erklärung:

Abû Musa al Aschari (Ra), der zu den Gefährten und Zeitgenossen unseres Rasuls zählt, hat uns überliefert, dass dieser eben auf diese Weise um Vergebung bat.

Warum bat eigentlich der Rasul Allahs so um Vergebung, wo es doch im **erhabenen Koran** in der **Fath Surah** heißt:

---

[11] Mukarrab- hierbei handelt es sich um von Allah auserwählte Personen, die die „Nähe" zu Allah ausleben, weil sie „gestorben sind bevor sie gestorben sind".

„Allah hat alle Deine Vergehen, die Vergangenen und die Zukünftigen vergeben."... Müsste uns das nicht zu denken geben?

Lassen wir einmal die tiefgründigen Aspekte dieses Themas beiseite, so ergehen wir uns zumindest als begrenzte und fehlerhafte Wesen in Verhaltensweisen, die nicht zu unserer Veranlagung als „Stellvertreter Allahs" (*Khalifatullâh)* passen... In unserem alltäglichen Leben können wir normalerweise unseren wahren Bestimmungen und unserem eigentlichen „Selbst" nicht gerecht werden. Wir dürfen auch nicht vergessen, dass wir nur durch bestimmte Handlungen hier auf Erden, die unzähligen Annehmlichkeiten des ewigen Lebens nach dem Tode erlangen können.

Demnach sollten wir, wenn irgend möglich unser Gehirn nicht mit Dingen blockieren, welche wir sowieso auf dieser Erde zurücklassen und die uns nie wieder in den Sinn kommen werden, sondern uns vielmehr auf unser wahres Sein konzentrieren und unsere Unzulänglichkeiten begreifen.

Astaghfirullahallaziy lâ ilâhe illâ Hu, al Hayyul Kayyumu wa atubu ilayh.

„Ich bitte um Allahs Vergebung, es gibt keinen Gott nur Hu, der Hay[12] und Kayyum[13] ist, ... Mein Bußversprechen gilt ihm!"

Erklärung:

Der Rasul Allahs, Friede sei mit ihm, sagte Folgendes:

„Wer bezeugt, dass es keinen Gott gibt und einzig HU, der Hay und Kayyum ist, existiert, wer Vergebung von Allah wünscht und sich reumütig zu Allah bekehrt, dessen Sünden werden vergeben, selbst wenn es sich um einen Deserteur handelt."

Hier gibt es zwei wichtige Punkte... Zum einen den Gebrauch des

---

[12] **Hay** ist einer der Namen Allahs und bedeutet, der aus sich selbst Lebende.

[13] **Kayyum** – ist einer der Namen Allahs und bedeutet, HU ohne dessen Hilfe nichts bestehen kann, der aber in seiner Existenz auf nichts angewiesen ist.

„Ismi A´zam"[14], den erhabensten Namen beim Istighfâr und zum anderen den Umstand, dass durch eine solche Entschuldigung selbst die größten Sünden vergeben werden. Den Grund für den Gebrauch des erhabensten Namens im Gebet werde ich, soweit es mir möglich ist, im Kapitel **„Ismi A´zam"** beschreiben.

Kommen wir zu dem Detail, dass Fahnenflucht im Krieg sogar durch ein derartiges Istighfâr vergeben werden kann...

Wie uns der Rasul Allahs mitteilte, ist die Flucht vor dem Krieg eine der sieben großen Sünden.

Der Rasul warnte: „Hütet euch vor den sieben vernichtenden Handlungen"... Auf die Frage, was diese Handlungen sind, nannte er folgende:

- **Schirk**
- **Zauberei und Hexerei**
- **Zinsen einnehmen**
- **Sich das Vermögen von Waisen aneignen**
- **Desertieren (vor dem Krieg fliehen)**
- **Unbescholtene Frauen des Ehebruchs bezichtigen**

Wie Sie sehen, werden auch große Sünden vergeben. Und um Vergebung zu erlangen, bedarf es nicht der Vermittlung und Fürsprache eines religiösen Geistlichen, sondern es reicht aus, sich an die Größe und Macht Allahs zu wenden, seine eigenen Unzulänglichkeiten und Verfehlungen zu bekennen und um Vergebung zu bitten.

Demnach sollten wir, selbst wenn wir große Sünden begangen haben, niemals verzweifeln, sondern uns an Allah wenden und unsere Bitte um Vergebung nicht aufschieben!

---

[14] **Ismi A´zam**- der erhabenste Name Allahs, mehr Informationen im Kapitel „Ismi Azam".

Allahummaghfirliy zanbiy kullahu wa dikkahu wa djillahu wa awwalahu wa âkhırahu wa alaniyatahu wa sırrahu!

Allah, vergib mir alle meine Sünden, die Alten und die Neuen, die Kleinen und die Großen, die Offenen und die Geheimen (welche ich mir durch den Kopf gehen ließ)!

Erklärung:

Dies ist eines der Istighfârs, welche der Rasul Allahs, Friede sei mit ihm, am häufigsten gesprochen hat...

Es ist für uns ein interessantes Beispiel dafür, wie weit wir den Umfang der Entschuldigung wählen können. Wie ich aber vorher schon erwähnte, sollen wir uns davor hüten, diese Gebete nur wie ein Papagei zu wiederholen. Wir müssen genau beachten, in welcher Weise sich der Rasul Allahs einem Thema genähert hat und welchen Details er am meisten Aufmerksamkeit geschenkt hat.

Wir halten es für sehr sinnvoll, diese Entschuldigungen im Pflichtgebet vor dem Gruß zu sprechen.

16

ÜBER DAS VERBORGENE SCHIRK

Allahumma inniy auzu bika an uschrika bika schay'an wa ana â'lam wa astaghfiruka limâ lâ â'lam, innaka antal âllâmul ghuyub.

Allah, ich begebe mich in Schutz zu Dir, dass ich Dir einen Teilhaber zur Seite gestellt/assoziiert habe (zu Dir „Schirk" begangen habe). Ich bitte um Vergebung dafür, wenn dies unbewusst geschehen ist. Zweifelsohne bist Du der Wissende über das *Ghaib (das nicht zu Sehende)*!

Erklärung:

Die größte Gefahr für den Menschen besteht im verborgenen Schirk, welcher daraus resultiert, dass man Allah nicht im Handeln sondern in Gedanken eine Person oder eine Sache als Teilhaber zur Seite stellt und assoziiert! Einen Aspekt dieser verborgenen Assoziation stellen auch Heuchelei und Scheinheiligkeit dar, welche als **Riyâ** bezeichnet werden.

Die Koranverse:

„Du sollst dir neben Allah keinen Gott schaffen"

und

„Ich nehme keine Handlung derjenigen an, die mit mir einen Teilhaber assoziieren"

lassen uns, wie ich meine, den Ernst der Sache erahnen...

Im Islam geht es darum, dass eine Sache ausschließlich für Allah getan wird!

Wenn ein Mensch etwas für Allah tut, so ist alleine schon der Gedanke daran, dafür etwas von seiner Umgebung zu erwarten, egal in welcher Form, ob materiell oder moralisch, **verborgener Schirk**!...

Es fällt zum Beispiel schon unter den Begriff Schirk, wenn der Vorbeter während des Gebets das *Takbir* **„ALLAHU AKBAR"** nicht nur zum Zweck, **Allahs Erhabenheit** hervorzuheben, ausspricht, sondern die Aussprache lang zieht oder verkürzt, um den hinter ihm Betenden ein Zeichen zu geben, dass sie aufstehen oder sich niedersetzen sollen.

Wenn man beim Schreiben eines Buches nicht nur das Ziel verfolgt, allein für Allah, gemäß dem Rasul Allahs, das Wissen Allahs zu verbreiten, sondern zum Geld verdienen, für das Lob der Umgebung oder zu dem Zwecke für sich selbst, einen Rang und Namen zu erwerben, schreibt, so befindet man sich im „verborgenen Schirk"...

Kurzum, unsere Absichten gleichen einer Brücke, die schmäler als ein Haar und schärfer als eine Rasierklinge ist!

Unsere Absichten, Gedanken und Beschlüsse müssen ausschließlich für Allah sein, ohne irgendetwas, von irgendwem zu erwarten, anderenfalls haftet dieser Sache, egal für wen oder was sie gemacht wird, der Geruch des „verborgenen Schirks" an!

Die Allah nahe stehenden, „Awliyâullah" genannten Menschen behandeln diese Sache mit so großer Sensibilität, dass sie jedes Gefühl von Wohlgefallen und Hingabe beim Gebet als zu unterbindenden Gedanken ansehen.

Um uns vor dem Verderben des „verborgenen" Schirk zu schützen, lehrt uns Allahs Rasul, Friede sei mit ihm, dieses Gebet.

Wir sollten wohl alle das Bedürfnis haben, dieses Gebet täglich im Anschluss an die fünf Pflichtgebete zu sprechen.

17

DAS GRÖSSTE ZIKIR, DER ERHABENE KORAN

Beginnen wir das Kapitel der Gebete mit einigen Suren und Versen des **erhabenen Korans**, der die Quelle für **Gebete und Zikir** bildet.

Wir sollten wissen, dass die **Fatiha Sure** unter den Gebetsversen des **erhabenen Korans** die Größte ist.

Aus diesem Grunde ist es Pflicht, diese Sure bei jedem Rekat der „Hinwendung zu Allah" (Salaah) zu sprechen. Unser Rasul, Friede sei mit ihm, hat dazu folgendes gesagt:

„Ohne das Fatiha gibt es kein „Salaah" (das Gebet, welches das Ziel hat, sich Allah hinzuwenden)!"...

Ein anderes „Hadîs-i Scharif" überliefert zur **Fatiha Sure**:

„Soll ich dir die Sure lehren, welche in Hinsicht auf ihren Verdienst die Größte im erhabenen Koran ist? Es ist die Sure Alhamdulillahi Rabbil Alamiyn..."

In einem anderen Buch der Überlieferungen heißt es wiederum, dass die **Fatiha Sure der Schlüssel zum Koran ist.**

Es gibt noch eine Menge Überlieferungen des **Rasul Allahs,** die sich auf die Vorzüge der Fatiha Sure beziehen, diese wollen wir aber nicht näher erläutern.

Allerdings möchte ich hier festhalten, dass diejenigen, die sich das Lesen der Fatiha Sure 41 Mal am Tag zu Gewohnheit machen, mit der Zeit sehr viel Nutzen daraus ziehen werden...

Außerdem haben einige Gefährten Hazreti Mohammeds s.a.s. davon berichtet, dass sie diese Sure gegen Schmerzen lesen und großen Nutzen davon haben. Die gleiche Erfahrung haben viele Menschen gemacht, die davon gehört und es ausprobiert haben...

Verschiedene **Awliyâullah** berichteten auch, dass das 40.000-malige Rezitieren der **Fatiha Sure** in einem nicht begrenzten Zeitraum großen Nutzen für das Leben nach dem Tode für diese Person bringt.

Darüber hinaus existieren viele Berichte darüber, warum man im Anschluss an die **Fatiha Sure „Amin"** sagt.

FATIHA SURE

„Auzu Billahi minasch schaytanir Radjiym"

1. bi-smi llāhi r-raḥmāni r-raḥīm

2. al-ḥamdu li-llāhi rabbi l-ʿālamīn

3. ar-raḥmāni r-raḥīm

4 .māliki yawmi d-dīn

5. ʾiyyāka naʿbudu wa-ʾiyyāka nastaʿīn

6. ihdināṣ-ṣirāṭal-mustakīm

7. ṣirāṭallazīna ʾanʿamta ʿalayhim ġhayri -maġhḍūbi ʿalayhim wa-lāḍ-ḍāalīn

Bedeutung:

„Das Ergebnis des Denkens im Menschen mit der Konditionierung durch die Kraft des Zweifelns, dass das „Nicht-Existierende" existent wird und dass die wahre „Existenz" nicht-existent wird. Und so entsteht ein Mensch, der sich selbst außerhalb

von Allahs Namen ungebunden als eine Existenz und als Körper akzeptiert; das Ergebnis dessen ist, dass an einem Gott im Himmel sich orientiert wird. Ich suche Schutz in meiner Wahrheit, die der Name Allah darstellt, welches der Beschützer vor solchen Kräften ist, vor den Einflüsterungen des gesteinigten Schaitans."

1. (Im Anwendungsbereich des „B"-Zeichens) **Derjenige, der mein Wesen mit seinem Namen erschaffen hat, mit dem Rahman- und Rahiym-Daseins des Namens Allah**

2. **„Hamd"** (die Welten, die mit seinen Namen erschaffen wurden, jeden Moment zu bewerten wie Er wünscht,) **gehört gänzlich Allah, der der Herr** (herrschendes Bewusstsein) **der Welten** (wie es im Gehirn von jedem Individuum entsteht) **ist.**

3. **Rahman und Rahiym.** (Mit seinem Rahman-Dasein lässt er die Welt aus Eigenschaften bestehen und mit seinem Rahiym-Dasein ist er derjenige, der jeden Moment die Welten in der Welt der Eigenschaften mit Bedeutungen erschafft.)

4. **Er ist Malik über die Din-Entscheidung** (Sunnatullah-System und Ordnung)**, welches ausgelebt wird bis zum unendlichen Ablauf.**

5. **Nur Dir dienen wir und für diese Bewusstheit bitten wir um Deine Hilfe** (Um die Al-Asma-ul-Husna Bedeutungen zu manifestieren, dienen wir Dir als ganze Geschöpfe und um diese Bewusstheit zu erreichen, möchten wir Deine Hilfe haben)

6. **Leite uns zum Sirat-i-Mustakim** (der Weg, der die Wahrheit erreichen lässt).

7. **Deinen Weg, wo Segen** (Nimat- an die Wahrheit desjenigen zu glauben, der mit dem Namen Allah bezeichnet wird, der die Wahrheit von jedem Selbst darstellt und zu denen zu gehören, die die Bewusstheit dieser Kräfte ausleben) **gefunden werden kann, nicht der Weg, wo Dein Zorn** (Ghazab- die Wahrheit der Welten und des Selbst nicht zu sehen und mit seinem Ego begrenzt zu sein) **erreicht und zu Dir Schirk** (von der Wahrheit- vom Verständnis desjenigen, der mit dem Namen Allah bezeichnet wird, der Wahid ul AHAD us SAMAD ist) **begangen wird.**

18

ÂYAT-AL KURSÎ (DER THRONVERS)

Allāhu lā 'ilāha 'illā Hu al-ḥayyu l-qayyūm, lā ta'khuzuhū sinatun wa-lā nawm, lahū mā fī s-samāwāti wa-mā fī l-'arḍ, man zālladhī yaschfaʿu ʿindahū 'illā bi-'iznihi yaʿlamu mā bayna 'aydīhim wa-mā khalfahum wa-lā yuḥīṭūna bi-schay'in min ʿilmihī 'illā bi-mā schaa wasiʿa kursiyyuhu s-samāwāti wa-l-'arḍ, wa-lā ya'ūduhū ḥifẓuhumā wa-huwa l-ʿaliyyu l-ʿaẓīym (2.Bakara: 255)

Bedeutung:

Allah Hu (Er), es gibt keinen Gott, nur Hu (Er) ist existent! Hayy und Kayyum (der Einzige, der lebt und der jeden mit der Bedeutung seiner Namen in seinem Wissen formt und andauern lässt)**; bei Hu kann nicht von Müdigkeit** (nicht einmal für einen Moment von den Welten getrennt), **noch von Schlaf** (die Geschöpfe lässt er in ihrem eigenen Zustand, die eigene Essenz wird nicht von der Welt beeinträchtigt) **gesprochen werden. Was es in den Himmeln und auf der Erde gibt** (in den Welten das universale Wissen und in der Dimension der Taten), **gehört alles Hu. Die manifestierte Kraft, die von der Asma-Dimension kommt, welches die Wahrheit des Selbst ist, wer kann ohne damit** (Bi-iznihi-mit Seiner Erlaubnis, im Anwendungsbereich des „B"

Zeichens) **aus Hus Sicht ein Fürwort einlegen…Hu weiß um die Dimension, in denen sie leben und die Welten, die sie nicht wahrnehmen; ohne dass Hu es nicht wünscht, kann von seinem Wissen nichts erfasst werden. Hus Thron** (Seine Herrschaft und Authorität, ausübende Kraft, Rabb-Dasein) **beinhaltet die Himmeln und die Erde. Es ist nicht schwer für Hu, diese in Schutz zu halten. Hu ist Aliy** (der unbegrenzte Hohe-vom Nullpunkt(Quantum Physik) her- wo es keine Frequenzen mehr gibt) **und Aziym** (Besitzer grenzenloser Macht, Herr über alle Frequenzen)**.**

Erklärung:

In einer Überlieferung des **Rasul Allahs**, Friede sei mit ihm, heißt es:

„In der Bakara Sure gibt es einen Vers, der führend unter den Versen des Korans ist... Wenn dieser in einem Haus gelesen wird und es befindet sich ein Teufel im Haus, so fährt dieser ganz bestimmt hinaus. Dieser Vers ist das Ayat-al Kursi, der Thronvers! ...”

Wiederum pflegte der **Rasul Allahs**, Friede sei mit ihm, zu sagen:

„Alles besitzt einen Höhepunkt... Der Höhepunkt des erhabenen Korans ist die Bakara Sure... In der Bakara Sure gibt es einen Vers, welcher der erhabenste Vers unter den Koranversen ist... Das ist Âyat-al Kursi! “

Eines Tages fragte der Rasul Allahs, Friede sei mit ihm, Abû Munzir, der sich bei ihm befand:

„Weißt du welcher Vers in Allahs Buch, das bei dir ist, der größte ist?

Er antwortete:

„Allahu lâ illâha illâ huwal hayyul kayyum...”

Darauf erwiderte der Rasul Allahs:

„Abû Munzir- möge dir dein Wissen Segen bringen…!”

Außer diesen Hâdis-i Scharif existieren noch eine Reihe weitere, die von den Vorzügen des Âyat-al Kursi handeln. Der wichtigste Teil davon empfiehlt, diesen Vers direkt anschließend an den Pflichtteil der *„Hinwendung zu Allah“* (Salaah) zu sprechen, also direkt, nachdem wir den Gruß ausgesprochen haben…!

Außerdem sind viele Nachrichten darüber überliefert, dass es großen Segen bringt, das Âyat-al Kursi beim Betreten und Verlassen des Hauses, vor Beginn einer wichtigen Arbeit und vor dem Schlafen zu sprechen.

Unter den Empfehlungen befindet sich auch die Anweisung, den Vers zum Schutz vor den alltäglichen Gefahren morgens siebenmal zu rezitieren;- sechsmal- in alle Richtungen gewandt, ausgehaucht und beim siebten Mal verschluckt.

Die Erfahrensten auf diesem Gebiet haben berichtet, dass es sehr großen Nutzen bringt, diesen Vers, der die seelische Kraft ungemein verstärkt, 40.000 Mal zu rezitieren.

19

ÂMANAR RASULU

āmana r-rasūlu bi-mā 'unzila 'ilayhi mir rabbihī wal mu'minūn* kullun āmana bi-llāhi wa-malā'ikatihī wa-kutubihī wa-rusulihī lā nufarriqu bayna'aḥadin mir rusulihī wa-qālū samiʿnā wa-'aṭaʿnā ġhufrānaka rabbanā wa-'ilayka l-maṣīr.

lā yukallifu llāhu nafsan 'illā wusʿahā* lahā mā kasabat wa-ʿalayhā māktasabat* rabbanā lā tu'ākhidhnā 'in nasīnā 'aw 'akhṭa'nā* rabbanā wa-lā taḥmil ʿalaynā 'isran ka-mā ḥamaltahū ʿalā lladhīna min qablinā* rabbanā wa-lā tuḥammilnā mā lā ṭāqata lanā bihī* wa-ʿfu ʿannā wa-ġhfirlanā warḥamnā 'anta mawlānā fanṣurnā ʿalāl qawmil kāfirīn (2.Bakara: 285-286)

Der Rasul (Hz. Mohammed FsmI) **hat an das geglaubt, was zu ihm** (zu seinem reinen universalen Bewusstsein) **von seinem Herrn** (von Allahs Namenskomposition, die seine Existenz formt) **herabgesandt** (ein Wissen, welches sich dimensional entfaltet) **wurde. Auch die Gläubigen tun dies! Alle glaubten (**unter dem Verständnis, auf welches mit dem „B" Buchstaben hingewiesen wurde)**, dass ihr Selbst die geformte Wahrheit vom Namen von Allah ist, an die Engel** (an die Potenziale der Namen, aus welchen ihr Selbst besteht)**, an die Bücher** (an das Wissen, welches dimensional herabstieg)**, an die Rasule....Wir machen keinen Unterschied zwischen seinen Rasulen** (im Inhalt über ihre

Entfaltungen)**... Sie sagen: „Wir haben es wahrgenommen und gehorchen, unser Rabb, wir möchten deine Vergebung haben; unsere Rückkehr ist zu Dir.".**

Allah bürdet niemandem außerhalb seiner Kapazität etwas auf. Was gewonnen wurde (das Ergebnis der guten Taten, die gemacht wurden) **ist für einen selbst,** (das Ergebnis von unvorteilhaften Taten) **ist auch für einen selbst. Unser Rabb, wenn wir vergessen oder Fehler begehen, dann bestrafe uns nicht dafür. Unser Rabb, bürde uns keine Last auf wie du sie denen vor uns aufgebürdet hast. Unser Rabb, lass uns nicht tragen wozu unsere Kraft nicht ausreicht. Vergib uns** (A.d.Ü. der AFUW-Name; frei von Assoziation zu Allah, ohne Schirk zu sein)**, verzeihe uns** (GHAFUR-Name; reinige, reformiere uns) **und sei „Rahiym" zu uns** (die engelhafte Dimension entstehen lassen)**. Du bist unser „Mawla"** (A.d.Ü. derjenige, der die „Nähe", also das höhere Wissen über das Selbst, das „Wilayat" entstehen lässt)**. Gib uns einen Sieg gegen all diejenigen, die die Wahrheit zudecken, die dich verleugnen.**

Erläuterung:

In einer Überlieferung von **Hz. Ali** und **Hz. Umar** wird Folgendes berichtet:

„Es ist nicht möglich, dass ein intelligenter Mensch einschläft, ohne vorher diese Verse gelesen zu haben."

In den Hadith-Büchern[15] von Muslim und Tırmızî steht, dass der Rasul Allahs, Friede sei mit ihm, Folgendes sagte:

„Allah, der Allmächtige hat die Bakara Sure mit zwei Versen beendet, durch diese hat Hu uns aus Seinem Schatz unter dem Himmel aufs Schönste beschenkt. Lernt diese auswendig und lehrt sie auch eure Frauen und Kinder. Diese Verse sind sowohl Koran, wie auch Suren, die im „Salaah" gesprochen werden und stellen außerdem ein Gebet dar."

Auch über den Umstand, dass nach dem Lesen dieser beiden

[15] **Hadith Bücher**: Sind Bücher mit Überlieferungen über Aussprüche und Taten des Hz. Mohammed, welche durch eine lückenlose Kette der Überlieferer gesichert sind.

Verse das Wort „Âmin" gesprochen wird, gibt es einige Hâdis-i Scharife.

In einem anderen Hâdis-i Scharif wird im Zusammenhang mit diesen Versen Folgendes gesagt:

„Wer auch immer die beiden letzten Verse der Bakara Sure liest, der wird dadurch von den Gefahren der Nacht und vor der Bosheit des Teufels ausreichend geschützt sein! ..."

Es ist bestimmt zu unserem Besten, wenn wir diese Verse wenigstens einmal am Tag lesen.

Schahida llāhu 'annahū lā 'ilāha 'illā Hu wal malā'ikatu wa'ulūl-ʿilmi qā'iman bil-Kisṭ* lā 'ilāha 'illā Huwal Azīyzul Hakīm (3.Al-i-Imran: 18)

Allah bezeugt, dass er „Hu" ist; es gibt keinen Gott; nur „Hu"! Diejenigen, die die Kräfte der Namen darstellen (Engel) **und auch Ulul Ilm** (die Wissenden, wo sich diese Realität auch manifestiert, bezeugen diese Wahrheit) **bezeugen, dass sich die Wahrheit so formt und bleiben diesem gerecht. Es gibt keinen Gott, nur „Hu"; Aziyz und Hakiym.**

Kulillāhumma mālikal mulki tu'tīl mulka man taschā'u watanziʿu l-mulka mimman taschā'u wa-tuʿizzu man taschā'u watuḏhillu man taschā'u bi-yadikal kẖayr 'innaka ʿalā kulli schay'in Kadīr

Tūlidjul layla fin-nahāri wa-tūlidjun-nahāra fīl-layli watukẖridjul-ḥayya minal mayyiti wa-tukẖridjul mayyita minal ḥayy wa-tarzuku man taschā'u bi-ghayri ḥisāb (3.Al-i-Imran: 26-27)

Sag: „Der Malik (Besitzer) **des „Mulk"** (Dimension der Taten) **ist mein Allah...Du gibst „Mulk" wem Du willst und nimmst das „Mulk" von wem Du willst. Wem Du wünschst, gibst Du Ehre, wem Du wünschst, gibst Du Erniedrigung. Das Khayr** (Gute) **ist in Deiner Hand. „Hu" ist über alles Kaadir. Du formst die Nacht zum Tag und den Tag zur Nacht. Du ziehst das Lebende vom**

Toten und den Tod vom Lebenden heraus. Wem du wünschst, gibst Du Lebensunterhalt ohne Maß."

Erläuterung:

Über verschiedene Eigenschaften dieser drei erhabenen Koranverse schreiben einige Awliyâullah Folgendes: Wer anschließend an die fünf Ritualgebete die Fatiha Sure, das Ayat al Kursi und den achten, sechsundzwanzigsten und siebenundzwanzigsten Vers der Al-i Imran Sure liest, kann vor folgenden fünf Dingen sicher sein:

1. Allah wird denjenigen nicht vom rechten Weg (Sirât-i Mustakim) abbringen.
2. Er ist vor allen Arten von Unfällen, Übeln und Plagen geschützt.
3. Er stirbt nicht ungläubig.
4. Er wird keinen Mangel leiden.
5. Er wird in der Gemeinschaft, in der er sich befindet, eine angesehene Person sein.

law 'anzalnā hādhāl Kur'āna ʿalāl Djabalin la-ra'aytahū khāschiʿan mutaṣaddiʿan min khaschyati llāhi wa-tilkal amṯālu naḍribuhā lin-nāsi laʿallahum yatafakkarūn

Huwallāhu lladhī lā 'ilāha 'illā Hu ʿAlimul-ġhaybi wa-schahādah Huwa r-raḥmānu r-raḥīm

Huwallāhu lladhī lā 'ilāha 'illā Huwal-Malikul-Kuddūsus-Salāmul-Mu'minul-Muhayminul-ʿAzīzul-Djabbārul-Mutakabbir Subḥānallāhi ʿammā yuschrikūn*

Huwallāhul-Khālikul-Bāri'ul-Muṣawwir Lahul-'Asmā'u l-ḥusnā, yusabbiḥu lahū mā fī s-samāwāti wa-l-'arḍ, wa-Huwal-ʿAzīzul-Hakīm (59.Haschr: 21-24)

Wenn Wir diesen Koran (die Wahrheit, über die informiert wird) **auf einen Berg** (Ego, Bewusstein-Ichheit) **herabstiegen liessen, dann würde natürlich er** (der Berg) **vor Allah** (derjenige, der mit diesem Namen bezeichnet wird) **mit „Khaschyat“** (Ehrfurcht- vor der Gewaltigkeit wird die Nichtigkeit des Egos unterschieden) **in Demut stehen, Du würdest sehen, wie er in Teile sich aufspalten würde! So geben Wir diese BEISPIELE** (symbolische Erklärungen)**, damit der Mensch sich in Tafakkur** (tiefes Nachdenken) **begibt!**

„Hu” Allah, es gibt keinen Gott, nur „Hu”! Derjenige, der das Ghayb (nicht zu Sehende) **und die Bezeugung ständig weiß! “Hu”, ist Ar Rahman** (derjenige, der alle seine Asma Eigenschaften beinhaltet)**, Ar Rahiym** (derjenige, der alle seine Asma Eigenschaften manifestiert- der mit diesen Eigenschaften die Afal Dimension-Dimension der Taten betrachtet)**. „Hu” Allah, es gibt keinen Gott, nur „Hu”! Malik** (derjenige, der die wahre Entscheidung in der Dimension der Taten trifft)**, Kuddus** (unabhängig vom Begriff der Schöpfung)**, Salaam** (derjenige, der in den Geschöpfen den Zustand der Nähe formt und das „Maiyyat” Geheimnis manifestiert)**, Mumin** (derjenige, der glauben manifestieren lässt und seine Wahrheit bezeugen lässt)**, Muhaymin** (derjenige, der schützt und behütet, derjenige, der die Schöpfung in der Beobachtung seiner wundervollen Grenzenlosigkeit/Gewaltigkeit stehen lässt) **Aziyz** (es ist unmöglich, Ihm etwas entgegenzustellen; derjenige, der wünscht, was Er will)**, Djabbar** (derjenige, der seinen Willen zwingend etabliert)**, Mutakabbir** (der wahre Einzige, Stolze {die Ichheit})**! Allâh, ist Subhan von den Gottesbegriffen, die man mit ihm assoziiert** *(Subhan-„Glorreich“ dadurch, indem Er in jedem Moment in einem neuen Zustand ist)***! Er ist Allah, Khaalik** (der wahre Erschaffer – der seine Asma-Eigenschaften zu Taten formt)**, Bâri** (derjenige, der jedes seiner Geschöpfe in Zeit und Eigenschaft gänzlich mit Harmonie in detaillierter Weise hervorbringt)**, Musawwir** (derjenige, der unendliche Formen von Bedeutungen manifestiert)**; die Asma-ul-Husna gehört Ihm! Was es auch in den Himmeln und auf der Erde gibt, ist für das „Tasbih“** (was dort produziert wurde, sind Seine mit Funktionen manifestierten Asma-Eigenschaften, die ihm dienen) **an Allah; „HU" ist Aziyz und Hakiym.**

Erläuterung:

Der Rasul Allahs beschreibt die Vorzüge dieses Koranverses folgendermaßen:

Wer das Ende der Haschr Sure in der Nacht oder am Tage liest und seine Zeit ist vollendet und er stirbt, so wird er, wenn er tagsüber stirbt, aus dem Grunde, dass er diese Zeilen am Tage gelesen hat und wenn er in der Nacht stirbt, aus dem Grunde, dass er sie in der Nacht gelesen hat, in das Paradies eingehen. (Die Suren sind die, welche mit den Worten: „Huwallahullaziy lâ ilâha illâhu"... beginnen)

Noch eine andere Auslegung eines Hâdis-i Scharif:

Wer auch immer am Morgen, nachdem er dreimal „auzu billâhis samiy'ıl âlîmi minasch schaytânir radjiym" gesagt hat, die drei letzten Verse am Ende der Al-Haschr Sure liest, dem gibt Allah siebzigtausend Engel zur Seite, welche für ihn bis zum Abend um Vergebung (Istighfar) bitten. Wenn derjenige an diesem Tag stirbt, so stirbt er als Märtyrer. Sollte er am Abend sterben, so stirbt er ebenfalls als Märtyrer.

20

WAMAN YATTAKILLÂHA

Waman yattakıllaha yadj'âl lahu makhradjan, wa yarzukhu min haysu lâ yahtasib... Wa man yatawwakkal alallahi fahuwa hasbuh.

Und wer sich zu Allah in Schutz (Takwa) begibt, dem wird ein Ausweg gegeben. Er gibt ihm Lebensunterhalt von wo er es nicht erhofft hat! Wer auf Allah vertraut, für den ist HU ausreichend!

Erläuterung:

Abû Zarr'i Djıfârî Ra., hat uns überliefert, dass unser Herr, der Rasul Allahs, Friede sei mit ihm, Folgendes sagte:

„Ich kenne einen Vers, welcher den Menschen, wenn sie sich daran klammern würden, zweifellos ausreichen würde..."

Und auch Ibn-i Abbas Ra. überliefert die Ausführungen des Rasul Allahs, Friede sei mit ihm, nach dem Lesen dieses Verses:

„Das Handeln gemäß diesem Vers befreit von den Ungewissheiten und Bedrängnissen der Welt und von den Qualen des Todes, außerdem vor der Heftigkeit des Unbehagens am Jüngsten Tag."

Auch wir haben bezüglich der Wirksamkeit dieses erhabenen

Verses viele Erkenntnisse gesammelt.

Wenn jemand, der sich in Bedrängnis befindet, der arbeitslos geworden ist oder der mit einer gefährlichen Situation konfrontiert wird, diesen Koranvers täglich 1000 Mal oder mehr liest, wird in kürzester Zeit Rettung und Sicherheit erfahren.

Wir empfehlen all denjenigen, welche arbeitslos sind, Schulden oder familiäre Probleme haben und sogar solchen, die glauben, dass man sie mit Magie belegt hat, diesen Koranvers zu lesen und davon zu profitieren.

21

YÂ SÎN (Sure 36)

bi-smi llāhi r-raḥmāni r-raḥīmi

1yā sīn

2 wa-l-Kur'ānil Hakīm

3 'innaka la-mina l-mursalīn

4 ʿalā ṣirāṭin mustakīm

5 tanzīlal Azīzir-Raḥīm

6 li-tunzira kawman mā 'unzira 'ābā'uhum fa-hum ġhāfilūn

7 la-kad ḥakkal kawlu ʿalā 'aksarihim fa-hum lā yu'minūn

8 'innā djaʿalnā fī 'aʿnākihim 'aghlālan fa-hiya 'ilāl'asqāni fa-hum mukmaḥūn

9 wa-djaʿalnā min bayni 'aydīhim saddan wa-min khalfihim saddan fa-'aghschaynāhum fa-hum lā yubṣirūn

10 wa-sawā'un ʿalayhim 'a-'ansartahum 'am lam tunsirhum lā yu'minūn

11 'innamā tunsiru manit tabaʿa z-zikra wa-khaschiya r-raḥmāna bil-ghaybi fa-baschirhu bi-maghfiratin wa-'adjrin karīm

12 'innā naḥnu nuḥyil mawtā wa naktubu mā kaddamū wa-'āsārahum wa-kulla schay'in 'aḥṣaynāhu fī 'imāmin mubīn

13 wa-ḍrib lahum masalan 'aṣḥābal karyati 'ith djā'ahāl mursalūn

14 'is 'arsalnā 'ilayhimuṯ nayni fa-kaḏḏabūhumā fa-ʿazzaznā bi-ṯhāliṯhin fa-kālū 'innā 'ilaykum mursalūn

15 kālū mā 'antum 'illā bascharun miṯhlunā wa-mā 'anzalar-raḥmānu min schay'in 'in 'antum 'illā taksibūn

16 kālū rabbunā yaʿlamu 'innā 'ilaykum la-mursalūn

17 wa-mā ʿalaynā 'illāl-balāghul-mubīn

18 kālū 'innā taṭayyarnā bikum la-'in lam tantahū la-nardjumannakum wa-layamas sannakum minnā ʿazābun 'alīm

19 kālū ṭā'irukum maʿakum 'a-'in zukkirtum bal 'antum kawmun musrifūn

20 wa-djā'a min 'akṣāl madīnati radjulun yasʿā kāla yā-kawmit tabiʿū l-mursalīn

21 ittabiʿū man lā yas'alukum 'adjran wa-hum muhtadūn

22 wa-mā liya lā 'aʿbudu llaḏhī faṭaranī wa-'ilayhi turdjaʿūn

23 'a-'attakẖizu min dūnihī 'ālihatan 'in yuridnir-raḥmānu bi-ḍurrin lā tughni ʿannī schafāʿatuhum schay'an wa-lā yunkiḏhūn

24 'innī 'iḏhan la-fī ḍalālin mubīn

25 'innī 'āmantu bi-rabbikum fasmaʿūn

26 kīla dẖulil-djannata kāla yā-layta kawmī yaʿlamūn

27 bi-mā ghafara lī rabbī wa-djaʿalanī minal-mukramīn

28 wa-mā 'anzalnā ʿalā kawmihī min baʿdihī min djundin minas-samā'i wa-mā kunnā munzilīn

29 'in kānat 'illā ṣayḥatan wāḥidatan fa-'iḏhā hum kẖāmidūn

30 yā-ḥasratan ʿalāl-ʿibādi mā ya'tīhim min rasūlin 'illā kānū bihī yastahzi'ūn

31 ʾa-lam yaraw kam ʾahlaknā kablahum minal-kurūni ʾannahum ʾilayhim lā yardjiʿūn

32 wa-ʾin kullun lammā djamīʿun ladaynā muḥḍarūn

33 wa-ʾāyatun lahumul-ʾarḍul-maytatu ʾaḥyaynāhā wa-ʾakẖradjnā minhā ḥabban fa-minhu yaʾkulūn

34 wa-djaʿalnā fīhā djannātin min nakẖīlin wa-ʾaʿnābin wa-fadjarnā fīhā minal-ʿuyūn

35 li-yaʾkulū min samarihī wa-mā ʿamilathu ʾaydīhim ʾa-fa-lā yaschkurūn

36 subḥānallazī kẖalakalʾazwādja kullahā mimmā tunbitul-ʾarḍu wa-min ʾanfusihim wa-mimmā lā yaʿlamūn

37 wa-ʾāyatun lahumul-laylu naslakẖu minhun-nahāra fa-ʾizā hum muẓlimūn

38 wasch-schamsu tadjrī li-mustakarrin lahā zālika takdīrul-ʿazīzil-ʿalīm

39 wal kamara kaddarnāhu manāzila ḥattā ʿāda kalʿurdjūnil kadīm

40 lāsch schamsu yanbaghī lahā ʾan tudrikal kamara wa-lāl laylu sābikun-nahāri wa-kullun fī falakin yasbaḥūn

41 wa-ʾāyatun lahum ʾannā ḥamalnā zurriyyatahum fīl-fulkil-masch-ḥūn

42 wa-khalaknā lahum min mislihī mā yarkabūn

43 wa-ʾin naschaʾ nughrik-hum fa-lā ṣarīkha lahum wa-lā hum yunkasūn

44 ʾillā raḥmatan minnā wa-matāʿan ʾilā ḥīn

45 wa-ʾizā kīla lahumut takū mā bayna ʾaydīkum wa-mā khalfakum laʿallakum turḥamūn

46 wa-mā taʾtīhim min ʾāyatim min ʾāyāti rabbihim ʾillā kānū ʿanhā muʿriḍīn

47 wa-ʾizā kīla lahum ʾanfikū mimmā razakakumullāhu kālallazīna kafarū lillazīna ʾāmanū ʾa-nuṭʿimu man law yaschāʾullāhu ʾaṭʿamah ʾin ʾantum ʾillā fī ḍalālin mubīn

48 wa-yakūlūna matā hāzāl waʿdu ʾin kuntum ṣādikīn

49 mā yanẓurūna ʾillā ṣayḥatan wāḥidatan taʾkhuzuhum wa-hum yakhis simūn

50 fa-lā yastaṭīʿūna tawṣiyatan wa-lā ʾilā ʾahlihim yardjʿūn

51 wa-nufikha fīs-sūri fa-ʾizā hum minalʾadjdāṯi ʾilā rabbihim yansilūn

52 kālū yā-waylanā man baʿazanā min markadinā hāzā mā waʿadar-raḥmānu wa-sadakal-mursalūn

53 ʾin kānat ʾillā ṣayḥatan wāḥidatan fa-ʾizā hum djamīʿun ladaynā muḥḍarūn

54 fal-yawma lā tuẓlamu nafsun schayʾan wa-lā tudj zawna ʾillā mā kuntum taʿmalūn

55 ʾinna ʾashābal djannatil yawma fī schughulin fākihūn

56 hum wa-ʾazwādjuhum fī ẓilālin ʿalāl-ʾarāʾiki muttakiʾūn

57 lahum fīhā fākihatun wa-lahum mā yaddaʿūn

58 salāmun kawlan mir rabbir raḥīm

59 wam tāzūl yawma ʾayuhāl mudjrimūn

60 ʾalam ʾaʿhad ʾilaykum yā-banī ʾādama ʾan lā taʿbudūsch-schayṭāna ʾinnahū lakum ʿaduwwun mubīn

61 wa-ʾani ʿbudūnī hāzā ṣirāṭun mustakīm

62 wa-la-kad ʾaḍalla minkum djibillan kasīran ʾa-fa-lam takūnū taʿkilūn

63 hāsihī djahannamullatī kuntum tūʿadūn

64 iṣlawhāl yawma bi-mā kuntum takfurūn

65 al-yawma nakhtimu ʿalā ʾafwāhihim wa-tukallimunā ʾaydīhim wa tasch-hadu ʾardjuluhum bi-mā kānū yaksibūn

66 wa-law naschāʾu la-ṭamasnā ʿalā ʾaʿyunihim fastabakūs ṣirāṭa fa-ʾannā yubṣirūn

67 wa-law naschāʾu la-masakhnāhum ʿalā makānatihim fa māstaṭāʿū mudiyyan wa-lā yardjiʿūn

68 wa-man nu'ammirhu nunak kishu fīl-khalk 'a-fa-lā ya'kilūn

69 wa-mā 'allamnāhusch-schi'ra wa-mā yanbaghī lahū 'in huwa 'illā zikrun wa-kur'ānun mubīn

70 li-yunzira man kāna ḥayyan wa-yaḥikkal-kawlu 'alāl-kāfirīn

71 'a-wa-lam yaraw 'annā khalaknā lahum mimmā 'amilat 'aydīnā 'an'āman fa-hum lahā mālikūn

72 wa-zallalnāhā lahum fa-minhā rakūbuhum wa-minhā ya'kulūn

73 wa-lahum fīhā manāfi'u wa-maschārib 'a-fa-lā yaschkurūn

74 wat-takhazū min dūnillāhi 'ālihatal la'allahum yunṣarūn

75 lā yastaṭī'ūna naṣrahum wa-hum lahum djundun muḥḍarūn

76 fa-lā yaḥzunka kawluhum 'innā na'lamu mā yusirrūna wa-mā yu'linūn

77 'a-wa-lam yaral-'insānu 'annā khalaknāhu min nuṭfatin fa-'izā huwa khaṣīmun mubīn

78 wa-ḍaraba lanā masalan wa-nasiya khalkahū kāla man yuḥyil-'iẓāma wa-hiya ramīm

79 kul yuḥyīhāllazī 'anscha'ahā 'awwala marratin wa-huwa bi-kulli khalkin 'alīm

80 allazī dja'ala lakum minasch-schadjaril-'akhḍari nāran fa-'izā 'antum minhu tūkidūn

81 'a-wa-laysallazī khalakas-samāwāti wal-'arḍa bi-kādirin 'alā 'an yakhluka mizlahum balā wa-huwal-khallākul-'alīm

82 'innamā 'amruhū 'izā 'arāda schay'an 'ay-yakūla lahū kun fa-yakūn

83 fa-subḥānallazī bi-yadihī malakūtu kulli schay'in wa-'ilayhi turdja'ūn

Bismi'llahi'r-Rahmani'r-Rahiym

1. Ya Siiin (Oh Mohammed)!

2. Und beim Koran-i-Hakiym. (und beim Koran, welcher voller Weisheit wissen lässt.)

3. Mit Gewissheit bist du von den Rasuls.

4. Du bist auf dem Weg des „Sirat-i-Mustakim".

5. Mit dem Wissen, welches detailliert in dir mit Aziyz und Rahiym manifestiert wurde.

6. Um ein Volk, welches mit einem Kokon lebt (entfernt von ihrer Wahrheit, vom Sunnatullah) zu warnen, weil ihre Vorfahren nicht gewarnt wurden.

7. Die Aussage (die Aussage, dass die Hölle am meisten mit Menschen und Djinn gefüllt werden wird) ist mit Bestimmtheit für viele wahrhaftig geworden. Aus diesem Grund glauben sie nicht.

8. Sicherlich haben wir bei ihnen Fesseln (Konditionierungen und Wertevorstellungen) erschaffen, welche vom Hals bis zum Kinn reichen. Nun (können sie ihre eigene Wahrheit nicht erkennen) und deren Häupter sind nach oben gerichtet (und leben mit ihren Egos)!

9. Wir haben vor ihnen eine Mauer (somit können sie die Zukunft nicht sehen) und hinter ihnen eine Mauer gebildet (so lernen sie nicht aus der Vergangenheit) und haben sie so eingehüllt.... Nun können sie nicht sehen.

10. Es macht keinen Unterschied, ob du sie warnst oder nicht, sie glauben nicht.

11. Du kannst nur denjenigen warnen, der von der Erinnerung (die Wahrheit erinnernd) abhängig ist und Ehrfurcht vor dem verborgenen Rahman hat. Gib ihm die Freudenbotschaft der Vergebung und des hohen Lohns.

12. Mit Gewissheit sind wir die einzigen, die die Toten erwecken! Wir schreiben alles was sie gemacht und hervorgebracht haben auf. Wir haben alles im Imam-i Mubiyn (in ihren Gehirnen und Seelen) verzeichnet (mit allen Besonderheiten gespeichert)!

13. Gib ihnen den Stadtmenschen als Beispiel.... Da sind auch

Rasuls gekommen.

14. Wir hatten bei ihnen doch zwei (Rasuls) entfalten lassen (dimensional wird Wissen über das wahre Selbst entfaltet) und sie hatten beide verleugnet... Daraufhin haben wir dies mit einem Dritten verstärkt. Sie sagten: „Sicherlich sind wir diejenigen, die zu euch geschickt wurden (damit wir die Wahrheit entfalten)."

15. Sie sagten: „Ihr seid nichts anderes als Menschen wie wir.... Der Rahman ließ auch nichts entfalten .... Ihr sprecht nur Lügen."

16. (Die Rasul) sagten: „Unser Herr weiß, wir sind mit Sicherheit diejenigen, die zu euch (Wissen über das wahre Selbst) entfalten."

17. „Was uns ausmacht, ist nur die offene Empfehlung."

18. Sie sprachen: „Ohne Zweifel glauben wir, dass ihr Unglück bringt.... Wenn ihr nicht davon ablasst, werden wir euch steinigen, und sicherlich werdet ihr große Qualen erleiden.

19. Sie antworteten: „Euer Unglück ist mit euch selbst.... Liegt es daran (das Unglück), dass Ihr (an eurer Wahrheit) erinnert werdet? Nein, ihr seid eine Gesellschaft, die verschwenderisch ist."

20. Ein Mann kam aus einem entfernten Ort der Stadt und sprach:

„Mein Volk, vertraut auf die Rasuls."

21. „Jenen, die keinen Gegenwert erwarten; hängt euch an diejenigen an, die der eigenen Wahrheit entsprechend leben.

22. Wie kann ich nicht (so einer) Disposition/Veranlagung dienen? Ihr werdet zu HU zurückkehren.

23. „Soll ich mir neben „HU" Götter als Ersatz aneignen! Wenn der „Rahman" ein Leid hervorbringen möchte, werden mir deren Fürbitte weder nutzen noch mich vor etwas schützen."

24. „Dann wäre ich offensichtlich im Irrtum (Dalaalat Mubin-offensichtlicher falscher Weg)!"

25. „Hört auf mich, ich glaube an den „Rabb", welcher sich auch in euch manifestiert."

26. (Ihm wurde gesagt): „Sei gebunden an das Paradies!"... Er sagte: „Wenn mein Volk doch nur meinen Zustand wüsste!"

27. Dass mein „Rabb" mir vergeben hat und ich zu denen gehöre, die mit Ikraam (Darreichung zur Ewigkeit) versehen wurden..."

28. Weder haben wir danach zu seinem Volk eine Armee vom Himmel herabgesandt, noch wollten wir „Munziliyn" (diejenigen, die Tanziyl -die dimensionale Herabsendung der Wahrheit-ausleben) herabsenden.

29. Nur ein Aufschrei; sie erloschen sofort!

30. Ein großer Schaden für diese Menschen! Obwohl ein Rasul zu ihnen kommt, verspotteten sie ihn mit dem, was er mitteilte.

31. Sehen sie nicht, wie viele Generationen wir vor ihnen vernichtet haben, keiner von denen wird zu ihnen zurückkehren.

32. Natürlich werden sie zusammen gezwungenermassen sich bereitmachen müssen.

33. Auch die tote Erde ist ihnen ein Zeichen! Wir beleben sie, bringen Erzeugnisse hervor von denen sie essen...

34. Dort haben wir Gärten mit Dattelpalmen und Trauben erschaffen, dort ließen wir Quellen entspringen.

35. Auf dass sie von den Erträgen und dem was ihre Hände erzeugen essen...Sind sie immer noch nicht dankbar?

36. „HU" ist Subhan; der Erschaffer von allen Paaren (ihren Genspiralen), von den Formierungen der Erde (Körper), von ihrem Selbst und von dem, wovon sie nichts wissen.

37. Die Nacht ist auch ein Zeichen für sie! Wir entziehen ihr den Tag (das Licht) und sie sind sofort in der Dunkelheit.

38. Die Sonne folgt auch ihrer Umlaufbahn. Dies ist die Anordnung des Aziyz und Alim.

39. Und dem Mond haben wir Rastplätze angeordnet.... Letztendlich sieht er alt aus (wie ein ausgetrockneter Dattelast).

40. Weder kann die Sonne den Mond einholen, noch kann die Nacht den Tag überholen! Jeder Einzelne hat seine eigene Bahn.

41. Auch ist es ein Zeichen für sie, dass wir ihre Nachkommen in vollen Schiffen tragen.

42. Und dass wir für sie Ähnliches schufen, mit denen sie fahren.

43. Wenn wir wollten, könnten wir sie ertrinken lassen. Weder könnte ihnen jemand zur Hilfe eilen, noch sie erretten.

44. Es sei denn aus unserer Barmherzigkeit und zu einem Nutzen auf Zeit.

45. Und wenn Ihnen gesagt wird: „Achtet auf das was vor euch ist (das was euch erwartet) und auf das was hinter euch liegt (auf die Konsequenzen eurer Taten) damit Ihr Barmherzigkeit findet, (wenden sie sich ab)."

46. Und doch kommen keine Zeichen zu ihnen, von denen sie sich nicht abwenden.

47. Wenn ihnen gesagt wird: „Spendet für Allah von dem was euch Allah gegeben hat ohne Erwartungen", sagten diejenigen, die das Wissen um die Wahrheit ablehnen zu den Gläubigen: „Sollen wir die ernähren, die Allah ernähren könnte, wenn Allah es wollte?"... Ihr seid offensichtlich im Irrtum.

48. Sie fragen: „Wann trifft die Drohung ein (wann wird sie sich erfüllen), wenn ihr eurer Worte treu seid?

49. Sie haben nichts anderes zu erwarten als einen einzigen Schrei (das Spielen ihrer „Trompete" des Körpers), der sie ereilt während sie streiten.

50. Dann werden sie keine Kraft haben, um ein Vermächtnis zu machen und können auch nicht zu ihren Familien zurückgehen.

51. Es wurde in die „Trompete" geblasen! Siehe da, sie eilen aus ihren Körpern, welche wie Gräber sind, zu Ihren Herren (um den Rang ihrer eigenen Wahrheit zu bemerken).

52. Dann sagten sie: „Wehe uns! Wer hat uns aus unserem (weltlichen) Schlaf in eine neue Lebensebene gebracht? Das ist das, was der Rahman vorausgesagt hat und die Rasuls hatten Recht." (Hadith: Die Menschen sind im Schlaf, erst wenn sie den Tod erfahren, wachen sie auf.)

53. Nur ein einziger Aufschrei (Israfils Trompete), siehe da und alle sind vor uns gebracht.

54. In diesem Verlauf wird keiner Seele das geringste Unrecht geschehen...Ihr werdet mit nichts anderem bestraft außer durch eure Taten (ihr lebt die Resultate eurer Taten aus).

55. Mit Sicherheit werden die Bewohner des Paradieses sich mit den Segen des Paradieses vergnügen und erfreuen.

56. Sie und ihre Partner lehnen sich auf Throne, welche sich in Schatten befinden.

57. Für sie gibt es da Früchte.... Für sie gibt es dort Sachen des Vergnügens.

58. Das Wort „Salaam" kommt zu ihnen von ihrem Rabb, der Rahiym ist. (Sie leben die Salaam-Eigenschaft aus!)

59. „Oh Ihr Schuldigen! Trennt euch heute!"

60. „Habe ich euch nicht gelobt (habe ich euch nicht mitgeteilt), ihr Kinder Adams, dass ihr nicht dem Satan (dem Körper- dem Bewusstsein, welches von seiner Wahrheit nichts weiß) dienen sollt, er ist euch offensichtlich ein Feind.

61. „Dient mir (spürt die Notwendigkeit der Wahrheit und lebt danach)! Das ist das „Sirat-i Mustakim."

62. Und doch hat er (die Vermutung ein vergänglicher Körper zu sein und aufzuhören) viele Gemeinden in die Irre geführt. Warum benutzt ihr nicht euren Verstand?

63. „Dies ist die Hölle, die euch versprochen wurde!"

64. „Jetzt ist dies das Resultat eines Lebens als Antwort auf die Verleumdung der Wahrheit."

65. Dort werden wir Ihre Münder versiegeln, Ihre Hände werden uns ihre Taten erzählen und Ihre Füße werden dies bezeugen.

66. Wenn wir gewollt hätten, hätten wir Ihnen das Augenlicht genommen und sie wären so herumgelaufen.... Aber wie können sie (diese Wahrheit) so sehen?

67. Und wenn wir gewollt hätten, hätten wir sie an ihren Plätzen verwurzelt (sie hätten in ihrem Verständnis stagniert), so dass sie weder die Kraft hätten sich nach vorne zu bewegen, noch könnten sie zu Ihrem alten Zustand zurückkehren.

68. Und wem wir ein langes Leben geben, dessen Schöpfung haben wir geschwächt. Wollt ihr euren Verstand immer noch nicht benutzen?

69. Wir haben ihm nicht das Dichten gelehrt! Das passt auch nicht zu ihm! Es ist nur eine Erinnerung und ein offensichtlicher Koran (Lesung)!

70. Bis das Lebendige auferweckt wird und das Urteil über die Leugner um das Wissen der Wahrheit sich bewahrheiten soll.

71. Sehen sie nicht, dass wir unter all unseren Zeichen für sie Tiere zur Opferung geschaffen haben... Sie sind deren Eigentümer.

72. Wir haben sie (An`am- die Viehe) ihnen gefügig gemacht.... Sie nutzen sie zum Reiten und auch ernähren sie sich von einigen.

73. Sie haben von ihnen Vorteile und Trank. Wollen sie immer noch nicht dankbar sein?

74. Sie eignen sich Götter an im „Dun von Allah" (Allah wird mit Göttern gleichgesetzt) mit der Hoffnung auf Hilfe.

75. (Die Götter) können ihnen nicht helfen. (Im Gegenteil) sie sind aufgestellt als Armee, (welche den Göttern dienen).

76. In diesem Zustand sollen dich ihre Worte nicht betrüben... Sicher wissen wir alles was sie offenkundig tun und verbergen.

77. Sieht der Mensch nicht, dass wir ihn aus einem Spermium geschaffen haben. Trotz dieser Wahrheit ist er jetzt ein offensichtlicher Gegner.

78. Er bringt uns Vergleiche und vergisst dabei seine eigene Schöpfung: Er sagt: „Wer wird diese verwesenden Knochen wieder Leben einhauchen?"

79. Sag: „Derjenige, der sie vorher erschaffen hatte, wird ihnen Leben geben! „HU" ist mit seinem Namen über jede Schöpfung Aliym."

80. Derjenige, der für euch aus dem grünen Baum Feuer erschuf... Seht, damit zündet ihr an.

81. Ist derjenige, der die Himmel und die Erde erschaffen hat, nicht Kaadir darüber Ähnliches zu erschaffen? Doch! „HU" ist

Khallak und Aliym.

82. Wenn etwas gewollt wird, dann ist Seine Entscheidung aus „Kun"(= Sei!) zusammengesetzt (nur der Wunsch es zu wollen ist ausreichend) und es wird (mit Leichtigkeit) passieren.

83. Derjenige, in dessen Hand (ein Zeichen, dass die Herrschaft in dieser Ebene geformt wird) das ganze Malakut (die Kräfte/Potenziale der Namen) liegt, ist SUBHAN (in jedem Moment in einem neuen Zustand und davon auch unabhängig und dadurch nicht beschränkt)...und zu „HU" kehrt ihr zurück.

Erläuterung:

Es gibt viele Äußerungen des **Rasul Allahs** über den Nutzen, der sich ergibt, wenn man die YÂSÎN Sure liest. Ich möchte hier nur ein paar nennen:

„Wenn eine Person, die es sich zur Angewohnheit gemacht hat, die Yâ-sîn Sure vor dem Schlafengehen zu lesen, in der Nacht stirbt, so stirbt sie als Märtyrer."

„Lest die Yâ-sîn Sure oft, denn in ihr liegen zehn verschiedene Segen.

1. **Wenn ein Hungriger sie liest, wird sein Hunger gestillt.**
2. **Wenn ein Unbekleideter sie liest, so wird er gekleidet.**
3. **Wenn ein Lediger sie liest, so öffnet sich sein Glück und er heiratet.**
4. **Wird sie von einem Angsterfüllten gelesen, so wird er sicher, vor dem, wovor er sich fürchtete.**
5. **Wer weltliche Sorgen hat, wird von seinen Sorgen befreit.**
6. **Wer sich auf Reisen befindet, wird von den Reisestrapazen erlöst.**

7. **Wer einen Verlust hatte, findet das Verlorene wieder.**
8. **Wird sie einem Sterbenden gelesen, so verschwinden die Qualen.**
9. **Wird sie von einem Durstigen gelesen, so wird sein Durst gestillt.**
10. **Wird sie von einem Kranken gelesen, so wird er, sofern seine Todesstunde noch nicht gekommen ist, genesen.**

„Die Yâ-sîn Sure ist das Herz des Korans. Wer die Yâ-sîn Sure liest und begehrt Allah und das ewige Leben, dem wird Allah ganz bestimmt Vergebung schenken. Lest für eure Toten die Yâ-sîn Sure."

„Zweifellos hat alles ein Herz... Das Herz des Korans ist die Yâ-sîn Sure. Wer auch immer die Yâ-sîn Sure liest, dem wird Allah, weil er diese Sure gelesen hat, den Verdienst für zehn Koranlesungen ohne die Yâ-sîn Sure geben."

So wie man die Yâ-sîn Sure täglich oder am Freitag lesen kann, so sollte derjenige, welcher in Bedrängnis ist, siebenmal die Yâ-sîn Sure lesen. Daraufhin kann er für das Lesen dieser Sure von Allah die Befreiung von dieser Bedrängnis wünschen.

Es gehört außerdem zu den erprobten Wegen, wenn man für ein bestimmtes Bedürfnis (Hâdjat) die Yâ-sîn Sure 41 Mal liest und von Allah als Hochachtung dafür, die Annahme seines Gebets erbittet. Zu diesem Zweck kann man auch mit sechs Personen zusammen kommen und die Yâ-sîn Sure je siebenmal lesen, was dann wiederum insgesamt 41 Mal ergibt, um dann hinterher noch in Gemeinschaft zu beten.

Es ist nicht notwendig, hier noch mehr der Vorzüge der Yâ-sîn Sure aufzuzählen, die allen hinreichend bekannt sind.

22

AL FATH (Sure 48)

bi-smi llāhi r-raḥmāni r-raḥīm

1 'innā fataḥnā laka fatḥan mubīna

2 li-yaghfira lakallāhu mā takaddama min zanbika wa-mā ta'akhara wa-yutimma ni'matahū 'alayka wa-yahdiyaka ṣirāṭan mustakīman

3 wa-yanṣurakallāhu naṣran 'azīza

4 Huwallazī 'anzala sakīnata fī kulūbil mu'minīna li-yazdādū 'īmānan ma'a 'īmānihim wa-lillāhi djunūdus-samāwāti wal-'arḍi wa-kānallāhu 'alīman ḥakīma

5 li-yuzilal-mu'minīna wa-l-mu'mināti djannātin tadjrī min taḥtihāl-'anhāru khalidīna fīhā wa-yukaffira 'anhum sayyi'ātihim wa-kāna zālika 'indAllāhi fawzan 'aẓīmana

6 wa-yu'azzibal-munāfikīna wal-munāfikāti wal-muschrikīna wal-muschrikātiẓ-ẓānnīna billāhi ẓannas-saw'i 'alayhim dā'iratus-saw' wa-ghaḍiballāhu 'alayhim wa-la'anahum wa-'a'adda lahum djahannam wa-sā'at maṣīra

7 wa-lillāhi djunūdus-samāwāti wal-'arḍi wa-kānallāhu 'azīzan ḥakīma

8 'innā 'arsalnāka schāhidan wa-mubasch schiran wa-nazīra

9 li-tuʾminū billāhi wa-rasūlihī wa-tuʿazzirūhu wa-tuwakkirūh wa-tusabbiḥūHu bukratan wa-ʾaṣīla

10 ʾinnallazīna yubāyiʿūnaka ʾinnamā yubāyiʿūnallāha yadullāhi fawka ʾaydīhim fa-man nakaṯa fa-ʾinnamā yankusu ʿalā nafsih wa-man ʾawfā bi-mā ʿāhada ʿalayhullāha fa-sa-yuʾtīhi ʾadjran ʿaẓīma

11 sa-yakūlu lakal-muḫallafūna minal-ʾaʿrābi schaghalatnā ʾamwālunā wa-ʾahlūnā fa-staghfirlanā yakūlūna bi-ʾalsinatihim mā laysa fī kulūbihim kul fa-man yamliku lakum minallāhi schayʾan ʾin ʾarāda bikum ḍarran ʾaw ʾarāda bikum nafʿan bal kānallāhu bi-mā taʿmalūna khabīra

12 bal ẓanantum ʾan lan yankalibar-rasūlu wal-muʾminūna ʾilā ʾahlīhim ʾabadan wa-zuyyina zālika fī kulūbikum wa-ẓanantum ẓannas-saw wa-kuntum kawman būra

13 wa-man lam yuʾmin billāhi wa-rasūlihī fa-ʾinnā ʾaʿtadnā lil-kāfirīna saʿīra

14 wa-lillāhi mulkus-samāwāti wal-ʾarḍ yaghfiru liman yašāʾu wa-yuʿazzibu man yašāʾu wa-kānallāhu Ghafūran Raḥīma

15 sa-yakūlul-mukhallafūna ʾizānṭalaktum ʾilā maghānima li-taʾkhuzūhā sarūnā nattabiʿkum yurīdūna ʾan yubaddilū kalāmallāhi kul lan tattabiʿūnā ka-zālikum kālallāhu min kablu fa-sa-yakūlūna bal taḥsudūnanā bal kānū lā yafkahūna ʾillā kalīla

16 kul lil-mukhallafīna minal-ʾaʿrābi sa-tudʿawna ʾilā kawmin ʾulī baʾsin schadīdin tukātilūnahum ʾaw yuslimūna fa-ʾin tuṭīʿū yuʾtikumullāhu ʾadjran ḥasanan wa-ʾin tatawallaw ka-mā tawallaytum min kablu yuʿazzibkum ʿazāban ʾalīma

17 laysa ʿalāl-ʾaʿmā ḥaradjun walā ʿalāl-ʾaʿradji ḥaradjun walā ʿalāl-marīḍi ḥaradjun wa-man yuṭiʿillāha wa-rasūlahū yuzilhu djannātin tadjrī min taḥtihāl-ʾanhāru wa-man yatawalla yuʿazzibhu ʿazāban ʾalīma

18 la-kad raziyallāhu ʿanil-muʾminīna ʾiz yubāyiʿūnaka taḥtasch-schadjarati fa-ʿalima mā fī kulūbihim fa-ʾanzalas-sakīnata ʿalayhim wa-ʾasābahum fatḥan karība

19 wa-maghānima kasīratan yaʾkhuzūnahā wa-kānallāhu ʿazīzan ḥakīma

20 waʿadakumullāhu maghānima kasīratan taʾkhuzūnahā fa-ʿadj djala lakum hāzihī wa-kaffa ʾaydiyan-nāsi ʿankum wa-li-takūna ʾāyatan lil-muʾminīna wa-yahdiyakum ṣirāṭan mustakīma

21 wa-ʾukhrā lam takdirū ʿalayhā kad ʾaḥāṭallāhu bihā wa-kānallāhu ʿalā kulli schayʾin kadīra

22 wa-law kātalakumullazīna kafarū la-wallawul-ʾadbāra summa lā yadjidūna waliyyan wa-lā naṣīra

23 sunnatallāhillatī kad khalat min kablu wa-lan tadjida li-sunnatillāhi tabdīla

24 wa-huwallazī kaffa ʾaydiyahum ʿankum wa-ʾaydiyakum ʿanhum bi-baṭni makkata min baʿdi ʾan ʾaẓfarakum ʿalayhim wa-kānallāhu bi-mā taʿmalūna baṣīra

25 humullazīna kafarū wa-ṣaddūkum ʿanil-masdjidil-ḥarāmi wal-hadya maʿkūfan ʾan yablugha maḥillahū wa-law-lā ridjālun muʾminūna wa-nisāʾun muʾminātun lam taʿlamūhum ʾan taṭʾūhum fa-tuṣībakum minhum maʿarratun bi-ghayri ʿilmin li-yudkhilallāhu fī raḥmatihī man yaschāʾu law tazayyalū la-ʾazzabnāllazīna kafarū minhum ʿazāban ʾalīma

26 ʾiz djaʿalallazīna kafarū fī kulūbihimul-ḥamiyyata ḥamiyyatal-djāhiliyyati fa-ʾanzalallāhu sakīnatahū ʿalā rasūlihī wa-ʿalāl-muʾminīna wa-ʾalzamahum kalimatat-takwā wa-kānū ʾaḥakka bihā wa-ʾahlahā wa-kānallāhu bi-kulli schayʾin ʿalīma

27 la-kad ṣadakallāhu rasūlahur-ruʾyā bil-ḥakki la-tadkhulunnal-masdjidal-ḥarāma ʾinschāʾallāhu ʾāminīna muḥallikīna ruʾūsakum wa-mukaṣṣirīna lā takhāfūna fa-ʿalima mā lam taʿlamū fa-djaʿala min dūni zālika fatḥan karība

28 Huwallazī ʾarsala rasūlahū bil-hudā wa-dīnil-ḥakki li-yuẓhirahū ʿalād-dīni kullihī wa-kafā billāhi schahīda

29 Muḥammadur rasūlullāhi wallazīna maʿahū ʾaschiddāʾu ʿalāl-kuffāri ruḥamāʾu baynahum tarāhum rukkaʿan sudj djadan yabtaghūna fazlan minallāhi wa-rizwānan sīmāhum fī

wudjūhihim min 'asaris-sudjūdi zālika masaluhum fīt-tawrāti wa-masaluhum fīl-'indjīli kazarʿin 'akhradja schaṭ'ahū fa-'āzarahū fa-staghlaẓa fastawā ʿalā sūkihī yuʿdjibuz-zurrāʿa li-yaghīẓa bihimul-kuffāra waʿadallāhullazīna 'āmanū wa-ʿamilūṣ-ṣāliḥāti minhum maghfiratan wa-'adjran ʿaẓīma

Die Eroberung

Bismi'llâhi'r-Rahman'ir-Rahiym

1. Zweifelsfrei haben wir dir eine „Eroberung" (Fath) gegeben, so dass es ein „Fath-i Mubiyn" (die klare Bezeugung der offensichtlichen Wahrheit und des Systems wurde „erobert") darstellt!

2. Auf das Allah deine vergangenen und (auch mit der klaren und wahrhaftigen Betrachtungsweise geformten) zukünftigen Sünden (die durch die körperlichen Einschränkungen entstandenen Schleier) vergibt (verhüllt) und dir Seine Segen vervollständigt; und dich auf dem Weg der Wahrheit voranschreiten lässt.

3. Auf das Allah dir zu einem unvergleichlichen und mächtigen Sieg verhilft!

4. „HU" ist derjenige, der die „Sakinah" (die Stille/Ruhe, das Gefühl der Sicherheit) in den Herzen der Gläubigen herabsendet, auf dass ihr Glaube sich vervielfache! Die Heerscharen der Himmel und der Erde sind für Allah! Allah ist Aliym, Hakiym.

5. Auf dass die gläubigen Männer und Frauen, für immer dort verweilen, und sie zu den Paradiesen geführt werden, wo unter ihnen fließende Flüsse sie vor ihren schlechten Zuständen reinigen... Das ist aus der Sicht von Allah eine gewaltige Befreiung!

6. Und dann hegen sie über Allah, der mit seinem Namen (Asma) die Wahrheit über sie darstellt, üble Vermutungen (Allah sei eine Gottheit), so dass die Männer und Frauen gültig der Heuchelei (Zweigesichtigkeit) und die Männer und Frauen gültig des „Schirks" (Dualität) Leid ausleben werden. Wegen ihrer Vermutungen soll das Unheil der Welt in ihren Köpfen platzen. Allahs Zorn ist auf ihnen

und sie sind ausgestoßen (das Resultat ihrer Verleugnung ist, dass sie vom Ausleben der Wahrheit ferngehalten sind); für sie ist die Hölle vorbereitet. Was für ein übler Ort der Rückkehr.

7. Die Heerscharen (Kräfte) der Himmel und Erde sind Allahs... Allah ist Aziyz, Hakiym.

8. Wahrlich haben wir dich als Zeuge, Überbringer einer frohen Botschaft und Warner geschickt und entfalten lassen.

9. Nun, glaubt an Allah, der mit seinem Namen die Wahrheit eurer Existenz darstellt und an „Hu"s Rasul; damit ihr „Hu" vertretet, damit ihr „Hu" ehrt und damit ihr „Hu" morgens und abends *Tasbih (A.d.Ü: lobpreisen-das Gehirn darauf programmieren, wer eigentlich vorhanden ist/Seele stärken)* macht.

10. Es ist eine Tatsache, dass diejenigen, die sich dir (mein Rasul) verpflichtet haben (diejenigen, die durch Handschlag einen Eid geleistet haben) Allah verpflichtet haben und Allahs HAND ist auf deren Hand. (Allahs Hand regiert über die Hände, die den Eid geleistet haben)! Wer sein Versprechen bricht, handelt nur gegen sein eigenes Selbst; wer sich an Allahs Eid gebunden fühlt, dem wird ein großer Lohn zuteil.

11. Die zurückgelassenen Beduinen werden sagen: „Uns haben unsere Besitztümer und Kinder in Anspruch genommen; bitte um Vergebung für uns"... In Wahrheit sprechen sie nicht aus, was in ihren Herzen ist! Sag: „Wenn „HU" einen Schaden bei euch haben will oder einen Nutzen bei euch haben will; wer kann sich gegen Allahs Willen stellen?... Nein, Allah weiß über eure Taten (als Erschaffer) Bescheid.

12. Eigentlich habt ihr vermutet, dass der Rasul und die Gläubigen nie zu ihren Familien zurückkehren werden. An diesem Gedanken hat euer Bewusstsein Gefallen gefunden, so dass ihr in üble Vermutungen gefallen seid; so seid ihr ein Volk geworden, welches der Vernichtung geweiht ist.

13. Wer nicht an Allah, der mit seinem Namen die Wahrheit der Existenz darstellt, und an Hus Rasul glaubt, soll wissen, dass für diejenigen, die das Wissen um die Wahrheit leugnen, „Sairi" (flammendes Feuer - Strahlungswellen) vorbereitet ist.

14. Das „Mulk” (Dimension der Taten) der Himmel und der Erde ist für Allah. Wen „HU” will, dem vergibt (verschleiert die Schuld) „HU”; und wen „HU” will, dem gibt „HU” Qualen (überlässt sie mit der körperlichen Beschaffenheit)! Allah ist Ghafur, Rahiym.

15. Die Zurückgelassenen sagen zu euch, wenn ihr eure Kriegsbeute holen wollt: „Lasst uns mit euch kommen.” Sie wollen nur das Kalaam (Wort) Allahs verändern! Sag: „Ihr könnt euch niemals nach uns richten; Allah hat dies so vorher befohlen (entschieden)” ... Dann sprechen sie: „Nein, ihr seid eifersüchtig auf uns”... Ganz im Gegenteil, sie sind Leute mit eingeschränkter Sicht.

16. Sag zu den zurückgelassenen Beduinen: „Ihr werdet zu einem Kampf mit einem starken und kriegerischen Volk eingeladen… Mit ihnen werdet ihr kämpfen oder sie werden den Islam annehmen. Wenn ihr Allah gehorcht, werdet ihr einen schönen Lohn erhalten… Doch wenn ihr wieder euer Gesicht abkehrt und euer Wort brecht, werdet ihr fürchterliche Qualen erleiden.“

17. Für Blinde, Verkrüppelte und Kranke gibt es keinen Zwang! Wer Allah und „HU”s Rasul gehorcht, dem wird „HU” zu Paradiesen führen unter denen Flüsse fliessen... Doch diejenigen, die ihr Gesicht abwenden, die wird (Allah) mit fürchterlichen Qualen quälen.

18. Als sie dir unter dem Baum den Eid leisteten, ist Allah mit den Gläubigen zufrieden gewesen, und wusste was in ihren Herzen war und sandte (dimensional gesehen) ihnen „Sakinah” (Frieden, Ruhe) und gab ihnen den Fath-i Kariyb (die Nähe wurde geöffnet).

19. Und vielerlei Kriegsbeute werden sie erreichen... Allah ist Aziyz, Hakiym.

20. Allah hat euch viel Kriegsbeute, die ihr erreichen werdet, versprochen... Diese wurde euch sehr schnell gegeben und dass die Hände der Menschen von euch ferngehalten wurden, soll für die Gläubigen ein Zeichen sein und euch auf den Sirat-i Mustakim Rechtleitung bringen.

21. Und noch andere Dinge, wozu ihre Kraft nicht ausreicht, wurden ihnen versprochen, womit Allah (von innen wie außen) sie umgeben hat. (Ohnehin) ist Allah über alles Kaadir.

22. Wenn die, die das Wissen um die Wahrheit leugnen, euch bekriegen würden, würden sie sicherlich kehrt machen und weglaufen...Dann würden sie auch keinen Wali (Beschützer) und Helfer finden.

23. Dies ist der gleich-bleibende Sunnatullah (kosmisches System)! Im Sunnatullah gibt es auf gar keinen Fall eine Änderung.

24. „HU" ist derjenige, der ihre Hände von euch und eure Hände von ihnen fernhielt, nachdem „HU" euch mitten in Mekka die Eroberung über sie gegeben hatte. Allah ist (als der Erschaffer) eurer Taten Basiyr.

25. Sie sind diejenigen, die das Wissen um die Wahrheit leugnen, die euch vom Masdjid-i-Haram fernhielten, und die Opfergaben daran hinderten, ihren Bestimmungsort zu erreichen....Und wenn dort (unter ihnen) keine gläubigen Männer und Frauen gewesen wären, die ihr nicht kanntet und unwissentlich niedergetreten hättet und die ihr unwissentlich traurig gemacht hättet, (dann hätte Allah den Krieg nicht verhindert)... „Wem „HU" möchte, gibt „HU" Segen...Wenn sie voneinander (die Gläubigen – die Ungläubigen) getrennt gewesen wären, dann hätten wir diejenigen, die leugnen sicherlich mit großen Qualen gequält. (Der mächtige Zorn hält sich fern von dem Ort, wo Würdige leben.... 8.Anfal: 33 und 29. Ankabut: 32)

26. Als diejenigen, die das Wissen um die Wahrheit leugnen, in ihren Herzen Hamiyat (Dörflichkeit – Stolz über Ignoranz), Ignoranz und Konservatismus (dem Neuen verschlossen) etablierten..... sandte Allah Seinen Rasul und den Gläubigen Sakinah (innere Ruhe/Stille) und festigte ihr Verständnis mit dem Wort des Takwa (la ilaha illAllah)... Durch das Ausleben dieses Wortes haben sie Rechte darauf erlangt und sind „Ahl" (Leute Allahs) geworden...Allah ist über alles Aliym.

27. Wahrlich hat Allah, den Traum von Seinem Rasul als Wahrheit bestätigt...So Allah will, werdet ihr, (einige von euch) euch den Kopf rasieren und (einige von euch die Haare) nur kürzen, in Sicherheit (und an dem Tag sicher) ohne Angst den Masdjid-i-Haram betreten! Während (Allah) wusste, was ihr nicht wusstet, hat Hu euch vorher den Fath-i Kariyb (Eroberung der „Nähe" zu Allah)

erleichtert.

28. „HU" hat zu Seinem Rasul als das Wort der Wahrheit und mit der wahren Religion (das System, welches die Manifestierung der Asma ist und die Sunnatullah-Realität, welche die Ordnung darstellt) entfalten lassen, damit „HU" über alle Religionsverständnisse gestellt sein soll. (In ihren Existenzen) reicht Allah als Schahiyd aus.

29. Mohammed ist der Rasulallah. Diejenigen, die mit ihm sind, sind gegen die Kuffara (diejenigen, die die Wahrheit ablehnen) sehr streng, untereinander sind sie sehr barmherzig...Sie machen den „Ruku" (Verbeugung: sind im Zustand von Ehrfurcht-Khaschyat- da jeder Moment im Leben von den Namen Allahs regiert wird), sie machen die „Sadjda" (Niederwerfung: da die Existenz nur durch die Eigenschaften der Namen Allahs entstehen, bezeugen sie, dass sie keine eigenständige und unabhängige Körperform haben und spüren ihre eigene „Nichtigkeit") und du wirst sie im Zustand sehen von Allah „Fadl" (Gunst, Nutzen- die Bewusstheit der Potenziale/Kräfte der Namen) und RIDWAAN (die Eigenschaft dieser Schlussfolgerung ist mit der Kraft der Bewusstheit ihrer Wahrheit, Taten auszuleben) zu wünschen und in ihrem Antlitz (derjenige, der das Verständnis seiner „Nichtigkeit" im reinen universalen Bewusstsein hat) gibt es Zeichen der „Sadjda". Dies sind die Beschreibungen durch Beispiele aus der Thora (die Bestimmungen, die das Selbst betreffen). Kommen wir zu den Ausführungen der Bibel (Taschbih-Konzept): Ein Saatgut dessen Keim durchbricht, dann diesen stärkt, um breiter zu werden und fest auf seinem Halm zu stehen; dies erfreut die Ackerbauer… So wird das gemacht, damit die Kuffara (diejenigen, die die Wahrheit ablehnen) mit ihnen (die Manifestierung mit Seinem Asma) wütend werden. Allah verspricht denjenigen, die gläubig sind und dementsprechend handeln, Vergebung und eine große Gegenleistung ausleben zu lassen.

Erläuterung:

In ihrer offensichtlichen Bedeutung eröffnet die Al Fath Sure einige Begebenheiten über das Abkommen von Hudaybiyya und die Eroberung Mekkahs. Dies sind allerdings längst nicht alle Bedeutungen, welche sie umfasst.

In der Tiefe dieser Sure liegen überaus wichtige verdeckte Bedeutungen (Bâtin), die allerdings nur den Wissenden bekannt sind.

Da es sich hier nicht um eine ausführliche Auslegung des Korans handelt, können wir nicht all zu weit in die Tiefe vordringen. Wir können aber auch nicht umhin, auf die tiefe Bedeutung der ersten drei Ayat einzugehen. Denn diese drei Ayat weisen auf einen ganz wichtigen Umstand in der „Tasawwuf" genannten Mystik hin…

Lassen Sie uns die drei Ayat noch einmal lesen:

1. Zweifelsfrei haben wir dir einen „Fath" (klare und wahrhaftige Betrachtungsweise) **gegeben, so dass es ein „Fath-i Mubiyn" darstellt.** (die Bezeugung der offensichtlichen Wahrheit, des Systems)!

2. Auf dass Allah deine vergangenen und (auch mit der klaren und wahrhaftigen Betrachtungsweise geformten) **zukünftigen Sünden** (die durch die körperlichen Einschränkungen entstandenen Schleier) **vergibt** (verhüllt) **und dir Seine Segen vervollständigt; und dich auf dem Weg der Wahrheit voranschreiten lässt.**

3. Auf dass Allah dir zu einer unvergleichlichen und widerstandslosen Eroberung verhilft!

Da die offensichtliche Auslegung dieser erhabenen Ayat in allen Auslegungen und Kommentaren vorhanden ist, werde ich hier nicht weiter darauf eingehen. Von der Bedeutung, welche mir durch Allahs Gunstbezeugung, meinem Wissensstand entsprechend offenbar wurde, möchte ich hier soviel wie ich davon veröffentlichen kann, erläutern…

Fath bedeutet, etwas Geschlossenes öffnen oder das Erlangen von etwas Unerreichbarem. Daraus geht hervor, dass **der größte Fath**, den der Mensch in seinem weltlichen Leben erlangen kann, **der Fath der Welt von „Barzakh"** ist, welche einen Teil der Welt des Jenseits bildet. Und dieser Fath kann nur dadurch erlangt werden, dass man **„stirbt, während man lebt"!**

Es gibt zwei Arten des **Faths,** den **offensichtlichen** und den **verborgenen**...

dabei gliedert sich der **verborgene Fath** wiederum in zwei Arten...

a) **Fath**

b) **Fath-i Mubin**

Eigentlich besteht der **Fath** aus sieben Unterstufen... Tritt die erste Stufe der sieben Unterstufen bei einem Menschen ein, so ist er Besitzer eines **Faths**. Dieser **Fath** ist ganz bestimmt nicht durch eigene Anstrengung, also durch eine Arbeit, zu erlangen.

Was ist also dieser **Fath**?

Während die Person in unserer Dimension, in der wir leben, mit ihrem Körper lebt, wird sie von einem Augenblick zum anderen von der Bindung an ihren Körper befreit, so als wäre sie gestorben und geht gänzlich in das Leben mit dem seelischen Körper über. Sie ist dann imstande ihr Leben auf dieser Erde mit den Besonderheiten ihres seelischen Körpers fortzuführen.

Dieser als **„sterben bevor man stirbt"** beschriebene Zustand, ist das Erleben von **„Hakk al Yakin".** Nach dem was man uns gelehrt hat, reicht die Zahl dieser Personen mit der Eigenschaft des „Nurani Fath" auf dieser Welt nicht mal an vierzig heran.

Auch dieser **Fath** gliedert sich wieder in zwei Kategorien:

1. **Fath-i Zulmani**

2. **Fath-i Nurani**

Der Fath-i Zulmani kann bei allen Menschen, ob sie gläubig sind oder nicht, auftreten; besonders die Zustände, welche bei den Hindus und bei den Anhängern der buddhistischen Philosophie auftreten, sind als Fath einzuordnen. Es sind Zustände des **Fath-i Zulmani** und sie werden in der Terminologie der Religion als "Istidrâdj"[16] bezeichnet.

Es gibt zwei große Erkennungsmerkmale des **Fath-i Zulmani**...

[16] Als **Istidradj** bezeichnet man übernatürliche Zustände, die bei Ungläubigen oder Nichtmuslimen auftreten.

Bei Personen, die ein solches **Fath** erleben, ist das erste Zeichen, dass sie den Rasul Allahs, Friede sei mit ihm, nicht anerkennen. Das zweite Zeichen ist, dass sie nicht von dem Schleier des Egos befreit sind und sich als eigenständige Einheit verstehen!

Die Menschen, die über solch ein **Fath-i Zulmani** verfügen, können mit Leichtigkeit eine Verbindung zu den Djinn aufnehmen, können Wissen über die gesamte Vergangenheit einer Person haben, können sich zur gleichen Zeit an verschiedenen Orten befinden, können über die Zustände in der Welt des Grabes berichten und besitzen die Fähigkeit, noch ganz andere unglaubliche Handlungen zu vollführen.

Auch bei dem **Fath-i Nurani** kommen ähnliche Besonderheiten zustande! Allerdings mit dem Unterschied, dass die Person sich nach einer kurzen Zeit an dieses Leben anpasst und in ihrer Entwicklung fortschreitet. Auf der dritten Stufe des Fath trifft die Person mit dem Rasul Allahs und den übrigen Nabi genannten Propheten und den Awliyâullah zusammen und gewinnt Einblick in verschiedene Geheimnisse der Welt von Barzakh.[17] Dann nimmt die Person ihren Platz unter den „Ridjâl-i Ghayb" Genannten ein; den Personen, die eine Aufgabe in der verborgenen Führung des Weltgeschehens innehaben…

Als Fath-i Mubin bezeichnet man einen Fath, welcher von der betroffenen Person getragen werden kann. Das bedeutet:

Wenn eine Person einen Fath erlangt, also von den physikalischen und biologischen Fesseln des Körpers befreit ist, kann es passieren, dass sie diese Art des Lebens nicht verkraftet und den Lebensumständen dieser Dimension erliegt, so dass sie sich vollständig von ihrem Körper loslöst. Das bedeutet für die betreffende Person, dass sie im absoluten Sinne den Tod zu kosten bekommt.

Solange der unausweichliche Tod nicht eintritt, kann diese Person, nachdem der Fath eingetreten ist, durch ihr Gehirn ihre Kraft verstärken und auf noch höhere Ebenen des Wissens vordringen,

[17] **Welt von Barzakh**: Die Dimension zwischen dem Tod und dem Tag der Auferstehung.

also sie kann in ihrer Entwicklung voranschreiten. Wenn nach der Erreichung des Faths aber der Tod eintritt, so bleibt diese Person auf die erlangte Ebene begrenzt.

Ich habe nicht die Befugnis dazu, mehr über diese Sache in diesem Buch zu veröffentlichen, deshalb möchte ich jetzt auf die Auslegung der oben genannten Ayat eingehen.

„Wahrlich, wir haben Dir einen solchen Fath gewährt…"

Das Hervortreten eines Fath ist nicht durch irgendeine Tätigkeit dieser Person entstanden, sondern kommt ganz von Seiten Allahs. Es ist eine Gabe Allahs, welche einen klaren und offensichtlichen Fath erlangen lässt. Auf diese Weise lebst du fortan als ein Individuum der Welt von Berzah, auf dieser Welt und hast Wissen über alles Verborgene und den Sinn allen Seins. Deshalb wird sich bei diesen nie wieder Ungehorsam gegen Allah einstellen. An einem Individuum, welches in dieser Wirklichkeit lebt, erfüllen sich die Bestimmungen:

„Allah erlässt dir alle vergangenen und zukünftigen Sünden"…

„Was die Abrar[18] an Gutem tun, gilt bei den Mukarrab als Sünde"(Hadith)

Und so vergibt Allah die Unzulänglichkeiten, die sich aus der Betrachtung der Einheit Allahs (Wahdaniyet) aus der Perspektive der menschlichen Lebensbedingungen heraus, einstellen.

Und durch einen von Allah in Vollendung gewährten Fath werden dir die vollkommensten Wohltaten, die man auf dieser Welt erlangen kann, zuteil und auf diese Weise vollendet Allah seine Gaben an dich…

Denn die größte Gabe, die einer Person auf dieser Welt zuteil werden kann, ist ein Fath Nurani. Es ist so, als wenn man-auf dieser Welt lebend-in das Paradies eingeht.

„Und Hu gibt dir solch einen Beistand, dass sich niemand dagegen auflehnen kann!"… Das bedeutet, dass alle Aktionen die ein mit einem „Fath-i Mubin" Gesegneter hervorbringt, durch Allahs

---

[18]**Abrar**: gute, gläubige Menschen. Fromme, die sich an Allahs Gesetze halten.

Hilfe zu solch einer Eroberung führen, von solch einem Erfolg gekrönt werden, dass kein vernünftiger Mensch gegen das, was jener eröffnet und mitteilt, irgendetwas hervorbringen kann.

Das ist also, soweit wir es verstehen können, der Zustand eines mit einem „Fath-i Mubin" Gesegneten, wie er in diesen drei Ayat beschrieben wird.

Wir sollten diese Sure dreimal am Tag lesen.

Für Solche, die eine mystische Erweiterung suchen, bringt es außerdem großen Fortschritt, die ersten drei Ayat täglich dreihundert-, fünfhundert- und bis zu tausendmal zu rezitieren.

23

AL WAKI’A (Sure 56)

bi-smi llāhi r-raḥmāni r-raḥīmi

1 ʾizā wakaʿatil-wākiʿatu

2 laysa li-wakʿatihā kāziba

3 khāfidatun rāfiʿatun

4 ʾizā rudj djatil-ʾarḍu radja

5 wa-bussatil-djibālu bassa

6 fa-kānat habāʾan munbassa

7 wa-kuntum ʾazwādjan salāsa

8 fa-ʾaṣḥābul-maymanati mā ʾaṣḥābul-maymana

9 wa-ʾaṣḥābul-maschʾamati mā ʾaṣḥābul-maschʾama

10 was-sābikūnas-sābikūn

11 ʾulāʾikal-mukarrabūn

12 fī djannātin-naʿīm

13 sullatun minal-ʾawwalīn

14 wa-kalīlun minal-ʾākhirīn

15 ʿalā sururin mawḍūnatin

16 muttakiʾīna ʿalayhā mutakābilīn

17 yaṭūfu ʿalayhim wildānun mukhalladūn

18 bi-ʾakwābin wa-ʾabārīka wa-kaʾsin min maʿīn

19 lā yuṣaddaʿūna ʿanhā wa-lā yunzifūn

20 wa-fākihatin mimmā yatakhayyarūn

21 wa-laḥmi ṭayrin mimmā yaschtahūn

22 wa-ḥūrun ʿīyn

23 ka-ʾamsālil-luʾluʾil-maknūn

24 djazāʾan bi-mā kānū yaʿmalūn

25 lā yasmaʿūna fīhā laghwan wa-lā taʾsīma

26 ʾillā kīlan salāman salāma

27 wa-ʾaṣhābul-yamīni mā ʾaṣhābul-yamīn

28 fī sidrin makhḍūd

29 wa-ṭalḥin manḍūd

30 wa-ẓillin mamdūd

31 wa-māʾin maskūb

32 wa-fākihatin kasīratin

33 lā makṭūʿatin wa-lā mamnūʿatin

34 wa-furuschin marfūʿa

35 ʾinnā ʾanschaʾnāhunna ʾinschāʾan

36 fa-djaʿalnāhunna ʾabkāra

37 ʿuruban ʾatrāban

38 li-ʾaṣḥābil-yamīn

39 sullatun minal-ʾawwalīn

40 wa-sullatun minal-ʾākhirīn

41 wa-ʾaṣḥābusch-schimāli mā ʾaṣḥābusch-schimāl

42 fī samūmin wa-ḥamīm

43 wa-ẓillin min yaḥmūm

44 lā bāridin wa-lā karīm

45 'innahum kānū kabla zālika mutrafīn

46 wa-kānū yuṣirrūna ʿalāl-ḥinsil-ʿaẓīm

47 wa-kānū yakūlūna 'a-'izā mitnā wa-kunnā turāban wa-ʿiẓāman 'a-'innā la-mabʿūsūn

48 'awa-'ābā'unāl-'awwalūn

49 kul 'innal-'awwalīna wal-'ākhirīn

50 la-madjmūʿūna 'ilā mīkāti yawmin maʿlūm

51 summa 'innakum 'ayyuhāḍ-ḍāllūnal-mukazzibūn

52 la-'ākilūna min schadjarin min zakkūm

53 fa-māli'ūna minhāl-buṭūn

54 fa-schāribūna ʿalayhi minal-ḥamīm

55 fa-schāribūna schurbal-hīm

56 hāzā nuzuluhum yawmad-dīn

57 naḥnu khalaknākum fa-law-lā tuṣaddikūn

58 'a-fa-ra'aytum mā tumnūn

59 'a-'antum takhlukūnahū 'am naḥnul-khālikūn

60 naḥnu kaddarnā baynakumul-mawta wa-mā naḥnu bi-masbūkīn

61 ʿalā 'an nubaddila 'amsālakum wa-nunschi'akum fī mā lā taʿlamūn

62 wa-la-kad ʿalimtumun-nasch'atal-'ūlā fa-law-lā tasakkarūn

63 'a-fa-ra'aytum mā taḥrusūn

64 'a-'antum tazraʿūnahū 'am naḥnuz-zāriʿūn

65 law naschā'u la-djaʿalnāhu ḥuṭāman fa-ẓaltum tafakkahūn

66 'innā la-mughramūn

67 bal naḥnu maḥrūmūn

68 ʾa-fa-raʾaytumul-māʾallazī taschrabūn

69 ʾa-ʾantum ʾanzaltumūhu minal-muzni ʾam naḥnul-munzilūn

70 law naschāʾu djaʿalnāhu ʾudjādjan fa-law-lā taschkurūn

71 ʾa-fa-raʾaytumun-nārallatī tūrūn

72 ʾa-ʾantum ʾanschaʾtum schadjaratahā ʾam naḥnul-munschiʾūn

73 naḥnu djaʿalnāhā tazkiratan wa-matāʿan lil-mukwīn

74 fa-sabbiḥ bi-smi rabbikal-ʿaẓīm

75 fa-lā ʾuksimu bi-mawākiʿin-nudjūm

76 wa-ʾinnahū la-kasamun law taʿlamūna ʿaẓīm

77 ʾinnahū la-kurʾānun karīm

78 fī kitābin maknūn

79 lā yamassuhū ʾillāl-muṭahharūn

80 tanzīlun min rabbil-ʿālamīn

81 ʾa-fa-bi-hāzāl-ḥadīsi ʾantum mud hinūn

82 wa-tadjʿalūna rizkakum ʾannakum tukazzibūn

83 fa-law-lā ʾizā balaghatil-ḥulkūm

84 wa-ʾantum ḥīnaʾizin tanẓurūn

85 wa-naḥnu ʾakrabu ʾilayhi minkum wa-lākin lā tubṣirūn

86 fa-law-lā ʾin kuntum ghayra madīnin

87 tardjiʿūnahā ʾin kuntum ṣādikīn

88 fa-ʾammā ʾin kāna minal-mukarrabīn

89 fa-rawḥun wa-rayḥānun wa-djannatu naʿīm

90 wa-ʾammā ʾin kāna min ʾaṣḥābil-yamīn

91 fa-salāmun laka min ʾaṣḥābil-yamīn

92 wa-ʾammā ʾin kāna minal-mukazzibīnaḍ-ḍāallīn

93 fa-nuzulun min ḥamīm

94 wa-taṣliyatu djaḥīm

95 'inna hāzā la-huwa ḥakkul-yakīn

96 fa-sabbiḥ bi-smi rabbikal-ʿaẓīm

Das Unvermeidliche

Bismillahir-Rahmanir-Rahiym

1. Nachdem das wahre Geschehnis eintreten wird (das zweite Leben nach der Erfahrung des Todes).

2. Nun wird es niemanden geben, der diese Realität dementiert!

3. (Einige) sind erniedrigt, (einige) sind erhöht!

4. Nachdem die Erde (der Körper) stark erbeben wird,

5. die Berge (die Organe im Körper) zertrümmert werden,

6. (Letztendlich) zu einem zerstreuenden Staub werden.

7. Während ihr in drei Arten aufgeteilt werdet:

8. „Ashab i Maymana" (die Glücklichen, Gefährten des Rechten, kommen mit HAKK-der Wahrheit-zusammen), was für eine „Ashab i Maymana" das doch ist!

9. „Ashab i Maschama" (die Unglücklichen, Gefährten des Linken, die sich vom HAKK- der Wahrheit- in ihrem Kokon abgekapselt haben), was für eine „Ashab i Maschama" das doch ist!

10. „As Sabikun" (die durch den Zustand der Nähe den höchsten Stand haben), sie sind Sabikun.

11. Nun, sie sind „Mukarrabûn" (die die Stufe des „Kurbiyets"(=Nähe) ausleben)

12. Sie sind im Paradies des Segens.

13. Die Mehrheit ist von den früheren Epochen.

14. Die Minderheit ist von der nachfolgenden Zeit.

15. Sie sind auf dem mit Juwelen verarbeiteten Thron. (Die Warnung, die mit der Beschreibung „Masalul Djannatillatiy” beginnt = die BEISPIELHAFTEN – REPRÄSENTATIONEN des Paradieses. Die Verse 13:35 und 47:15, die die Vorstellung über das Paradies definieren und betonen, dürfen nicht ignoriert werden. Die Beschreibung gilt als Gleichnis/Metapher/Beispiel. A.H.)

16. Sie haben sich einander gegenüber hingesetzt.

17. In ihrer Umgebung gibt es ewig jung bleibende Diener...

18. Aus der Quelle gefüllte Kannen, Karaffen und Schalen...

19. Sie kriegen weder Kopfschmerzen noch werden ihre Gedanken trüb (Schu´ur: reines Bewusstsein)

20. Die bevorzugte Frucht;

21. Das Vogelfleisch, das sie sich wünschen;

22. Und Hur-i Iyn (mit klarem Blick {derjenige, der nicht mit dem biologischen Auge eingeschränkt ist}; Paare {ein paar Körper}; die Struktur des reinen universalen Bewusstseins, welche die Eigenschaften des „wahren“ Menschen sind; Körper, die ein Paar sind. Der Prozess unter der Authorität eines einzigen Bewusstseins mit vielen Körpern zu leben. A.H.)

23. Vergleichsweise wie verborgene (aus Perlmutt herangewachsene) Perlen (aus der Asmâ-Wahrheit geformt und der Mensch, der die Manifestierung dieser Eigenschaften ist und die Körper- die von diesem reinen universalen Bewusstsein erschaffenen Körper-, die Allah erschaffen hat.)

24. Die Konsequenz (das Ergebnis) ihrer Taten!

25. Dort hören sie weder leeres Gerede noch den Begriff des Verbrechens!

26. Es wird nur „Salaam, Salaam” ausgerufen (im Verständnis, dass die Eigenschaft, auf die mit dem Namen Salaam hingewiesen wird, ewig anhält.)

27. Ashab i Yamiyn (die zur rechten Seite stehenden, die die glauben) was für ein Ashab i Yamiyn das doch ist!

28. Innerhalb des Lotus-Baums mit Früchten,

29. Der Bananenbaum, dessen Früchte schön aufgereiht sind...

30. Im Schatten ausgebreitet (Unendlichkeit),

31. In einem strömenden, fließenden Wasser,

32. Innerhalb ganz vieler Früchte (Arten),

33. (Diese Früchte) werden weder verbraucht noch werden diese verboten!

34. Sie sind innerhalb erhöhten Diwanen.

35. Gewiss haben wir sie (die Körper, die als das Paar des Schu´urs [reines Bewusstsein] gelten) mit einer neuen Konstruktion gestaltet.

36. Wir haben sie aus einer vorher überhaupt nicht benutzten Art erschaffen!

37. (Körper, die vorher nicht gesehen und benutzt wurden) verliebt mit ihren Partnern (diejenigen, die auf der Welt zueinander als Feinde abgestiegen sind; der Mensch, der sich gegensätzlich zu dem materiell ausgerichteten tierischen Körper stellt, sondern zum reinen menschlichen Bewusstsein, der ohne Einwand seine Eigenschaften auslebt A.H.) und die Gleichaltrigen (bewusst zusammen waren)!

38. (Sie sind) für die Ashab- i-Yamiyn (diejenigen, die „Sayyid" sind).

39. (Ashab i Yamiyn) ein Teil ist von den Vorherigen.

40. Ein Teil ist von den Späteren.

41. Schimal (diejenigen, die „Schaki" sind; die die Realität verleugnen und die mit einem Kokon leben), was ist das für ein Ashab- i-Schimal (Gefährten der linken Seite)!

42. Innerhalb von „Samum" (vergiftendes Feuer; [radioaktive] Strahlung) und „Hamim" (siedendes Wasser; unrealistisches Wissen und mit Konditionierungen),

43. Innerhalb in einem Schatten aus pechschwarzem Qualm (nicht die Kräfte in der eigenen Wahrheit sehen zu können; ein Zustand,

der nicht ausgelebt wird),

44. (Dieser Schatten) ist weder kühl noch ist er großzügig (nicht jemand, der Großzügiges bringt)!

45. Gewiss sind es diejenigen, die vor diesem (Ereignis) im Überfluss innerhalb der weltlichen und wollüstigen Genüssen verzogen waren!

46. Bei dieser großen Schuld (während sie ihre eigene Wahrheit verleugnet haben, konnten sie auf diesem Weg ihre Funktion nicht ausleben) haben sie beharrt.

47. Sie sagten: „Werden wir tatsächlich nach dem Sterben, wenn wir Erde und ein Haufen Knochen sind, mit einem neuen Körper das Leben fortsetzen?“(= „werden wir wieder auferstehen?”)

48. „Auch unsere Vorfahren?” äußerten sie.

49. Sprich: „Gewiss sowohl die Vorfahren, wie auch die Nachfahren,”

50. „Sie werden sich gewiss im Laufe des bekannten Prozesses versammeln!”

51. Demzufolge wahrlich ihr (der Wahrheit) sicheren dementierenden Verleugner...

52. Sicher werdet ihr von den Zakkum-Bäumen (von Früchten, dass der Mensch sich ausschließlich aus materiellem Körper bestehend akzeptiert hatte) essen.

53. Eure Bäuche werdet ihr mit diesen Bäumen auffüllen.

54. Obendrein werdet ihr siedendes Wasser trinken.

55. Ihr werdet es trinken wie die Kamele, die aufgrund ihrer Krankheit nicht wissen, wie man genug vom Wasser bekommt.

56. Am Tage des Dins/Religion (des Systems-die Wahrheit vom Sunnatullah, welches unterschieden wird) wird das ihr „Nuzul“ (=Abstieg; das, was sich in ihnen manifestieren wird) sein!

57. Wir haben euch erschaffen! Werdet ihr es nicht bestätigen?

58. Habt ihr das Sperma, welches abgelassen wird, gesehen?

59. Seid ihr diejenigen, die erschaffen oder sind wir es, die

erschaffen?

60. Wir haben den Tod unter euch empfohlen und man kann nicht an uns vorbeigehen!

61. Damit wir als Austausch euch Ähnelnde (eure neuen Körper) hervorbringen und euch auf einer Art (vom neuen), die ihr nicht wissen könnt, konstruieren (haben wir den Tod vorgesehen).

62. Wahrlich habt ihr die erste Schöpfung gewusst... Nun, erfordert es nicht, dass ihr tief nachdenkt?

63. Habt ihr gesehen, was ihr sät?

64. Seid ihr es, die das Gesäte begrünen oder wir?

65. Wenn wir gewünscht hätten, hätten wir gewiss trockene-leblose Pflanzen wachsen lassen können, worauf ihr euch gewundert hättet!

66. „Gewiss sind wir im Verlust!"

67. „Nein, wir sind vorenthalten von einem Auskommen" (hättet ihr gesagt).

68. Habt ihr das Wasser gesehen, das ihr trinkt?

69. Seid ihr es, die das Wasser aus den weißen Wolken fallen lassen oder sind wir das?

70. Wenn wir gewollt hätten, hätten wir es bitter gemacht... Erfordert dies keine Dankbarkeit?

71. Habt ihr das Feuer gesehen, das ihr anzündet (aus dem Baum)?

72. Seid ihr es, die den Baum entstehen lassen oder sind wir es, die ihn erschaffen haben?

73. Wir haben ihn als Erinnerung und als Nutzen für die Unwissenden, die wie in der Wüste leben, erschaffen!

74. Also, preise (Tasbih) im Namen desjenigen, der der Aziym Rab ist!

75. Ich schwöre bei den sich im Universum befindenen Sternen (die Asma, die manifestiert wird)!

76. Wenn ihr wüsstet wie erhaben dieser Schwur ist!

77. Zweifellos ist dies (das Universum) das Kur´ân-ı Karîm (das sehr wertvolle GELESENE für denjenigen, der LESEN kann).

78. Es ist in einem Wissen, das nicht gesehen wird! (universale Datei, die der Wellenozean {Wave} ist und die Datei, die gemäss dem Hologramfundament im Gehirn ist.)

79. Es (das Wissen) kann nicht von demjenigen (von der Verunreinigung-vom Tierischen des *Schirks/Dualität*) berührt werden außer durch diejenigen, die rein sind!

80. Herabgesandt durch den „Herrn der Welten" (Rabb ul Alamin) (im menschlichen Bewusstsein detailliert).

81. Nun, nehmt ihr unser Ereignis auf die leichte Schulter und haltet es nicht für wichtig?

82. Was ist aus eurer Verleugnung der Lebensquelle geworden!

83. Nun, wenn es (die Seele) zum Hals kommt!

84. Dann würdet ihr hilflos (ohne Ausweg) starren!

85. Wir sind ihm näher als ihr, jedoch könnt ihr nicht sehen.

86. Wenn ihr die Resultate eurer Taten leben werdet;

87. Wenn ihr eurem Versprechen treu seid, weist ihn (den Tod) zurück (wenn es die Sunnatullah nicht gibt, dann tut dies)!

88. (Jeder wird den Tod erfahren), aber wenn dieser von den Mukarrabun (Ahl-i- Kurb) ist;

89. Dann gibt es Rawh (das Leben mit der Rahman-Offenbarung), Rayhan (das Beobachten der Asma-Offenbarungen) und das Paradies mit Segen.

90. Wenn dieser doch vom Ashab-i Yamin ist;

91. (Wenn dies so ist): „Vom Ashab-i-Yamin gibt es für dich ein Salaam" (wird gesagt).

92. Wenn (dieses Leben) mit perversem Glauben zu den Leugnern (der Wahrheit) gehört;

93. (Diesem) wird vom Kopf bis Fuß heißes Wasser gegossen!

94. Er wird den (Bedingungen des Verbrennens) von Djahim ausgesetzt!

95. Ganz gewiss ist dies Hakk-al Yakin (die Wahrheit wird mit der Tat ausgelebt)!

96. Also mach Tasbih im Namen desjenigen, der der Aziym Rabb (Herr) ist!

Erläuterung:

Über diese Sure hat Hz. Mohammed der Rasul Allahs, Friede sei mit ihm, Folgendes gesagt:

„Die Person, welche jede Nacht die Sure Al Wakia liest, wird mit Sicherheit keine Armut treffen."

Früher hatten sehr viele Menschen die Angewohnheit, zwischen dem Abend und dem Nachtgebet die Suren Ya-Sin, Al- Fath, Wakia, Mulk und Naba zu lesen. Das bringt so viele Nutzen, dass es mir unmöglich ist, diese hier alle aufzuzählen.

Wir wünschten uns, dass Sie sich allabendlich eine halbe Stunde Zeit nehmen, um diese Suren zu lesen…

Sie könnten dann in einer halben Stunde von den 24 Stunden, die Ihnen zur Verfügung stehen, Vorbereitungen für Ihr Leben nach dem Tode treffen und Ihre seelischen Kräfte stärken. Möge Allah uns allen dieses erleichtern.

24

AL MULK (Sure 67)

bi-smi llāhi r-raḥmāni r-raḥīmi

1 tabārakallazī bi-yadihil-mulku wa-huwa ʿalā kulli schayʾin kadīr

2 allazī khalakal-mawta wal-ḥayāta li-yabluwakum ʾayyukum ʾaḥsanu ʿamalan wa-huwal-ʿazīzul-ghafūr

3 allazī khalaka sabʿa samāwātin ṭibākan mā tarā fī khalkir-raḥmāni min tafāwutin fardjiʿil-baṣara hal tarā min fuṭūr

4 summardjiʿil-baṣara karratayni yankalib ʾilaykal-baṣaru khāsiʾan wa-huwa ḥasīr

5 wa-la-kad zayyannās-samāʾad-dunyā bi-maṣābīḥa wa-djaʿalnāhā rudjūman lisch-schayāṭīni wa-ʾaʿtadnā lahum ʿazābas-saʿīr

6 walillazīna kafarū bi-rabbihim ʿazābu djahannama wa-biʾsal-maṣīr

7 ʾizā ʾulkū fīhā samiʿū lahā schahīkan wa-hiya tafūr

8 takādu tamayyazu minal-ghayẓi kullamā ʾulkiya fīhā fawdjun saʾalahum khazanatuhā ʾa-lam yaʾtikum nazīrun

9 kālū balā kad djāʾanā nazīrun fa-kazzabnā wa-kulnā mā nazzalallāhu min schayʾin ʾin ʾantum ʾillā fī ḍalālin kabīr

10 wa-kālū law kunnā nasmaʿu 'aw naʿkilu mā kunnā fī 'aṣḥābis-saʿīr

11 fa-ʿtarafū bi-zanbihim fa-suḥkan li-'aṣḥābis-saʿīr

12 'innallazīna yakhschawna rabbahum bil-ghaybi lahum maghfiratun wa-'adjrun kabīr

13 wa-'asirrū kawlakum 'awidj harū bihī 'innahū ʿalīmun bi-zātiṣ-ṣudūr

14 'a-lā yaʿlamu man khalaka wa-huwal-laṭīful-khabīr

15 huwallazī djaʿala lakumul-'arḍa zalūlan famschū fī manākibihā wa-kulū min rizkihī wa-'ilayhin-nuschūr

16 'a-'amintum man fīs-samā'i 'an yakhsifa bikumul-'arḍa fa-'izā hiya tamūr

17 'am-'amintum man fīs-samā'i 'an yursila ʿalaykum ḥāṣiban fasa-taʿlamūna kayfa nazīr

18 wa-la-kad kazzaballazīna min kablihim fa-kayfa kāna nakīr

19 'a-wa-lam yaraw 'ilāṭ-ṭayri fawkahum ṣāffātin wa-yakbizna mā yumsikuhunna 'illār-raḥmānu 'innahū bi-kulli schay'in baṣīr

20 'am-man hāzāllazī huwa djundun lakum yanṣurukum min dūnir-raḥmāni 'inil-kāfirūna 'illā fī ghurūr

21 'amman hāzāllazī yarzukukum 'in 'amsaka rizkahū bal ladjjū fī ʿutuwwin wa-nufūr

22 'a-fa-man yamschī mukibban ʿalā wadjihī 'ahdā 'amman yamschī sawiyyan ʿalā ṣirāṭin mustaqīm

23 kul huwallazī 'anscha'akum wa-djaʿala lakumus-samʿa wal-'abṣāra wal-'af'idata kalīlan mā taschkurūn

24 kul huwallazī zara'akum fīl-'arḍi wa-'ilayhi tuḥscharūn

25 wa-yakūlūna matā hāzāl-waʿdu 'in kuntum ṣādiqīn

26 kul 'innamāl-ʿilmu ʿindallāhi wa-'innamā 'ana nazīrun mubīn

27 fa-lammā ra'awhu zulfatan sī'at wudjūhullazīna kafarū wa-kīla hāzāllazī kuntum bihī tadda'ūn

28 kul 'a-ra'aytum 'in 'ahlakaniyallāhu wa-man ma'iya 'aw raḥimanā fa-man yudjīrul-kāfirīna min 'azābin 'alīm

29 kul huwar-raḥmānu 'āmannā bihī wa-'alayhi tawakkalnā fasa-ta'lamūna man huwa fī ḍalālin mubīn

30 kul 'ara'aytum 'in 'aṣbaḥa mā'ukum ghawran faman ya'tīkum bi-mā'in ma'īn

Bismillahir-Rahmanir-Rahiym

Die Herrschaft

1. Wie erhaben ist derjenige, in dessen Hand (jener, der jeden Augenblick regiert, wie Er es wünscht) die Herrschaft (die Dimension der Taten) liegt! Er ist über alles Kaadir.

2. HU ist derjenige, der den Tod und das Leben erschafft, um ausleben zu lassen, wer von euch hervorragende Taten zum Vorschein bringt. HU ist Aziyz und Ghafur.

3. HU ist es, der die Himmel in sieben Dimensionen (Zustände) erschafft! Keine Disharmonie ist zu sehen in der Schöpfung von Rahman! Komm, dreh deinen Blick und schau hin! Siehst du eine Unterbrechung – einen Konflikt?

4. Andernfalls dreh deinen Blick noch ein zweites Mal um! Dein Blick kehrt schnell ermüdet (ohne den von dir aufgesuchten Fehler gefunden zu haben) zu dir als Erniedrigung/Verachtung zurück!

5. Wahrlich haben wir den Himmel der Welt (Gedankenwelt) als Beleuchtung (für das Wissen um die Wahrheit) versehen! Wir haben diese zur Erscheinung gebracht, damit die Satane (teuflische Gedanken) gesteinigt und fern gehalten werden! Für Jene haben wir die Qual des flammenden Feuers vorbereitet.

6. Für Jene, die durch den von ihrem Rabb (ihre

Namenskompositionen) entstandenes Wissen um ihre eigene Realität verleugnen, besteht eine höllische Qual! Was für eine vernichtende Rückkehr ist dieser Zustand!

7. Wenn sie sich aus diesem Grund hinein stürzen, während dieser siedend aufkocht, hören sie dessen Donner!

8. Aufgrund des stark überlaufenden Zustandes befindet es sich beinahe im Zustand der Explosion! Deshalb wird der Beschützer nach jeder hineingeworfenen Schar fragen: „Kam zu euch kein Warner?".

9. (Die Leute der Hölle) sagen: „Ja, tatsächlich kam ein Warner zu uns, dem wir nicht glaubten und ablehnten! Wir sagten: „Allâh hat nicht das Geringste herabgesandt; das, was ihr tut, ist eine große Perversion."

10. Sie sagen: „Falls wir auf jene gehört und uns an unserem Verstand bedient hätten, wären wir nicht unter der sich im flammenden Feuer befindlichen Bevölkerung!"

11. Auf diese Weise haben sie ihr Scheitern eingestanden! Die ungeheuere flammende Bevölkerung des Feuers soll die Ferne ausleben!

12. Diejenigen, die ihren Herrn-Rabb aus dem Verborgenen Ehrfurcht entgegenbringen, die erwartet Vergebung und ein gutes Werk.

13. Ob ihr eure Gedanken verbergt oder offen verkündet! Gewiss ist Hu über das Individuum des „SADRS" (=Brust, also eures Inneren- eures Über-/Unterbewusstseins – eures Schu´urs [reines universales Bewusstsein] Aliym.

14. Ist ihm sein Erschaffenes unbekannt? Hu ist Latiyf und Khabiyr.

15. Hu hat die Erde (den Körper) zu eurer Unterwerfung für euch (für euer Bewusstsein) erschaffen! Wandert auf dessen Schultern und lasst euch von Ihm Lebensnahrung zuteil werden! Eure Existenz wird von neuem zu Ihm ausgerichtet sein!

16. Fühlt ihr euch sicher vor demjenigen, der sich im Himmel befindet und dass er euch nicht auf der Erde (in eurem Leib)

versinken lässt? Plötzlich setzt sie sich in Bewegung und fängt an zu beben!

17. Oder fühlt ihr euch sicher vor demjenigen, der sich im Himmel befindet und auf dass Er keinen Wirbelsturm-Tornado auf euch herabsendet? Ihr werdet die Erklärung meiner Warnung kennenlernen!

18. Wahrlich haben auch die Vorherigen geleugnet! Wie habe Ich diejenigen das Resultat ausleben lassen, die mich leugnen!

19. Sehen sie nicht die Vögel, die ihre Flügel ausbreiten und aufwärts steigen! Sie schaffen es mit den Kräften des Rahman! Wahrlich ist Allâh über alles (als die einzige Wahrheit) Basiyr.

20. Oder habt ihr ein Heer, das euch gegen den Rahman unterstützen wird? Diejenigen, die das Wissen um die Wahrheit leugnen (Hakikat-Realität über das wahre Selbst) befinden sich lediglich in einem Irrtum!

21. Wer ist es, der euch ernähren wird, falls HU jede Art von Nahrung einstellt? Nein, sie setzen zügellos und feindselig die Flucht trotzig fort!

22. Nun, geht derjenige, der als Blinder auf dem Bauch kriecht auf dem richtigen Weg oder ist derjenige, der gerade aufrecht läuft auf dem Sirat-i-Mustakim?

23. Sprich: „Derjenige, der in euch die Wahrnehmungskraft und die Kraft des Begreifens (Basirat) und FUAD (die Herzneuronen, die im Gehirn die Bedeutungen der Asma-ul-Husna Eigenschaften widerspiegeln) entstehen lässt, ist Hu! Wie wenig ist eure Dankbarkeit (Bewertung).

24. Sprich: „Ihr wurdet durch HU auf der Erde erschaffen und verbreitet! Und zu Hu werdet ihr versammelt zurückkehren!"

25. Sie sprechen: „Wenn ihr an eurem Wort festhaltet, wann wird eure Drohung sich verwirklichen?"

26. Sprich: „Sein Wissen ist aus der Sicht von Allâh (Indallah)! Zweifellos bin ich eindeutig ein Warner!"

27. Als sie (den Tod) sich näherten, wurden die Gesichter derjenigen, die das Wissen um die Wahrheit verleugneten,

aussichtslos (schwarz)! Zu ihnen wurde gesagt: „Nun, dies ist euer Wunsch, den ihr selbst vor einem Moment erleben wolltet!"

28. Sprich: „Denkt nach! Wenn Allâh mich und diejenigen, die mit mir zusammen sind vernichtet oder gnädig ist, wer wird diejenigen, die das Wissen um die Wahrheit verleugnen, aus einer furchtbaren Qual retten?"

29. Sprich: „Hu ist Rahman; wir glauben an Hu als unsere Wahrheit und wir vertrauen auf Hu! Ihr werdet bald erfahren, wer sich in einem offensichtlichen Irrtum befindet!"

30. Sprich: „Denkt nach! Wenn euer Wasser versiegelt wird, wer lässt euch eine Wasserquelle (Wissen) entstehen?"

Erläuterung:

Unser Herr, der Gesandte Allahs, Mohammed Mustafa, Friede sei mit ihm, pflegte über die Sure Al Mulk zu sagen:

„Sie ist eine Barriere, eine Rettung. Sie beschützt die Person vor den Qualen des Grabes."

Wir wissen, dass niemals die Rede davon sein kann, dass wir durch das Sterben einfach verschwinden, oder nach dem Tod in einem Nichtvorhandensein wartend verweilen. Wir werden den Tod kosten! Das bedeutet, dass unser Körper in einen unbrauchbaren Zustand übergeht und von uns genommen wird; und dass wir an seiner Stelle gleich in diesem Augenblick unser Leben mit einem neuen Körper, in der Welt des Grabes, also im Grab, lebendig, bei Verstand und total bewusst unter Beibehaltung unserer geistigen Kräfte weiterführen werden.

Diesen Umstand haben wir schon früher in dem Buch **„Allah, wie ihn Hazreti Mohammed erläutert"** in dem Kapitel „Das wahre Gesicht des Todes" ausführlich beschrieben. Wer genau wissen möchte, wie man den Tod kosten wird, kann dies in diesem Buch genau nachlesen.

Auf die Unvorbereiteten warten mit dem Geschehen, dass der erhabene Koran als „den Tod kosten" beschreibt, und mit dem

Übergang in die Welt des Grabes, furchtbare Qualen, wie sie sich ihr Verstand jetzt noch nicht einmal vorstellen kann.

Aus diesem Grunde hat der Rasul Allahs s.a.s. uns als Gegenmaßnahme gegen die Qualen des Grabes empfohlen, diese Sure oft zu lesen. Schauen Sie, was er dazu sagte:

„Im Koran gibt es eine Sure, die dreißig Ayat hat. Diese hat für einen Mann Fürbitte geleistet und dieser wurde schließlich begnadigt. Diese Sure beginnt mit den Worten: Tabarakallaziy biyad'ihil mulk."

Schauen wir auch, wie Abdullah b. Masûd Radiyallahuan überliefert, wie der Rasul Allahs, Friede sei mit ihm, vor dem Zustand im Grab warnte:

„Wenn die Person ins Grab gelegt wird, kommen die Engel der Bestrafung vom Fußende her… Hier stellt sich den Beauftragten die Mulk Sure entgegen und sagt: Von meiner Seite gebe ich euch den Weg nicht frei, denn dieser hat während seines Lebens die Mulk Sure gelesen… Dann kommen die Engel der Bestrafung von der Bauch- oder Brustseite heran; und wieder stoßen die Engel auf die Antwort- dieser hat die Mulk Sure gelesen, hier ist kein Durchkommen für euch. Danach versuchen die Strafengel vom Kopf her heranzukommen und wieder stoßen sie auf die gleiche Kraft, die gleiche Antwort… Die Sure Al Mulk ist eine Vorsorge. Sie schützt vor den Qualen des Grabes. Wer immer diese in der Nacht liest, hat viel Lohn im Jenseits erlangt und etwas sehr Gutes getan."

25

AN- NABÂ (Sure 78)

bi-smi llāhir-raḥmānir-raḥīmi

1 ʿamma yatasāʾalūna

2 ʿanin-nabaʾil-ʿaẓīm

3 allazī hum fīhi mukhtalifūn

4 kallā sa-yaʿlamūna

5 summa kallā sa-yaʿlamūn

6 ʾa-lam nadjalil-ʾarḍa mihādan

7 wal-djibāla ʾawtādan

8 wa-khalaknākum ʾazwādjan

9 wa-djaʿalnā nawmakum subātan

10 wa-djaʿalnāl-layla libāsan

11 wa-djaʿalnān-nahāra maʿāschan

12 wa-banaynā fawkakum sabʿan schidādan

13 wa-djaʿalnā sirādjan wahhādjan

14 wa-ʾanzalnā minal-muʿṣirāti māʾan ṯadjjādjan

15 li-nukhridja bihī ḥabban wa-nabātan

16 wa-djannātin 'alfāfan

17 'inna yawmal-faṣli kāna mīkātan

18 yawma yunfakhu fīṣ-ṣūri fata'tūna 'afwādjan

19 wa-futiḥatis-samā'u fa-kānat 'abwāban

20 wa-suyyiratil-djibālu fa-kānat sarāban

21 'inna djahannama kānat mirṣādan

22 liṭ-ṭāghīna ma'āban

23 lābisīna fīhā 'aḥkāban

24 lā yazūkūna fīhā bardan wa-lā scharāban

25 'illā hamīman wa-ghassākan

26 djazā'an wifākan

27 'innahum kānū lā yardjūna ḥisāban

28 wa-kazzabū bi-'āyātinā kizzāban

29 wa-kulla schay'in 'aḥṣaynāhu kitāban

30 fa-zūkū falan nazīdakum 'illā ʿazāban

31 'inna lil-muttakīna mafāzan

32 ḥadā'ika wa-'aʿnāban

33 wa-kawāʿiba 'atrāban

34 wa-ka'san dihākan

35 lā yasmaʿūna fīhā laghwan wa-lā kizzāban

36 djazā'an min rabbika ʿaṭā'an ḥisāban

37 rabbis-samāwāti wal-'arḍi wa-mā baynahumār-raḥmāni lā yamlikūna minhu khizāban

38 yawma yaqūmur-rūḥu wal-malā'ikatu ṣaffan lā yatakallamūna 'illā man 'azina lahur-raḥmānu wa-kāla ṣawāban

39 zālikal-yawmul-ḥakku faman schā'at takhaza 'ilā rabbihī ma'āban

40 'innā 'anzarnākum ʿazāban karīban yawma yanẓurul-mar'u mā kaddamat yadāhu wa-yakūlul-kāfiru yā-laytanī kuntu turāban

Bismi'llâhi'r-Rahman'ir-Rahiym

(Die Nachricht)

1. Wonach fragen sie?

2. [Etwa] Nach der grossartigen Nachricht (die Fortsetzung des Lebens nach dem Tode) ?

3. Doch sie sind in diesem Thema unstimmig!

4. Nein (es ist nicht so, wie sie es sich denken), bald (nach dem Sterben) werden sie es wissen!

5. Nochmals nein (es ist nicht so, wie sie es sich denken), bald werden sie es wissen!

6. Haben wir nicht die Erde (den Körper) zu einer Wiege (vorübergehendes Gebrauchsinstrument, in welchem ihr euch entwickeln werdet) gemacht?

7. Und die Berge (die Organe im Körper) je zu einem Pfahl!

8. Euch haben wir als Paare (Bewusstsein – Körper) erschaffen.

9. Euren Schlaf haben wir zur Erholung verrichtet.

10. Die Nacht haben wir zu einer Decke verrichtet.

11. Und den Tag haben wir zum Lebensunterhalt verrichtet.

12. Über euch (das System mit sieben Umlaufbahnen - in der Dimension eures Bewusstseins) haben wir sieben feste Strukturen (Himmel) errichtet.

13. Und eine Licht abstrahlende Leuchte (die Sonne – der Verstand) hineingesetzt.

14. Aus den Regenwolken haben wir in Strömen reichlich Wasser

herabgesandt.

15. Damit wir Körner und Pflanzen hervorbringen.

16. Ineinander verschachtelte Gärten!

17. Wahrlich ist es, dass das Intervall (die Unterscheidung durch Klassifizierung) zeitlich feststeht.

18. Bei diesem Prozess wird in die Posaune geblasen, auf dem ihr in Scharen ankommt!

19. Der Himmel ist ebenfalls geöffnet, der voll von Pforten sein wird (Das Bewusstsein öffnet sich zu der wahrgenommenen Existenz ohne die Wahrnehmungsorgane).

20. Die Berge wurden bewegt, sind zu einer Luftspiegelung geworden (Die Abgrenzung der Organe ist aufgehoben).

21. Gewiss ist die Hölle zur Wegstrecke geworden (jeder passiert sie)!

22. Sie ist der Besiedlungsraum für die Maßlosen (die Unbändigen, die Grausamen; diejenigen, die keine Schutzmaßnahmen nach dem Gesetz des Systems [Sunnatullah] ergreifen)!

23. Als Stationierende für eine sehr lange Zeit!

24. Dort werden sie weder die Kühle noch einen Vergnügen bereitenden Trank kosten!

25. Nur Hamim (kochendes Wasser) und Ghassak (Eiter)!

26. Als komplette Konsequenz ihres Lebens!

27. Wahrlich vermuteten sie keine Rechenschaft (Resultat ihrer Lebensweise)!

28. In ihrer Existenz verleugneten sie unsere Zeichen!

29. Jedoch haben wir alles bis ins Detail registriert und niedergelegt!

30. Kostet es in diesem Zustand; außer der Qual werden wir euch in nichts anderes erhöhen!

31. Wahrlich für diejenigen, die sich beschützen, gibt es eine

Rettung.

32. Wasserreiche Gärten, Weinberge... (Es soll an „Mathalul Djannatillatiy" erinnert werden. Die ganzen Aussagen, die das Paradies betreffen, werden anhand von Symbolen und Metaphern überliefert.)

33. Gleichaltrige hervorragende Paare! (Von der Wahrheit der Asma-Eigenschaften manifestierende, hervorragende und kapazitätsreiche Dimension ohne einen Geschlechtsbegriff, in der Struktur des „Schu´ur" (reines Bewusstsein) entstandene Körper. Weiblich – männlich, ohne einen Unterschied! Allâhu âlem[Allah weiß es besser]. A.H.)

34. Gefüllte Kelche!

35. Sie hören dort weder leeres Gerede noch eine Lüge.

36. Die Konsequenz (Djaza) von deinem „Herrn – Rabb" (Namenskomposition, die das wahrgenommene Individuum ausmacht), [das heißt] als eine Gabe für die vollbrachten Taten!

37. Der Rabb (Bewusstsein, welches die Namenskompositionen beherrscht) zwischen den Himmeln, der Erde und alles, was dazwischen existiert, ist der Rahman (Bewusstsein auf der Ebene des Quantum Potentials)! Keiner ist der Eigentümer seiner Anrede.

38. Während dieses Prozesses wird die SEELE (die manifestierte, einheitliche Bedeutung der Asma-Wahrheit in der Dimension des reinen universalen Bewusstseins bezogen auf die Gesamtheit aller Menschen) und die Engel aufgereiht sein (=im Kiyaam sein, zum Rahman ausgerichtet). Keiner ist im Sprechzustand, ausgenommen sind diejenigen, die die Erlaubnis des Rahmans haben (in ihrer angeborenen Disposition)! Jene sagen die Wahrheit.

39. So, dies ist der Prozess der Realität! Nun wer es wünscht, der soll versuchen seinen Rabb zu erreichen!

40. Wahrlich haben wir euch vor einer naheliegenden Qual (den Tod) gewarnt! An dem Tag betrachtet die Person, was ihre Hände (zu sich selbst) anbieten; diejenigen, die das Wissen um die Wahrheit leugnen, werden sagen: „Wenn ich doch nur Staub wäre!"

26

AL ALAQ (Sure 96: 1-5)

bi-smi llāhir-raḥmānir-raḥīm

1 ikra' bi-smi rabbikallazī khalaq

2 khalakal-'insāna min 'alaq

3 ikra' wa-rabbukal-'akram

4 allazī 'allama bil-kalam

5 'allamal-'insāna mā lam ya'lam

Lies mit dem Namen deines Herrn (mit den Kräften, die auf deine Wahrheit hindeuten)! Der den Mensch vom „Alak" (Blutklumpen, von der Genetik) erschuf. Lies! (Weil) dein Herr (Namenskomposition, die dich ausmacht) ist Akram (sehr großzügig)! Denn er lehrte (programmierte) den Menschen durch die Schreibfeder (durch diese Asma-Besonderheiten und durch die Genetik), was er nicht wusste…

Erläuterung:

Wer beabsichtigt, die tiefen Geheimnisse des Glaubens zu

ergründen, dem empfehlen wir diese Sure dreihundertdreizehnmal am Tag zu rezitieren!

Was bedeutet **„Lesen"**? Was soll hier gelesen werden? Wie soll man lesen? Die Antwort auf diese Fragen haben wir in dem Buch „Hazreti Muhammed Neyi okudu" (A.d.Ü. „Was hat der Hazrati Mohammed gelesen?", dieses Buch ist bisher nicht übersetzt worden) ausführlich beschrieben.

Wir müssen hier mit Bestimmtheit feststellen, dass das zu Lesende hier ganz gewiss kein geschriebener Text ist! Aber was gilt es dann zu lesen?

Wenn es sich nicht um einen geschriebenen Text handelt, was bedeutet dann „Ummi[19]" und wer gilt als „Ummi"?

Wie dem auch sei, überlassen wir die Antwort darauf dem oben genannten Buch. Ich wiederhole noch einmal, wer die Wahrheit bei Allah „lesen" möchte, der sollte sich angewöhnen, diese ersten fünf Ayat der Alak Sure dreihundertdreizehnmal am Tag zu lesen.

---

[19] **Ummi**-mit diesem Wort wird normalerweise ein Analphabet bezeichnet.

27

ASCH-SCHARH (Sure 94)

bi-smillāhir-raḥmānir-raḥīm

1 'a-lam naschraḥ laka ṣadrak

2 wa-waḍa'nā 'anka wizrak

3 allazī 'ankaḍa ẓahrak

4 wa-rafa'nā laka zikrak

5 fa-'inna ma'al-'usri yusran

6 'inna ma'al-'usri yusra

7 fa-'izā faraghta fanṣab

8 wa-'ilā rabbika farghab

1. Haben wir nicht deine Brust geweitet (und somit deine Bedrückung aufgehoben!)

2. Und die Last von dir genommen (die Wahrheit hebt die Last des menschlichen Daseins auf)

3. Welches (diese Schwere) auf deinen Rücken lastete!

4. Haben Wir nicht dein Zikir (die ERINNERUNG und das ERLEBEN deiner Wahrheit) erhöht?

5. Wahrlich, mit Schwierigkeit kommt die Erleichterung.

6. Ja, wahrlich mit jeder Schwierigkeit kommt die Erleichterung.

7. Wenn du (mit deinen Erledigungen/Beschäftigungen) fertig bist, beginne (mit der wahren Beschäftigung)

8. Beschäftige dich mit deinem Herrn (RABB)..

Erläuterung:

Wer in die Tiefen der Mystik hineintauchen möchte, dem sei empfohlen, diese Sure 70 Mal am Tag zu rezitieren.

Wer Wissen von hohem Niveau, außergewöhnliche Wahrnehmungen und wertvolle Enthüllungen, die ihm eröffnet werden, verdauen, das heißt, sein eigen machen möchte, dem sei ebenfalls empfohlen, diese Sure 70 Mal am Tag zu lesen.

Wer von innerer Enge, Blockaden des Denkens und Erfassens, bedrückenden Zuständen und Depressionen befreit werden möchte, sollte auch diese Sure 70 Mal am Tag lesen.

Und ein jeder von diesen wird feststellen, dass bei fortwährendem Lesen dieser Sure das Ziel erreicht wird.

28

ÜBER DIE VORZÜGE EINIGER KURZEN SUREN

Der Rasulallahs, Friede sei mit ihm, pflegte über einige der kurzen Suren Folgendes zu sagen:

Die Sure „Az Zalzala" entspricht der Hälfte-, die Sure „Kul hu wallahu ahad" entspricht einem Drittel- und die Sure „Kul ya ayyuhal Kafirun" entspricht einem Viertel des Korans!

Soweit wir es verstehen können, möchte Hz. Mohammed hier auf Folgendes hinweisen:

Der erhabene Koran ist hauptsächlich auf zwei Grundthemen aufgebaut:

1. Dass es keine anzubetende Gottheit gibt, dass es darum geht, das alleinige Vorhandensein Allahs (Wahdaniyat) und die Einheit Allahs (Wahdat) wahrzunehmen und soweit es uns möglich ist, dementsprechend zu leben.

2. Dass es notwendig ist, uns hier in unserem irdischen Leben durch bestimmte Anstrengungen und Aktivitäten auf die neue Ordnung vorzubereiten, die uns, nachdem wir den Tod gekostet haben, erwartet. Der Koran weist uns darauf hin, dass jeder die Gegenleistung für alles, selbst das Geringste was er tut, erhalten wird, ob gut oder böse.

Da der zweite Teil der Sure Az-Zalzala eine genaue

Zusammenfassung des oben Beschriebenen bildet, ist sie, soweit wir verstehen können, im Wert gleichzusetzen mit der Hälfte des erhabenen Korans.

29

AZ-ZALZALA (Sure 99)

bi-smi llāhir-raḥmānir-raḥīm

1 'izā zulzilatil-'arḍu zilzālahā

2 wa-'akhradjatil-'arḍu 'askālahā

3 wa-kālal-'insānu mā lahā

4 yawma'izin tuḥaddisu 'akhbārahā

5 bi-'anna rabbaka 'awḥā lahā

6 yawma'izin yaṣdurun-nāsu 'aschtātan li-yuraw 'a'mālahum

7 fa-man yaw'mal miskāla zarratin khayran yarah

8 wa-man yaw'mal miskāla zarratin scharran yarah

Das Erdbeben

Bedeutung:

„Bismi'llâhir-Rahmanir-Rahiym"

1.Wenn die Erde (Körper) heftig von ihrem Beben erschüttert wird.

2. Und die Erde ihre Last heraus wirft.

3. Und der Mensch (Bewusstsein, mit fünf Sinnen arbeitend seinen Körper anschauend) sagt: „Was ist mit ihr los (in einem Zustand von Panik)?"

4. In diesem Zustand wird sie ihre Erlebnisse erzählen.

5. Wie es von ihrem Herrn offenbart wurde.

6. An diesem Tag werden die Menschen aus ihren Gruppen hervorkommen, um die Ergebnisse ihrer Taten zu sehen.

7. Wer Gutes (auch nur) im Gewicht eines Staubkorns getan hat, wird es sehen.

8. Wer Schlechtes (auch nur) im Gewicht eines Staubkorns getan hat, wird es sehen.

Erläuterung:

Die Bedeutung, welche sich beim Lesen der Erdbeben Sure im ersten Augenblick auftut, ist die oben beschriebene…

Wer allerdings denkt, dass die Sure nur diese Bedeutung enthält, verfällt der Achtlosigkeit, die jemand begeht, der glaubt, ein Eisberg bestehe nur aus dem Siebtel, welches über der Wasseroberfläche zu sehen ist!

Um dazu ein Beispiel zu geben, haben wir uns entschlossen, über zwei weitere Bedeutungen dieser Sure, in dem Umfang, in dem wir diese hier veröffentlichen können, zu sprechen…

Die erste tiefere Bedeutung:

Der Begriff Erde (arabisch: Ard) kann als Welt und Erdoberfläche verstanden werden, gleichzeitig bezeichnen die Meister der Tasawwuf genannten Mystik aber damit auch den „Körper" des Menschen.

Wenn wir das Thema nun von dieser Seite her betrachten, dann können wir mit Leichtigkeit erkennen, dass die Sure den uns bekannten Zustand vor dem Tod beschreibt…

„Wenn der Mensch den Tod zu kosten bekommt, dann bricht für ihn der Jüngste Tag, im Koran „Kiyamat" genannt, an.

Der Vorgang dieses „Kiyamats" wird in der Erdbeben Sure wie folgt beschrieben:

1. Wenn der Körper auf seinem Ende zugeht und durch das Ausfallen der bioelektrischen Energie in seinem Nervensystem von einem heftigen Beben erschüttert wird...

2. Und die Seele, der holographische Strahlenleib, also der Kernpunkt, der im Körper verborgen war, vom Körper freigelassen wird und hervorkommt...

3. Und der Mensch, welcher ohne Unterbrechung seinen seelischen Körper kennenlernt und die Veränderungen an seinem alten Körper spürt, sieht und erlebt, wird mit großer Verwunderung, Betroffenheit und Entsetzen sagen: „Was geht hier vor...?"

4.-5. Und der Körper wird infolge der Eingebung durch seinen Herrn mit seiner ihm eigenen Körpersprache all seine gespeicherten Daten und die daraus zu erwartenden Resultate preisgeben. Dadurch wird der betreffenden Person klar, welch großartige Gabe das Leben im Körper dargestellt hat, was sie alles durch die Funktion ihres Körpers bewerkstelligen konnte und wovon sie jetzt auf ewig ausgeschlossen ist...

6. Die Menschen, für die das Verlassen ihres biologischen Körpers der Augenblick ist, indem sie den Tod zu kosten bekommen, werden in einem neuen Körper „auferstehen" mit dem sie alles, was sie getan haben und welche Resultate sie daraus zu erwarten haben, sehen können. Sie erleben dann ihr persönliches „Kiyamat"...

7. Wer Gutes getan hat und sei es auch nur ein ihm unwichtig erscheinender Gedanke oder eine Handlung so groß wie ein Stäubchen, der wird dieses und den Verdienst daraus in Büchern verzeichnet sehen.

8. Und wer Schlechtes getan oder gedacht hat und sei es auch nur so groß wie ein Stäubchen, der wird dies in seinem Buch verzeichnet vorfinden, er wird es geformt von seinen Gehirnwellen vor sich

sehen!

Soweit es uns möglich war, wollten wir hier den Zusammenhang zwischen der physiologischen, biologischen Struktur einer Person und ihrem „Kiyamat" beschreiben.

Kommen wir jetzt zu einer Interpretation der **Zalzala Sure** im Zusammenhang mit einem Umstand, den manche Menschen erleben und der mit **„STERBEN, BEVOR MAN STIRBT"** bezeichnet wird.

1. Wenn das Vorhandene von einem gewaltigen Beben erschüttert wird und sich im Bewusstsein aufzulösen beginnt..., begreifend, dass das eigentliche Wesen, das Original von den Eigenschaften des Herrn (Asmâ-ul-Husna) gebildet wird... und diese Wirklichkeit an die Oberfläche tritt, während das Augenscheinliche in diesem Bewusstsein zu zerbröckeln beginnt und verschwindet...

2. Wenn das im Innersten des Geschöpfes vorhandene Wesen von Al-Hakk, also die Bedeutungen von Allahs Namen in diesem Geschöpf aus der Verborgenheit heraus beginnt, offensichtlich zu werden;

3. und der Mensch im Angesicht der Tatsache, dass die ganze Schöpfung, die er als vorhanden angesehen hat, wie eine Fatah Morgana verschwindet und er zu verstehen beginnt, dass im Sein von Al-Hakk alles andere zu Nichts wird und sich darüber in großer Verwirrung befindet und mit Staunen sagt: „Was ist los mit ihr, dass alles sich auflöst und nur noch das Antlitz Allahs übrig bleibt...?"

4. Und die Schöpfung beginnt dieser Person, deren Wahrnehmung (Basirat[20]) geöffnet wurde, alle Bedeutungen der Namen Allahs (Asmâ), die in ihr enthalten sind, zu eröffnen... ein jedes Individuum gibt Kunde über seinen Auftrag zum Hervorbringen eines bestimmten Namens (Allahs)... Und so versteht

---

[20] **Basirat** ist eine Erweiterung des Bewusstseins und bedeutet, dass die Person das, was sie wahrnimmt, der Wirklichkeit entsprechend beurteilen kann.

dieser Mensch dann, dass alles, was er als gesondert angesehen hat, ein Gebilde von Allahs Namen ist!

5. Und all dies geschieht aufgrund der Offenbarung durch seinen Herrn (Rabb)... Die Gesetze der Rububiyat Stufe[21] treten bei allen Geschöpfen nur durch Allahs Offenbarung zutage... und diese Person ist sich dessen bewusst!

6. Und diese Menschen, die „gestorben sind, bevor sie sterben", sehen klar und deutlich alles, was sie vorher getan haben und wie sie es getan haben und sie beginnen, die Geheimnisse, die dahinter verborgen waren, zu sehen.

7. Wer Gutes getan hat und sei es nur so groß wie ein Stäubchen, wird dieses und das Resultat daraus sehen...

8. Und von wem Schlechtes hervorgegangen ist und sei es nur so groß wie ein Stäubchen, der wird dieses zu Gesicht bekommen.

Natürlich gibt es über diese Auslegung hinaus noch weit tiefer gehende Bedeutungen dieser Sure, aber dieses Buch ist nicht der Ort, wo diese erläutert werden sollten.

Möge Allah uns alle vor dem Verhängnis bewahren, uns mit den Äußerlichkeiten, dem Anschein und dem Aussehen zu begnügen, möge Hu uns erleichtern, hinter die Dinge zu sehen, die eigentliche Bedeutung und den verborgenen Sinn und Zweck zu ergründen.

Allerdings ist es für uns nicht ausreichend, die Suren nur in der arabischen Sprache zu lesen. Selbst wenn die Auslegung noch so dürftig ist, so sollten wir zumindest eine Übersetzung in unserer eigenen Sprache lesen, um in den Grundzügen zu erfahren, was uns hier vermittelt werden soll.

Denn im erhabenen Koran steht **„...damit ihr diesen Koran verstehen sollt..."!**

Es ist natürlich nicht für jeden möglich, tiefe Kenntnis zu erlangen, aber es ist bestimmt besser wenigstens in groben Zügen die Hauptbestimmungen des erhabenen Korans zu verstehen und dann

---

[21] **Rububiyat Stufe**: Wer diese Stufe erlangt hat, dem eröffnen sich alle in der Schöpfung enthaltenen Bedeutungen von Allahs Namen, die als Asmâ-ul Husna bekannt sind.

zu sagen: **„Ich glaube an das, was im Koran verkündet wird!"...,** andernfalls ist es unlogisch, von einem Menschen zu erwarten, dass er an etwas glaubt, was er nicht kennt.

Dass die Sure „**Kul hu wallâhu Ahad"** einem Drittel des Korans entspricht, ist folgendermaßen zu verstehen...

Wenn wir die Themen des Korans, dass Allah einzig ist, dass es ein Leben nach dem Tode gibt und die Vorschläge, um sich auf das Leben nach dem Tode vorzubereiten in drei Teile teilen, dann bildet die **Ikhlas Sure** den ersten Teil. Obwohl es über die **Ikhlas Sure** sehr viel zu sagen gibt, möchte ich hier nur einige wenige Dinge erwähnen.

Die Bedeutung der Ikhlas Sure haben wir im Rahmen unseres Verständnisses, welches uns Allah zuteil werden lies, im Buch „Allah wie ihn Hazreti Mohammed erläutert" zu erklären versucht. Deshalb werden wir hier nicht auf dieses Thema eingehen. Wer möchte, kann die Bedeutung der Ikhlas Sure in diesem Buch nachlesen.

Hier möchte ich eine kurze Begebenheit im Zusammenhang mit der Ikhlas Sure erzählen...

Als ich siebzehn war, besuchte ich an einem Freitag die Cerrâhpaşa-Moschee, die gegenüber unserem Haus im Cerrâhpaşa Viertel in Istanbul lag. Ich hatte gerade erst begonnen mich für diese Themen zu interessieren...

Während ich irgendwo hinten am Rande saß, klopfte mir jemand auf die Schulter und sagte: „Unser verehrter Efendi lässt dich bitten".

Der Ehrenwerte, der mich hatte rufen lassen, war als „Djuma Scheich" bekannt und 104 Jahre alt. Später habe ich erfahren, dass er ein Scheich der Nakschibendi war.

Wie hatte er mich wohl auf diese Entfernung gesehen, wo doch seine Augen fast blind waren! Wie dem auch sei, ich bin zu ihm hingegangen, habe seine Hand geküsst und er fragte mich: „Wenn ich dir eine Aufgabe geben würde, würdest du sie erfüllen?"... In mir herrschte damals der Überschwang der Jugend, mit dem ich geradezu bereit war, Berge zu versetzen und so sagte ich: „Natürlich bin ich bereit!"... Aber zu diesem Zeitpunkt war ich noch recht unwissend...und so machte mir der Ehrenwerte folgenden Vorschlag:

„Egal in welcher Zeit du es bewältigen kannst, rezitiere 100.000 Mal die Ikhlas Sure und komm dann zu mir zurück!"...

So leid es mir auch tat- eine Woche später habe ich erfahren, dass der Ehrenwerte in das Leben nach dem Tode eingegangen war. Aber ich hielt trotzdem mein Wort und innerhalb von zwanzig Tagen hatte ich die Ikhlas Sure 100.000 Mal rezitiert. Ich hoffe, dass Allah mir aus Achtung vor den von mir gelesenen Ikhlas Suren vergeben möge und mir die Geheimnisse dieser Sure eröffnet...

Aus diesem Grunde empfehlen wir allen gläubigen Geschwistern, diese Aufgabe, im Umfang ihrer Möglichkeiten...

Möge Allah dieses erleichtern!

Nun, schauen wir, was der Rasul Allahs Hazreti Mohammed seinen Gefährten zu diesem Thema sagte...

Abû Hurayra Radiyallahuan berichtet:

„Der RasulAllah s.a.s. sagte... Versammelt euch, ich werde euch ein Drittel des Korans vorlesen... Dann trat der RasulAllah aus seinem Haus und las die Sure „Kul hu wallâhu Ahad" ... Und ging wieder ins Haus hinein... Daraufhin vermuteten wir...

Er hat wahrscheinlich eine Nachricht vom Himmel erhalten, deshalb ist er ins Haus gegangen... Wir meinten, dass er eine Offenbarung erhalten hatte...

Dann trat der Rasulallah s.a.s. erneut aus seinem Haus und sagte:

„Ich habe gesagt, dass ich euch ein Drittel des Korans lesen werde... Gebt Acht, die Ikhlas Sure entspricht einem Drittel des Korans! ...

Wiederum Abû Hurayra Radiyallahuan berichtet:

„Wir waren mit dem Rasul Allahs an einem Ort angekommen und sahen, dass dort ein Mann „Kul Huwallahu Ahad Allahu's Samad lam yalid wa lam yulad walam yakûn lahu kufûwan Ahad“ rezitierte...

Der Rasul Allahs sagte: „Es ist unausweichlich geworden!“

„Was ist unausweichlich geworden, o Rasul Allahs?“, fragte ich ihn und er antwortete: „Das Paradies!“

Eigentlich wollte ich gleich zu dem Mann hingehen und ihm diese frohe Botschaft übermitteln, aber ich hatte Angst, dass ich dadurch die Ehre, mit dem Rasul Allahs zu speisen, verpassen würde. Als ich später zu dem Mann hinging, war er leider schon gegangen.”

Abû Darda Radiyallahuan berichtet:

Der Rasul Allahs s.a.s. sagte:

„Gibt es einen unter euch der unfähig ist in der Nacht ein Drittel des Korans zu lesen?

„Wie liest ein Mensch ein Drittel des Korans?“, fragten die Gefährten ... Daraufhin sagte der Rasul Allahs s.a.s.:

„Allah der Mächtige und Erhabene hat den erhabenen Koran in drei Teile geteilt... Und einer davon ist „Kul Huwallahu Ahad!”

Schauen Sie, wie in einer weiteren Überlieferung der Rasul Allahs über die Ikhlas Sure spricht:

„Wer immer 1000 Ikhlas rezitiert und diese an seine Seele sendet, den wird Allah aus der Hölle freilassen”...

Es wäre deshalb wünschenswert, wenn wir es uns angewöhnen würden, in bestimmten Nächten oder für Verstorbene, die wir geliebt haben, 1000 Ikhlas zu beten. Dies wird sowohl für diese wie auch für uns selbst großen Nutzen bringen.

Da es uns unmöglich ist, die unzähligen und grenzenlosen Nutzen der Ikhlas Sure aufzuzählen, möchten wir uns mit diesen hier begnügen und zu den „Muawwizatayn" (Schutzgebenden) genannten Suren übergehen.

30

AL-FALAQ (Sure 113) - AL-NAS (Sure 114)

Al-Falaq (Sure 113)

bi-smillāhir-raḥmānir-raḥīm

1 kul 'a'ūzu bi-rabbil-falak

2 min scharri mā khalak

3 wa-min scharri ghāsikin 'izā wakab

4 wa-min scharrin-naffāsāti fīl-'ukad

5 wa-min scharri ḥāsidin 'izā ḥasad

1. Sprich: Ich suche Zuflucht beim Rabb (der Wahrheit der Namen, die meine Essenz ausmachen) **des Falaks** (Morgendämmerung ; das Licht, welches sich gegenüber der Dunkelheit durchsetzt und mir Erleuchtung bringt).

2. Vor dem Unheil des Volkes, was erschaffen wurde,

3. vor dem Unheil der mit der Dunkelheit einbrechenden Nacht,

4. vor dem Unheil der auf Knoten blasenden Frauen,

5. und vor dem Unheil des Neiders, wenn er neidisch ist.“

Al-Nas (Sure 114)

bi-smillāhir-raḥmānir-raḥīm

1 kul 'a'ūzu bi-rabbin-nās

2 malikin-nās

3 'ilāhin-nās

4 min scharril-waswāsil-khannās

5 allazī yuwaswisu fī ṣudūrin-nās

6 minal-djinnati wan-nās

1. „Sprich: Ich suche Zuflucht beim Rabb (Herrn) des Nas (Menschen)

2. dem Malik des Nas.

3. Dem Ilah des Nas.

(A.d.Ü.: Rabb, Malik, Ilah= zu den Bedeutungen (Asma), welches sich in meinem Wesen als der Beschützer und als die vorherrschende Eigenschaft über alles in der Schöpfung erweist.)

4. Vor dem Unheil des Waswasil Khannas (immer wieder den menschlichen Körper penetrierende und einfallende Kraft von Einflüsterungen/bestimmten Gedanken),

5. welches den Menschen im Inneren eingeflüstert wird

6. von den Djinnen und den Menschen!"

Erläuterung:

Diese beiden Suren sind die wichtigsten Waffen eines Menschen gegen Zauber, Verwünschungen, Magnetismus und andere äußere Einflüsse, welche die Willenskraft bedrängen und einschränken.

Gegen den Zauber, mit dem man unseren Rasul belegt hatte, offenbarte Allah ihm diese beiden Suren. Es bringt großen Nutzen, sie 41 Mal am Tag oder je siebenmal nach jeder *„Hinwendung zu*

Allah" (Salaah) zu sprechen.

Ich kann nicht umhin, Ihnen manche Empfehlungen des Rasulallahs (s.a.s.) zu diesen beiden Suren zu übermitteln, obwohl sie bei fast allen Gläubigen bekannt sind…

Ukbe b. Amir Radiyallahuan überliefert:

Der Rasul Allahs s.a.s. sagte Folgendes:

„Habt ihr von den beiden unvergleichlichen Suren gehört, die heute Nacht offenbart wurden? Das sind die Suren „Kul aûzu birabbil falâk" und „Kul aûzu birabbin nas."

„Soll ich dir die beiden Suren nennen, deren Rezitation am meisten Nutzen bringen? Das sind Kul aûzu birabbil falâk und Kul aûzu birabbin nas."

„Wir reisten mit dem Rasul Allahs s.a.s. zusammen zwischen Djuhfa und Abwa. Auf einmal überfiel uns ein Sturm und Dunkelheit hüllte uns ein… Daraufhin begann der Rasul Allahs s.a.s. sich zu schützen, indem er Kul aûzu birabbin falâk und Kul auzu birabbin nas betete… und dann sagte er Folgendes:

-Ukba, schütze dich mit diesen beiden Suren! Bisher ist noch kein Schutzsuchender mit etwas, diesen beiden Suren Vergleichbarem geschützt worden!"

„Du kannst keine Sure lesen, die bei Allah noch geschätzter, noch verdienstvoller ist, als die Sure Kul aûzu birabbil falâk. Wenn du die Kraft dazu hast, dann lese sie nach jeder *„Hinwendung zu Allah" (Salaah)*!"

Hiernach möchten wir zusammengefasst noch auf ein paar Eigenheiten der Suren hinweisen:

Hz. Rasul Friede sei mit ihm, pflegte im Allgemeinen nach der *„Hinwendung zu Allah"* die Sure Ikhlas und die beiden Suren, die mit Kul aûzu beginnen, in seine Handflächen zu blasen und bestrich damit seinen ganzen Körper. Dies wiederholte er dreimal.

Es heißt, das derjenige, welcher nach dem Freitagsgebet noch, bevor er irgendetwas Weltliches spricht, die Ikhlas Sure und die mit

Kul aûzu beginnenden „Muawwizatayn" genannten Suren, was die Zufluchtsuchenden bedeutet, siebenmal rezitiert und dann mit den Händen über den Körper streicht, der ist bis zum nächsten Freitagsgebet vor allen Gefahren sicher.

Außerdem ist uns aus verschiedenen Quellen bekannt, dass es für Menschen, die unter dem Einfluss von Djinn stehen oder mit Verwünschungen oder Zauber belegt sind, von großer Hilfe ist, wenn sie neben dem Thronvers 40 Mal diese beiden Suren lesen; außerdem kann man während des Rezitierens den Atem in ein Gefäß mit Wasser blasen und das Trinken dieses Wassers bringt auch großen Nutzen. Ferner wird betont, dass es bei solchen Unpässlichkeiten und Störungen sehr gut hilft, wenn man gemeinschaftlich diese Suren 41 Mal liest.

31

BEISPIELE FÜR GEBETE AUS DEM KORAN

In diesem Kapitel möchten wir Ihnen einige beispielhafte Gebete aus dem erhabenen Koran vorstellen und über einige Besonderheiten berichten:

Rabbana âtina fiddunya hasanatan wa fil âkhırati hasanatan wa kina azaban nar.

Unser Herr, gib uns in dieser Welt das Hasana (lass uns die Schönheiten der Asma ausleben) **und im Jenseits das Hasana** (Schönheiten der Asma in unserem Selbst)**,** (lass uns nicht getrennt sein) **beschütze uns vor dem Feuer.** (2.Bakara: 201)

Erläuterung:

Anas Radiyallahuan hat uns überliefert, dass der Rasul Allahs s.a.s. in sehr vielen Gebeten dieses Ayat verwendet hat. Dieses Gebet lehrt uns, alle bekannten und unbekannten Schönheiten dieser Welt und des Jenseits zu erbitten und uns vor Dingen zu schützen, welche die Qualen des Feuers nach sich ziehen.

Rabbana lâ tuzıgh kulûbana bâ'da iz hadaytanâ, wa hablanâ

min ladunka rahmatan, innaka antal wahhab…

Unser Herr, drehe uns nicht von unseren Herzen (Schu ´ur-reines universales Bewusstsein) **weg** (zum Selbst-zum Ego), **nachdem Du uns rechtgeleitet hast** (die Wahrheit gezeigt und verstanden wurde) **und verzeih uns mit einer Rahmat aus Deinem LADUN! Wahrlich, Du bist Wahhab!** (3.Al-i-Imran: 08)

Erläuterung:

So wie es in einem Hadith heißt: „Das Herz des Gläubigen befindet sich zwischen zwei Fingern des Barmherzigen…",sind unsere Herzen, also unser Bewusstsein jeden Augenblick an die Allmacht Allahs gebunden. Aus diesem Grunde ist es jederzeit möglich, egal wie nah wir der Wahrheit auch schon gekommen sind, dass wir uns von dieser Wahrheit auch wieder entfernen. Dieses Gebet erfleht die Gnade Allahs und lehrt uns, nicht auf unseren gegenwärtigen Zustand zu vertrauen.

Wenn jemand dieses Gebet ständig betet, so kann man dies als Anzeichen dafür werten, dass derjenige in einem glücklichem Zustand den Tod zu kosten bekommen wird…, denn ein beharrlich gesprochenes Gebet weist darauf hin, dass es angenommen wird. Es lohnt sich also, diese Zeilen nach der „Hinwendung zu Allah", im Anschluss an das Salawaat für Hz. Mohammed (FsmI) zu sprechen.

Rabbana ma khalâkta haza bâtila, subhanaka fakina azaban nar… Rabbana innaka man tudkhilin nâra fakad akhzaytahu wa mâlizzâlimina min ansar. Rabbana innana sami'na munadiyan yunadi lil'iymani an aminu birabbikum fa`amanna… Rabbana faghfirlana zunûbana wa kaffir anna sayyiâtina wa tawaffana mâ al abrar… Rabbana wa âtina mâ wa adtana alâ rusûlika wa lâ tukhzina yaumal kiyamati, innaka la tukhliful miy'ad.

Unser Rabb, Du hast dies nicht ohne einen Sinn erschaffen!

DU bist SUBHAN (Du bist unbeeinträchtigt davon etwas ohne Sinn und Bedeutung zu erschaffen, DU bist in jedem Moment in einem Zustand etwas Neues zu erschaffen)! **Beschütze uns davor, dass wir nicht brennen** (dass das, welches manifestiert wird, nicht gebührend bewertet wird und somit Reue entstehen wird)**! Unser Rabb, siehe, wen Du ins Feuer führst, den lässt Du in Schande verfallen. Diejenigen, die grausam zu ihrem Selbst sind, haben keine Helfer** (Retter). **Unser Herr, wahrlich hörten wir einen, der einludt und zum Glauben rief <Glaubt an euren Herrn, der mit seiner Asma eure Wahrheit formt!> und so glaubten wir. Unser Herr, vergib uns unsere Sünden und reinige uns von unseren Fehlern; lass uns mit Deinen Abraar** (die Dich erreicht haben) **zusammen sein. Unser Herr, gib uns, was Du Deinen Rasuls durch Wahiy** (Offenbarung) **gegeben hast und lass uns am Tag der Auferstehung nicht in Schande verfallen. Wahrlich, Du brichst Dein Versprechen nicht!** (3.Al-i-Imran: 191-194)

Erläuterung:

Auch hier lehrt uns Allah der Allmächtige eines der wichtigsten Gebete.

Außerdem wird im nächsten Vers mit Bestimmtheit gesagt, dass das Gebet dessen, der auf diese Weise betet, angenommen wird.

Was bleibt uns also noch zu sagen… Sollten wir dieses Gebet, welches Allah der Allmächtige versprochen hat, anzunehmen, nicht ständig beten?

Rabbana zalamna anfusana wa inlam taghfirlana wa tarhamna lana kunanna minal khasiriyn.

Unser Herr, wir waren grausam zu unserem Selbst und wenn Du uns nicht verzeihst und Dich unser erbarmst, dann sind wir wahrlich verloren. (7.Araf: 23)

Erläuterung:

Während Hz. Adam und Eva im Paradies lebend diese

schicksalhafte Verfehlung begangen hatten, baten sie aus Kummer über diese Tat, die aus ihrem Schicksal herrührte, mit den oben genannten Worten um Vergebung!

Und weil dieses Gebet erhört wurde, haben sie die Möglichkeit erhalten, nach einer bestimmten Zeit des Lebens auf der Erde wieder in das Leben im Paradies zurückzukehren.

Dieses Gebet aus dem erhabenen Koran lehrt uns, was wir tun müssen, wenn wir gegen unser Selbst sündigen.

So bleibt uns, da wir ständig gegen unser Selbst sündigen, weil wir der in unserem Selbst enthaltenen grenzenlosen Vollkommenheit nicht den ihr zukommenden Platz einräumen und sie damit peinigen, nichts anderes übrig, als dieses Gebet immer wieder zu sprechen.

Hasbiyallahu lâ ilâha illâ Hu, alayhi tawakkaltu wa Huwa rabbul arschıl azıym.

Allah alleine genügt mir! Es gibt keinen Gott, einzig Hu. Auf Ihn vertraue ich. Und Hu ist der Herr des herrlichen Throns (Quantum Potential, die Ebene der Asma, von wo aus die ganze Schöpfung entsteht)**.** (9.Taubah: 129)

Erläuterung:

Wenn Ihnen unverschuldet ein Unglück zustößt und Sie dieses Ayat 500 oder 1000 Mal am Tag rezitieren, dann werden Sie, so Allah will, in kürzester Zeit Rettung erfahren.

Der Rasul und Nabi **Abraham** war der Erste, der das Gebet in diesem Ayat gesprochen hat.

Als **Abraham** a.s. von **Nemrut** gefangen genommen worden war und mit einem Katapult in das Feuer eines Scheiterhaufens katapultiert wurde, da erschien ihm, während er in der Luft war, der Engel **Gabriel** und fragte:

„O Abraham, was kann ich für dich tun?“

Und **Abraham** a.s. antwortete ihm:

Allah alleine genügt mir… Es gibt keinen Gott, einzig Hu! Auf Ihn vertraue ich. Und Hu ist der Herr des herrlichen Throns.

Und nach diesem Ausspruch von Abraham a.s. geschah das Wunder. Abraham fiel langsam in das Feuer, aber das Feuer verbrannte ihn nicht, denn im erhabenen Koran wird beschrieben: „Auf Allahs Geheiß hin wurde das Feuer kühl und wurde zur Rettung" für Abraham.

Und so wurde das Verständnis, welches diesem Gebet enthalten ist, zum Anlass für dieses Wunder.

Schauen Sie, was der Rasul Allahs s.a.s. uns zu diesem Gebet sagt:

„Wer morgens, wenn er aufsteht und abends, wenn die Nacht hereinbricht, sagt: <Ich vertraue auf Allah, Hu allein genügt mir; es gibt keinen Gott, einzig Hu ist vorhanden, der Herr über den herrlichen Thron>; egal ob er dies als Aufrichtiger oder als Lügner (Ungläubiger) sagt, wenn er dies siebenmal wiederholt, dann genügt ihm Allah…"

(überliefert von Abû Dawûd)

Geben Sie Acht!

Diese Überlieferung weist auf eine sehr wichtige Sache hin! Auf das System Allahs! Auf das System, welches in dem Ayat **„In der Ordnung Allahs gibt es niemals eine Veränderung"** beschrieben wird.

Wir haben schon vorher beschrieben, dass, wenn Sie bestimmte Gebete sprechen oder Zikir machen, diese Tätigkeit einen bestimmten Mechanismus, also das System in Gang setzt und ganz bestimmt Erfolg zeigen wird, ganz gleich, ob Sie daran glauben oder nicht…

Dieses Hadith ist eine offensichtliche Bestätigung für das, was wir gesagt haben. Es heißt hier „Es ist egal, ob er dies als Aufrichtiger, also Gläubiger oder als Lügner oder Ungläubiger sagt", und das ist ein ganz klarer Beweis für meine Ansicht.

Aus diesem Grunde möchten wir Ihnen empfehlen, selbst wenn Sie nicht daran glauben, eine Zeit lang diese Gebete und das Zikir zu sprechen; wir sind uns sicher, dass Sie dabei einen Erfolg erzielen werden.

Möge Allah uns ermöglichen, den Sinn zu begreifen und dieses Gebet zu sprechen.

Rabbi inniy auzu bika an asalaka ma laysaliy bihi ilmun wa illâ taghfirliy wa tarhamniy akun minal khasiriyn...

Mein Herr! Ich suche Zuflucht zu Dir, damit ich Dich nicht um etwas bitte, das sich meinem Wissen entzieht. Wenn Du mir nicht verzeihst und Dich meiner erbarmst, bin ich in der Tat einer der Verlorenen. (11.Hud: 47)

Erläuterung:

Noah, Friede sei mit ihm, hatte sein Volk gewarnt, aber sie hatten nicht auf ihn gehört. Dieser hatte daraufhin auf Allahs Geheiß ein Schiff erbaut und hatte von allen Tieren ein Paar und seine nächsten Verwandten eingeladen. Aber es half nichts, sein Sohn glaubte ihm nicht und war auch nicht ins Schiff gestiegen.

Als die Sintflut begann und die Fluten zu steigen begannen, sah er seinen Sohn zwischen den Wellen am Ertrinken und er flehte daraufhin seinen Herrn an, dass dieser doch seinen Sohn erretten möge! Aber es gab keinen Ausweg, sein Gebet wurde nicht erhört...

Hu (Allah) **sprach: „O Noah! Er gehörte doch nicht zu deiner Familie; denn er** (beim Thema des Sohnes geht es um jemanden, der gegenüber Meiner Entscheidung Hartnäckigkeit zeigt) **lebt eine Tat aus, die nicht dem Glauben gerecht wird! Bitte mich nicht um etwas, das sich deinem Wissen entzieht. Siehe, ich warne dich davor zu den Ignoranten zu gehören.** (11.Hud: 46)

Nach dieser Zurechtweisung betete Noah, Friede sei mit ihm, als

Entschuldigung und zur Vergeltung das Gebet, dessen Wortlaut wir oben wiedergegeben haben.

Wie gesagt, in diesem Gebet steckt eine große Lehre für uns.

Es gibt viele unter unseren Verwandten oder nahen Familienangehörigen, welche die Wahrheit verschleiern, ablehnen und starrsinnig an der Annahme eines Gottes festhalten... Obwohl zwischen ihnen und uns eine Blutsverwandtschaft besteht, wird es zwischen uns im Leben nach dem Tode keine Nähe geben. Deshalb ist es nutzlos diese ständig zu animieren oder beharrlich aufzufordern. Das Einzige, was wir tun können, ist unseren Herrn zu bitten, diesen Personen Rechtleitung zu geben. Alles andere müssen wir Ihm überlassen.

Es ist gewiss, dass Allahs Vorhersehung eintreten wird.

Und weil das so ist, obliegt es uns, um „gesegnete Nachkommen" zu bitten.

Schauen Sie, wie uns dies gelehrt wurde:

Rabbana hablana min azwadjina wa zurriyatina kurrata a'yunin wadj'alna lilmuttakıyna imama. (25.Furkan: 74)

O unser Rabb! Gib uns an unseren Partnern (oder unseren Körpern) **und Nachkommen** (Früchte unserer körperlichen Arbeiten) **Trost** (das Leben des Paradieses) **für unsere Augen und mache uns zu Imamen (Führern) für die Muttaki** (Takwa-Auslebende=die gemäß dem Mechanismus des Systems bedacht sind)**!**

Erläuterung:

Die ist ein Gebet, welches unser Herr Eheleuten gelehrt hat, die sich Kinder wünschen.

Wer gut geratene Kinder wünscht, der sollte dieses Gebet nach der *„Hinwendung zu Allah"* sprechen. Dann ist zu erwarten, dass sie eine rechtschaffene Nachkommenschaft erhalten.

Rabbidj'alniy mukiymas salâti wa min zurriyyatiy, rabbana wa takabbal dua... Rabbanaghfirliy wa li walidayya wa lilmu'miniyna yawma yakûmul hisab.

O mein Herr! Mache, dass ich und meine Kinder das Salaah (Hinwendung) mit Ikamah (diejenigen, die zur Asma-Wahrheit sich hinwenden und ausleben) **verrichten. O unser Herr! Erfülle mein Gebet.** (Vorsicht:Abraham (FsmI) ist wie eine Person, die mit dem Ausleben ihres Ikamah-Salaahs fragt. Was dies bedeuten mag, muss tiefgründig überlegt werden… Ahmed Hulusi) **O unser Herr! Vergib mir und meinen Eltern und den Gläubigen am Tag der Abrechnung!** (14.Ibrahim: 40-41)

Erläuterung:

Dieses Gebet von Hz. Abraham ist das einzige im erhabenen Koran, welches mit dem „Salaah", also der Hinwendung zu Allah, in Verbindung steht.

Dieses Gebet, welche die „Ikamah" des Salaah zum Ziel hat, möchten wir all denen empfehlen, die sich bei der Hinwendung zu Allah der Wirklichkeit zuwenden möchten…

Es gibt das rituelle Gebet, das verrichtet wird… *(A.d.Ü. Die Abfolge der Bewegungen auszuführen, ohne tiefe Überlegung und ohne wirklich zu wissen, was man tut.)*

Es gibt das Salaah, das in tiefer Ehrfurcht und im Bewusstsein direkt mit seinem Herrn in Verbindung zu stehen, verrichtet wird (Ikamah Salaah)…

Und es gibt die „immerwährende Hinwendung zu Allah" (Daimi Salaah), welches nicht aufhört…

Das Salaah ist die (tragende) Säule der Religion… Wünschen wir uns deshalb von Allah, dass wir die Wichtigkeit des Salaah (der Hinwendung zu Allah) erkennen und ihm den ihm zustehenden Wert beimessen…

Wer die Tiefe, den eigentlichen Kernpunkt des *Salaahs* erfahren möchte, sollte Allah in der „Sadjda" genannten Niederwerfung darum bitten...

Rabbî inniy massaniyasch schaytanu binusbin wa azab... Rabbi auzu bika min hamazatisch schayâtıyni wa auzu bika rabbi an yahdurun. Wa hifzan min kulli schaytanin marid. (38.Sad: 41, 23.Muminun: 97-98, 37. Saffat: 7)

Mein Rabb (die Komposition der Namen, die meine Essenz ausmachen)**! Satan** (der interne Mechanismus–Ego, welches die illusorische Existenz des Nicht-Existenten unterstützt und die absolute Wahrheit verschleiert) **hat mich mit Leid und Tortur** (Gedanken, die veranlassen, dass ich nur aus einem Körper bestehe) **befallen. Mein Herr** (innerlich wie äußerlich)**, ich suche Zuflucht zu Dir** (zu der Asma, welche in meinem Wesen den Beschützer darstellt) **vor den Eingebungen des Satans und ich suche Zuflucht zu Dir von der Gegenwart von satanischen Einflüssen um mich herum. Und wir haben Schutz gewährt vor allen rebellischen Satanen** (am Himmel der Erde)**.**

Erläuterung:

Dies sind die wirkungsvollsten Gebete gegen die Satane und die Djinn. Wenn man diese Ayat, die im erhabenen Koran stehen, zusammen liest, so ergeben sie einen sehr wirkungsvollen Schutz vor den mannigfachen Einflüssen und Schäden durch die Djinn.

Das 41. Ayat in der Sad Sure wurde von dem Rasul Hiob gesprochen. Die Ayat 97 und 98 in der Muminun Sure wurden unserem RasulAllah (s.a.s.) gelehrt, und das 7. Ayat der Saffat Sure führt einen Schutz vor der Inspiration durch die Djinn herbei.

Alle, die von den Djinn verführt wurden oder belästigt werden, erfahren bei fortwährendem Sprechen dieses Gebets großen Nutzen.

All diejenigen, die glauben mit den Geistern Verstorbener, mit Außerirdischen oder durch ein Medium zu sprechen, oder die sich selbst für einen Scheich, eine hochgestellte religiöse Persönlichkeit oder gar für den Messias selbst halten, können, wenn sie dieses

Gebet für eine Zeitlang beharrlich sprechen, von diesen Vorstellungen und ihren Auswirkungen befreit werden.

Es gibt verschiedene Wege, auf denen dieses Gebet seine Wirkung entfalten kann…

1. Die betreffende Person liest, bis die Einflüsse auf sie aufgehört haben, dieses Gebet morgens und abends je 200-300 Mal. Außerdem sollte sie beim Lesen ihren Atem in eine Karaffe mit Wasser ausblasen, um dann hernach dieses Wasser zur Stärkung ihrer Konstitution zu trinken.

2. Es versammeln sich einige vertrauenswürdige, rechtschaffene Menschen und beten dieses Gebet über der betreffenden Person je 300 Mal. Währenddessen sollten sie auch ein weites Gefäß mit Wasser in ihrer Mitte aufstellen und dieses Wasser später nach und nach der betroffenen Person zum Trinken geben. Wenn es möglich ist, dann sollte die betroffene Person selbst auch dieses Gebet ausdauernd sprechen.

3. Wenn es möglich ist, dann sollte die betroffene Person zusätzlich jeden Tag morgens und abends die Suren „Kul auzu birabbil falâk" und „Kul auzu birabbin nas" je 41 Mal rezitieren.

Sollten alle diese Maßnahmen zusammen ergriffen werden, dann stellt sich der Erfolg rasch ein.

Hier möchte ich auch noch auf Folgendes hinweisen…

Sowohl das „Ayat al kursi", also der Thronvers und die als „Muawwizatayn" (Zufluchtsuchende) bekannten Suren, die mit „Kul auzu" beginnen, stellen passive Schutzsysteme dar. Es handelt sich hier um Gebetsformeln, welche eine Kräftigung der geistigen und seelischen Kräfte des Menschen bewirken und ihn mit einem schützenden magnetischen Mantel (Schutzschild) umgeben.

Die Ayat, welche wir hier beschrieben haben, sind aktive Schutzformeln. Wenn ein Mensch diese fortwährend betet, dann strahlt sein Gehirn in seine Umgebung solche Strahlung, ähnlich den Strahlen einer Laserpistole ab, so dass alle Djinn belästigt werden und sie sich von dort entfernen müssen.

Hier möchten wir auch noch darauf hinweisen, dass wir in unserem Buch „Ruh, Insan, Cin“ (A.d.Ü. dieses Buch ist nur in türkischer und englischer Sprache erhältlich) umfassendes Wissen- über die Djinn, welche die Menschen belästigen und ihre unterschiedlichen Wirkungssysteme- berichten.

Wichtig ist außerdem:

Wenn eine Person, die unter dem Einfluss von Djinn steht, damit beginnt, diese Gebete zu sprechen, dann wird sie zunächst einmal ein großes Unbehagen verspüren. Sogar, wenn sie diese Gebete noch nicht einmal selbst spricht, sondern diese Gebete von irgendeinem anderen Menschen in der Umgebung gesprochen werden, dann verspüren die Betroffenen den Drang, sich von dort zu entfernen.

Der Grund dafür sind die Djinn, von denen sie unbewusst beherrscht werden. Diese werden durch die Strahlung geschädigt und wollen sich in Sicherheit bringen und versuchen dabei, den Betroffenen mitzunehmen.

Nach dem Unwohlsein stellt sich ein allgemeines Hitzegefühl, Hitzewallungen im Kopf und Schwitzen der Handflächen ein…

Diese sind auf Adrenalinausschüttungen ins Blut aufgrund der Einflüsse der Djinn zurückzuführen.

Wenn die betroffene Person dies aushalten kann und mit den Gebeten fort fährt, dann werden diese Beschwerden von Tag zu Tag geringer und es wird sich bald ein Wohlbefinden einstellen. Alles hängt davon ab, ob die Person ihre Willenskraft gebrauchen kann, durchhält und ihre Ängste überwindet.

Möge Allah uns allen Wissen zu diesem Thema geben und möge Hu uns davor bewahren, in den Händen der Djinn zum Spielzeug und zum Gespött der Leute zu werden.

La ilâhe illâ anta Subhanaka, inniy kuntu minaz zalîmîyn.

Es gibt keinen Gott (mein Ego gibt es nicht)**, nur Dich** (die

Bedeutungen der Asma ul Husna, die meine Wahrheit formt)**! Ich bin im Tasbih zu Dir** (in der Funktion, in welcher sich die Asma-Bedeutungen manifestieren)**! Wahrlich ich gehöre zu denen, die grausam zu ihrem Selbst sind** (von der Wahrheit sich wegdrehen)**!** (21.Anbiya: 87)

Erläuterung:

Schauen Sie was der Rasul Allahs (s.a.s) zu diesem Thema sagt:

Als Zun Nun (Jonas) im Bauch des Fisches war, betete er „la ilâha illâ anta Subhanaka inniy kuntu minaz zalîmîyn". Es wird keinen Gläubigen geben, der dieses Gebet wegen irgendeiner Sache betet und Allah würde sein Gebet nicht erhören."

Jonas, Friede sei mit ihm, hat dieses Gebet, wie es in der Sure Anbiya in dem 87. Vers beschrieben wird, gebetet und daraufhin wurde ihm ein Fehler, den er gemacht hatte, verziehen… Später hat er dann ein großes Volk, das zu dieser Zeit etwa 100.000 Menschen zählte, zum rechten Glauben geführt.

Dieses Gebet, das gleichzeitig auch ein Tasbih zu Allah darstellt, bringt für einen Menschen, der durch die Umstände dieser Welt und blockiert durch seine Konditionierungen in Bedrängnis ist und sich geradezu fühlt, als würde er im „Bauch des Fisches" ertrinken, eine Erleichterung und Befreiung.

Durch das Beten dieses Gebets 300 Mal am Tag erfährt der Betende großen Nutzen. Aus diesem Grunde ist es auch weiter hinten in diesem Buch unter den Zikir-Formeln aufgeführt. Sie sollten dieses Gebet unbedingt zu ihren ständigen Gebeten hinzufügen.

Rabbischrahliy sadriy wa yassirliy amriy.

Mein Herr, erweitere mein Bewusstsein (Sadr=Brust…,dass ich dafür vorbereitet sein kann und auch diese Nowtwendigkeit anwenden kann)**, erleichtere mir meine Arbeit**. (20.Taha: 25-26)

Erläuterung:

Dies ist ein Teil des Gebets von Moses, Friede sei mit ihm. Bei durchgeführten Anwendungen hat sich gezeigt, dass das Beten dieses Gebets 300 Mal am Tag bei den Betenden nach einiger Zeit Beklemmungen und Bedrückungen aufgehoben hat, dass sie ausgeglichener wurden und ihnen ihre Arbeit leicht von der Hand ging.

Wenn gleichzeitig noch das Ayat „**Alam naschrah laka sadrak**" 300 Mal gesprochen wird, stellt sich der Erfolg noch schneller ein.

Wer über innere Beklemmung klagt, ruhelos und in sich gekehrt ist und in einer Krise steckt, dem sei empfohlen, zu diesen beiden Gebeten noch den Namen Allahs **„Bâsit"** 1800 Mal zu rezitieren.

Wa in yamsaskâllâhu bidurrin falâ kâschifa lahu illâ Hu wa in yuridka bikhayrin falâ radda lifadlihi, yusıybu bihi man yascha`u min ibadih wa huwal ghafûrur rahiym.

Und wenn dich Allah mit einem Bedrängnis trifft, gibt es niemand, der es beseitigen könnte, außer Hu. Und wenn Hu Gutes für dich vorsieht, kann niemand Seine Wohltat aufhalten. Hu gewährt sie, wem von Seinen Dienern Hu will. Und Hu ist Ghafur und Rahiym. (10.Yunus: 107)

Das 107. Ayat der Jonas Sure bringt bei inneren Beklemmungen und für solche, die ein Leid tragen, großen Nutzen, wenn sie 100 Mal am Tag gebetet wird. In kurzer Zeit wird Allah den Betenden aus seiner Bedrängnis herausführen und Befreiung schenken.

Wem es gegönnt ist, sich Allah auf diese Weise zuzuwenden, dem ist die Rettung aus seiner Not nahe!

Rabbirhamhuma kamâ rabbayaniy saghiyra

„Mein Herr, erweise ihnen (meinen Eltern) **die gleiche Barmherzigkeit, die sie mir in meiner Kindheit zuteil werden ließen!"** (17.Isra: 24)

Alle Menschen sind ihren Eltern zu großem Dank verpflichtet…, und es ist für alle Menschen schwer, diesem Dank an die Eltern, die ja die Voraussetzung zu unserem irdischen Leben waren, Ausdruck zu geben.

Aber in diesem erhabenen Ayat lehrt uns Allah ein Gebet, das wir für unsere Eltern sprechen können. Es liest sich leicht und hat eine wertvolle Bedeutung.

Wenn wir uns also bewusst sind, dass wir unseren Eltern Dank schulden, dann sollten wir diesen vier Worten unbedingt einen Platz in unseren Gebeten einräumen.

Rabbi awzi'niy an'aschkura nimatakallatiy an'âmta alayya wa alâ wâlidayya wa an a'mala salihan tardahu wa aslihliy fiy zurriyyatiy inniy tubtu ilayka wa inniy minal muslimiyn.

O mein Herr! Sporne mich dazu an, dass ich für Deinen Segen danke, mit dem Du mich und meine Eltern beschenkt hast, und dass ich rechtschaffen handele, um Dir zu gefallen! Und beglücke mich durch meine Nachkommen! Ich wende mich zu Dir in Reue und bin gewiss einer der Dir Ergebenen (von den Muslimen)**!** (46.Ahkaf: 15)

Der Grund für die Herabsendung dieses Ayat (46:15), in dem dieses Gebet enthalten ist, war Hz. Abû Bakir Sıddîk.

Das Gebet, welches er betete, damit seine Familie auch zu den Gläubigen zählen möge, wurde von Allah angenommen und dies wurde durch eben dieses Ayat bestätigt.

Wenn wir dieses Gebet auch zu unseren ständigen Gebeten hinzufügen, dann haben wir für die Rettung unserer Familie und unserer Nachkommen etwas sehr Segensreiches getan. Wir möchten Ihnen ganz besonders empfehlen, dieses Gebet im Anschluss an Ihr „Salaah" zu sprechen.

Inna rabbiy yabsutur rızka liman yaschâ`u wa yakdıru lahu wa anta khayrur razıkîyn.

Mein Herr! Wahrlich, Du vermehrst die Gaben, für wen Du willst, und schmälerst sie, für wen Du willst... Du bist der Spender der segensreichsten Gaben.

Erläuterung:

Wenn man dieses Gebet zusammen mit den Ayat 26-27 der Al-i Imran Sure, welche wir schon weiter vorne beschrieben haben, spricht und in diesem Gebet ausdauernd fort fährt, dann bringt dies besonders für Arme und Mittellose großen Nutzen.

Es wird empfohlen, dieses Gebet 300 Mal am Tag zu beten.

Rabbî adkhılniy mudkhala sıdkın wa akhrıdjniy mukhradja sıdkın wadj'âlliy min ladunka sultanan nasıyra.

Mein Herr! Lass mich in Aufrichtigkeit eintreten, wo ich hineingehe und in Aufrichtigkeit scheiden, wo ich hinausgehe... Und lasse mich siegen mit Deiner Ladun-Kraft. (17.Isra: 80)

Dies ist eines der wichtigsten Gebete im erhabenen Koran... Allah lehrt uns hier darum zu bitten, alle Dinge, die wir beginnen, rechtschaffen zu beginnen und auch in Rechtschaffenheit fertig zu stellen und um spezielle Kraft von Ihm zu bitten, um zum Erfolg zu gelangen.

Der hier gebrauchte Ausdruck „Siddik" umfasst folgende Bedeutungen:

Rechtschaffenheit, Wahrheitsliebe, Ehrlichkeit, innere Verbundenheit und gute Absichten.

Hz Abû Bakir führte den Beinahmen „Sıddîk", weil er all diese Eigenschaften in sich vereinigte. Beginnt man eine Arbeit oder betritt man einen Raum, gerüstet mit all diesen Eigenschaften, so ist dies gewiss die erste Stufe zum Erfolg. Die zweite Stufe ist die Kraft Allahs, welche uns Unterstützung gibt und der Wissende weiß, wie wichtig diese Unterstützung ist.

Möge Allah uns, solange wir auf seinem Wege tätig sind, mit

dieser Kraft unterstützen und uns von Erfolg zu Erfolg geleiten!

Rabbana âtina min ladunka rahmatan wa hayyi'lana min amrinâ raschada.

Unser Herr (die Asma-Kompostition, die unsere Wahrheit darstellt)**! Erweise uns von Deiner Ladun** (mit einer besonderen Kraft, welches von der Asma-Ebene manifestiert wird) **ein Rahmat** (ein Segen, welcher mit Deiner Wohltat geformt wird) **und lass uns** (damit) **Perfektion erreichen!** (18.Kahf: 10)

Erläuterung:

In diesem Ayat lehrt uns Allah, dass es notwendig ist, um Erfolg bei unserer Arbeit zu bitten... Außerdem werden wir darauf hingewiesen, dass wir, wenn wir um Erfolg bitten, direkt aus Allahs höchstpersönlicher „Ladun" erbitten sollen.

Das bedeutet für uns, dass wir diesen Hinweis beachten und bei Bitten, die mit den „persönlichen Eigenschaften" zu tun haben, wie zum Beispiel Wissen, Erbarmen, Kraft direkt aus der Ladun Allahs erbitten sollen.

Rabbî lâ tazarniy fardan wa anta khayrul warisiyn!

Mein Herr! Lass mich in diesem Leben nicht alleine (erweise mir einen Erben)**; zweifelsohne bist Du der Khayr** (Gute, Nützliche) **vom WARIS!** (21.Anbiya:89)

Der Rasul Zacharias, Friede sei mit ihm, war in einem hohen Alter und war bis dahin kinderlos geblieben...

Daraufhin betete er, so wie oben beschrieben, zu seinem Herrn...

Dieser erhörte sein Gebet und er bekam einen Sohn, den er Johannes nannte. Dies war Johannes, Friede sei mit ihm, der die Ankunft von Jesus, Friede sei mit ihm, verkündete...

Dieses Gebet ist besonders für Kinderlose sehr zu empfehlen, die sich unbedingt ein Kind wünschen. Diese sollten nach Mitternacht ein paar Nächte hintereinander das weiter hinten in diesem Buch beschriebene „Hadjat-Gebet" sprechen und hiernach dieses Gebet 1000 Mal wiederholen. Ich hoffe, dass Allah Ta´ala ihnen eine Erleichterung gewährt.

32

SALAWAAT[22] FÜR DEN RASULALLAH

Innallâha wa malâikatahu yusallûna âlannabîy yâ ayyuhallaziyna âmanû, sallû alayhi wa sallimu tasliyma. (33:56)

Wahrlich, Allah und Seine Engel (die Kräfte der Asma-Namen) **senden ihre Segen** (wenden sich ihm zu) **auf den Nabi... O ihr, die glaubt, richtet ihm auch Segenswünsche** (wendet euch zu ihm hin) **und gebt ihm mit Gehorsam „Salaam“.**

Erklärung:

Mit dem oben genannten Ayat wird uns befohlen, unserem Nabi, dem Liebling Allahs, durch Salawaat unsere Friedensgrüße darzubieten.

Warum ist das so?

Der Rasul Allahs s.a.s. sagte Folgendes dazu:

„Wer den Menschen nicht dankt, kann Al-Hakk nicht gedankt haben.”

---

22 **Salawaat** bedeutet sich der „Mohammedi Nuur” (Wahrheit/Licht von Mohammed) hinzurichten. Sich „hinzuwenden=Salaah” an die Bedeutung, auf welche mit dem Wort „Rasulallah“ hingewiesen wird.

Wenn wir die Schleier vor dem Auge unseres Herzens nur ein wenig beiseite schieben können, dann breitet diese Erklärung eine Wahrheit aus der Tiefe des Tasawwuf vor unserer inneren Wahrnehmung aus!

„Allah erweist seine Wohltaten durch (die Hand) der Wohltäter."

Wenn wir die Feinheiten dieses Ayat erfassen können, dann verstehen wir, dass das, was uns von einem Wohltäter gereicht wird, eigentlich eine von Allah erwiesene Wohltat ist!

Und unser Dank an Allah für diese erwiesene Wohltat ist folglich nur möglich, wenn wir dem Überbringer der Wohltat danken! Ansonsten laufen wir Gefahr, nicht dem wirklich Gebenden zu danken, sondern einem Gott, den wir uns in Gedanken erschaffen haben!

Und da Allah uns durch Seinen Rasul s.a.s. die Wohltat erwiesen hat, die kategorische Wahrheit zu sehen und zu verstehen, ist ein Dank an den Rasul Allahs gleichzeitig ein Dank an Allah!

Da dieses Buch nicht dazu bestimmt ist, in die Tiefe dieser Angelegenheit vorzudringen und weil die Aufgabe dieses Buches nur die Vorstellung des einzigen Tors, des Tors von Gebet und Zikir ist, möchten wir wieder auf unser eigentliches Thema zurückkommen…

Eben aus diesem Grunde haben wir mit diesem Ayat aus dem erhabenen Koran den Auftrag erhalten, dem Rasul Allahs a.s zu danken; also auf Geheiß unseres Herrn, dem Herrn über die Welten, Allah!

Und weil der Rasul Allahs sehr wohl wusste, wem der Dank eigentlich gilt, hat er uns zu verschiedenen Anlässen dazu aufgefordert, ihm viele Salawaate zu senden, so, wie wir das in den folgenden Überlieferungen sehen können…

„Möge die Nase dessen über die Erde reiben, der kein Salawaat über mich spricht, wenn neben ihm mein Name genannt wird!"

„Wer kein Salawaat spricht, wenn mein Name in seinem Beisein gesprochen wird, der ist noch geiziger als alle

Geizigen…"

„Ein jedes Gebet ist kraftlos beim Aufsteigen gegen Himmel; wird aber ein Salawaat für mich gesprochen, erhält es die nötige Kraft und steigt auf (zu dem Ort der Erhörung)…"

„Wer mir ein Salawaat darbringt, dem spricht Allah zehn Salawaat; dem vergibt Hu zehn Sünden und lässt ihn zehn Ränge höher steigen…"

„Diejenigen, die mir am meisten Salawaat entgegenbringen, sind mir unter den Menschen am nächsten…"

„Wer es vergisst mir Salawaat zu übermitteln, den lassen wir den Weg zum Paradies vergessen…"

„Wer mir an meinem Grab Salawaat entgegenbringt, dessen Stimme höre ich. Wer mir aus der Ferne ein Salawaat entgegenbringt, dessen Salawaat wird mir übermittelt…"

„Wenn ein Betender den Rasulallah kein Salawaat entgegenbringt, dann ist sein Gebet verschleiert."

„Allah hat Engel, die auf der Erde umherreisen und diese überbringen mir die Salawaats meiner Religionsgemeinschaft."

„Denen, die mir Salawaat entgegenbringen, spendet Allah auf der Sirat-Brücke ein Licht (Nuur)… Die Besitzer dieses Lichtes werden niemals zu den Bewohnern des Feuers zählen!"

„Wenn eine Versammlung von Menschen beieinander sitzt und diese Versammlung sich auflöst, ohne Allah zu erwähnen oder mir Salawaat entgegenzubringen, über diese wird Allah Sehnsucht senken!"

„Wenn einer von euch Allah um etwas bitten möchte, dann sollte er zuerst Allah gebührlich lobpreisen (tasbih), danach dem Rasul Allahs Salawaat entgegenbringen und dann sein Gebet vorbringen. Das ist gewiss vorteilhaft, um das Ziel zu erlangen."

„Bringt mir am Freitag vermehrt Salawaat entgegen, denn euer Salawaat wird mir an diesem Tag überbracht."

„Wer immer mir im Paradies nahe sein möchte, sollte mir in diesem Umfang Salawaat entgegenbringen!"

„Ich habe mich mit Gabriel getroffen, da sagte er mir Folgendes: Ich möchte dir die Botschaft überbringen, dass Allah anordnete: Wer dir ein Salawaat entgegenbringt, dem bringe ich zehn Salawaat entgegen und wer dir einen Friedensgruß entgegenbringt, dem entbiete ich zehn Friedensgrüße."

Einer der Gefährten von Allahs Rasul s.a.s sprach mit ihm Folgendes:

„Oh Rasul Allahs, ich bringe dir oft Salawaat entgegen... Wie viel meiner Zeit soll ich diesem widmen?

„Soviel du möchtest!"

„Wie wäre es mit einem Viertel?"

„Tu es, so oft du möchtest, aber wenn du noch mehr Zeit darauf verwendest, ist es für dich von Vorteil!"

„Wie wäre es mit einem Drittel?"

„Tu es, so oft du möchtest, aber wenn du es noch vermehrst, so ist das für dich von Vorteil!"

„Und wenn ich die Hälfte meiner Zeit dafür verwenden würde?"

„Tu es, so oft du möchtest, aber wenn du es noch öfter tust, so ist es für dich von Vorteil!"

„Und wenn ich all meine Zeit mit Salawaat verbringe?"

„Dann wird es genug sein und deine Sünden werden vergeben!"

Ich hoffe, dass Ihnen diese Überlieferungen aus den Hadith-Büchern, die ich hier aufgeführt habe, eine Vorstellung darüber gegeben haben, wie wertvoll es ist, Salawaat entgegen zu bringen. Wenn Sie möchten, denken Sie über die Bedeutung noch etwas nach.

Jeder wird selbstverständlich diese Sache seinem eigenen Verständnis gemäß bewerten. Lassen Sie uns jetzt zu einigen wertvollen Salawaat kommen, die ich Ihnen empfehlen möchte...

Djazallâhu anna sayyidanâ Mohammedan ma huwa ahluh.

Allah, erweise unserem Rasul Hz. Mohammed deine Wohltaten auf unseren Wunsch hin, so wie er es verdient hat, denn wir sind unfähig ihm die notwendige Wertschätzung entgegenzubringen.

Erklärung:

Dieses Salawaat hat uns der Rasul Allahs, Friede sei mit ihm, selbst gelehrt und in dem Hadith wird Folgendes betont:

„Wer immer dieses spricht, für den werden 70 Engel an 1000 Morgen Lohn für das Jenseits aufschreiben.“

Allahumma salli alâ man ruhuhu mihrabul arwahi wal malâikati wal kawni; Allahumma salli alâ man huwa imamul anbiyâi wal mursaliyn; Allahumma salli alâ man huwa imamu ahlil Djannati ibâdillahil mu'miniyn.

Allah, richte deine Segenswünsche auf diese erhabene Seele, welche für alle Seelen, Engeln und Vorhandenen die Ausrichtung ist; Allah, richte deine Segenswünsche auf diese Person, welche für alle Nabi und Rasule der Anführer ist; Allah, richte deine Segenswünsche auf diese Person, welche der Anführer aller Diener Allahs ist, welche Bewohner des Paradieses sein werden…

Erklärung:

Vor 300 Jahren hat der „GHAWS” der damaligen Zeit, Sayyid Abdulaziz Ad Dabbagh, aufgrund seiner spirituellen Mission an allen Versammlungen des DIWAN teilgenommen.

Er erzählt über ein Gespräch, welches er bei einer dieser Versammlungen mit Hz. Fatima Radiyallahuanha, der Tochter des Rasul Allahs s.a.s hatte folgendermaßen:

Wir befanden uns auf einer der Versammlungen des „Diwan”… Ich saß mit den anderen Gefährten rechts von

unserem Herrn dem Rasul Allahs. Auf der anderen Seite saßen uns einige Frauen Awliyâullah[23] und andere Bedeutende gegenüber.

Dann kam Hz. Fatima herein, setzte sich vor diesen hin und begann in der Sprache des Paradieses folgendes Salawaat vorzutragen. In der Sprache des Paradieses wird ein Wort oder ein ganzer Satz durch einen Buchstaben ausgedrückt...

Die Buchstaben Alif, Lam, Mim, Nun, Ayn, Ra, Ta, Ha, die vor verschiedenen Suren des erhabenen Korans stehen, stammen auch aus der Sprache des Paradieses. Nachdem wir das derart vorgetragene Salawaat vernommen hatten, ging ich zu Hz. Fatima und fragte:

- **„Was ist die Belohnung für dieses Salawaat, Fatima?" Sie antwortete:**
- **„Wenn alle Bäume, Blätter, Steine und alles Geröll auf dieser Erde Juwelen wären, so könnten sie als Lohn für denjenigen, der dieses Salawaat liest, nicht ausreichen."**
- **Ich konnte nicht glauben, dass der Lohn so groß sein würde! So ging ich sofort zu dem Rasul Allahs s.a.s und fragte ihn. Er antwortete:**
- **„Fatima hat es dir gesagt, was möchtest du noch mehr? Es ist genau so, wie sie gesagt hat!"**
- **Daraufhin war es das Erste, was ich tat, dieses Salawaat ins Arabische zu übersetzen.**

Das oben genannte Salawaat ist vor solch einer Versammlung, von solch einer hervorragenden Person vorgetragen worden. Sie können nun das betreffende Salawaat ganz nach Ihrem Wunsch bewerten. Wenn wir es täglich wenigstens 100 Mal lesen könnten.

[23] Awliyâullah sind solche Menschen, die, wenn man ihnen begegnet sie einen sofort an Allah erinnern. Sie besitzen große seelische Kräfte und ihnen ist Allahs Wirklichkeit bekannt. Sie leben auf einer hohen spirituellen Stufe.

Allahumma salli alâ sayyidina Mohammedin wa alâ âli sayyidina Mohammed kad dâkat hiylatiy adrikniy Yâ Rasulallah.

Allah, sende deine Segenswünsche auf meinen Herrn Hz. Mohammed und seine Gefährten... Ich befinde mich in Bedrängnis, hilf mir o Rasul Allah.

Erklärung:

Wie viele Menschen wurden von ihrer Bedrängnis befreit, weil sie dieses Salawaat 25 Mal nach jedem der fünf Pflichtgebete gesprochen haben. Es ist ganz bestimmt eine schöne Sache, von dem Rasulallah Hilfe zu erbieten.

Selbst wenn wir keinen Mut dazu haben, bei wem sonst könnten wir auf dieser Welt und im Jenseits Zuflucht suchen und Fürsprache erbitten?

Allahumma salli wa sallim wa bârik alâ sayyidina Mohammedin adada khalkıka wa rıdâ`a nafsika wa zinata arschika wa midada kalimatik...

Allah, gib unserem verehrten Hz. Mohammed Frieden und Segen in der Anzahl deiner Geschöpfe, im Gewicht des Himmels und in der Zahl deiner Worte, solange, bis du befriedigt bist!

Erklärung:

Der Rasul Allahs, Friede sei mit ihm, lehrte seine Ehefrau selbst diese Worte. Niemand kann ermessen, welch großen Gewinn es bringt, dieses Salawaat zu sprechen. Wenn wir es wenigstens 100 Mal am Tag rezitieren könnten.

Allahumma salli alâ sayyidina wa mawlâna Mohammed'in schadjaratil aslin nuraniyyati wa lam'âtil kabzatir rahmaniyyati wa afdalil khaliykatil insaniyyati wa aschrafis suwaril djismaniyyati wa manbâ al asraril ilâhiyati wa khazainil ulûmil

istifaiyyati, sahibil kabdatil asliyyati war rutbatil aliyyati, wal bahdjatis saniyyati man in daradjat; an nabiyyûna tahta liwâihi fahum minhu wa ilayhi wa salli wa sallim alayhi wa alâ âlihi wa sahbihi adada mâ khalakta wa razakta wa amatta wa ahyayta ilâ yaumin tab'asu man afnayta wa salli wa sallim alayhi wa alayhim tasliyman kasiyra.

Erklärung:

Im Zusammenhang mit diesem Salawaat, welches von Sayyid Ahmed Badawi zusammengestellt wurde, gibt es folgende Geschichte:

Ein gelehrter Mann las an einem Tag das Buch „Dalâil-i-Khayrât", welches eine Sammlung von vielen Salawaat enthält, vierzehnmal und er schlief mit dieser Müdigkeit befriedigt ein.

Im Traum erschien ihm Hz. Mohammed, Friede sei mit ihm und sagte Folgendes zu ihm:

„Wenn du anstelle das „Dalâil-i-Khayrât" vierzehnmal zu lesen, dieses Salawaat gesprochen hättest, so wäre dieses ausreichend gewesen!"

Überlegen Sie nur, das „Dalâil-i-Khayrât" ist ein Buch, das eine Sammlung von hunderten Salawaat enthält. Es ist ein sehr wertvolles Werk, aber dieses Salawaat ist demnach noch wertvoller als das vierzehnmalige Lesen dieser Sammlung. Wenn wir dieses wenigstens ein Mal am Tag lesen könnten!

Allahumma salli alâ sayyidina Mohammedin bahri anwarika wa ma'dani asrârika, wa lisâni hudjatika wa arûsi mamlakatika wa imami hazratika wa tirazi mulkika wa khazâ`ini rahmatika wa tariyki schariâtikal mutalazzizi bitauhidika insani aynil wudjûdi was sababi fiy kulli mawdjûdin ayni â'yâni khalkikal mutakaddimi min nuuri ziyâika; salaatan tadumu bidawamika wa tabka bibaka`ika lâ muntaha lahâ dûna ilmika, salaatan turdiyka wa turdiyhi wa tarda biha anna yâ Rabbil âlamiyn.

Erklärung:

Denen, die Spiritualität gewinnen möchten, empfehlen wir dieses Salawaat nachdrücklich. Denn dieses Salawaat wurde von Hz. Ali oft gesprochen und er betonte, dass dieses Salawaat den Wert von 70.000 Salawaat besitzt. Ich weiß nicht, inwieweit wir den Wert dieses Salawaat beurteilen können, welches von Hz. Ali, der als Tor des Wissens und der Weisheit bezeichnet wurde, ständig gesprochen wurde.

Allahumma salli salâtan kâmilatan wa sallim salâman tâmman alâ sayyidina Mohammedinillaziy tanhallu bihil ukadu wa tanfaridju bihil kurabu wa tukda bihil hawâ`idju wa tunalu bihir raghaa`ibu wa husnul khawâtimi wa yustaskâl ghamamu biwadjihil kariym wa alâ âlihi wa sahbihi fiy kulli lamhatin wa nafasin biadadi kulli mâ'lumin lak.

Erklärung:

Ich habe dieses Salawaat, welches in unserer Bevölkerung weitgehend bekannt ist, für diejenigen hier aufgeschrieben, die es neu erlernen möchten. Allen, denen schwere Aufgaben oder Prüfungen bevorstehen, empfehlen wir, dieses Salawaat 4444 Mal zu rezitieren. Es ist dabei möglich, mit mehreren Menschen zusammenzukommen und die Anzahl der zu lesenden Salawaate unter ihnen aufzuteilen. Dieses Salawaat wird bei der Lösung der Aufgaben zum Ziel führen, dies wurde oft erprobt.

Allahumma rabba hazihid da'watit tâmmati, was salâtil kâimati, âti Mohammedanil wasiylata wal fazîylata wad daradjatar rafiy'âta wab'ashu makaman mahmuda, allaziy wa attahu innaka lâ tukhliful miy'ad...

O Allah, Herr dieses vollkommenen Rufes und des ewigen Gebets, gib Mohammed s.a.s. den Platz im Paradies und einen Rang über jegliche Schöpfung und erhebe ihn zum „Makam Mahmud“ (die gepriesene Ebene), welches Du ihm versprochen hast. Wahrlich, Du brichst Dein Versprechen nie.

Erklärung:

Der Rasul Allah s.a.s sagte:

„Wer immer, ohne zu sprechen, dem Gebetsruf lauscht und dessen Worte wiederholt und danach dieses Gebet spricht, diesem werde ich im Jenseits gewiss Fürsprecher sein."

Gewiss sind alle Gläubigen auf die Fürsprache des Rasul Allahs angewiesen, ganz besonders, wenn diese große Sünden begannen haben. Deshalb ist es wünschenswert, dass wir dieses Salawaat auswendig lernen und nach jedem Gebetsruf sprechen.

Allahumma salli alâ Mohammedin wa Adama wa Nuhin wa Ibrahiyma wa Musa wa Isa wa ma baynahum minan nabiyyina wal mursaliyn, salâwâtullâhi wa salâmuhu âlayhim adjma`iyn.

Erklärung:

Hz. Aische Radiyallahuanha, welche dieses Salawaat vom Rasulallah s.a.s gelernt hat, berichtet:

„Wer auch immer dieses Salawaat in der Nacht vor dem Einschlafen spricht, für den werden im Jenseits alle Nabi und Rasule, die auf diese Erde gekommen sind, Fürsprache halten."

Wer könnte schon auf die Fürsprache aller Nabi und Rasule verzichten? Also lesen Sie dieses Salawaat jeden Abend vor dem Einschlafen einmal!

33

DREI ERLÄUTERUNGEN DES RASULALLAHS

Ich möchte Ihnen hier über drei Erläuterungen des Rasulallah s.a.s berichten. Die erste handelt von der **Geduld**.

Diese Erläuterungen wurden uns von **Muâz bin Djabal** Radiyallahuan überbracht:

„Der Rasulallah s.a.s hörte, wie ein Mann Folgendes betete:

- „Allah, gib mir Geduld..."

- „Du hast von Allah um Ungemach gebeten! Du solltest aber um Wohlbefinden ersuchen!

Es handelt sich hier um eine sehr wichtige Warnung! Die Realität, auf die der Rasulallah hier hinweist, ist Folgende: Wenn ein Mensch von Allah um Geduld bittet, so hat er unbemerkt den Wunsch geäußert: **„Gib mir Ungemach, damit ich mich in Geduld übe..."** Aus diesem Grund hat uns der Rasulallahs empfohlen, nicht um **Geduld** zu bitten, sondern um **Wohlbefinden**!

Kommen wir zur zweiten Empfehlung:

„Wiederum hörte der Rasulallah s.a.s einen anderen Mann folgendermaßen beten:

- „YA Zal Djalâli wal Ikram..."

und er sagte zu ihm:

- „Du wurdest erhört..., da ist, was du begehrt hast!”

Hier wird auf die Wirkung des Namens **„Zul Djalâli wal Ikrâm”** am Anfang des Gebets hingewiesen.

Und die dritte Empfehlung…

Der Rasul Allahs hörte einen Mann wie folgt beten:

- „Allah, ich möchte von dir vollkommenen Segen…“

Er fragte ihn:

- „Was ist der vollkommene Segen?“

Der Mann antwortete:

-„Ich habe ein Gebet gesprochen... Und von diesem Gebet erwarte ich Gutes…“ (wie der vollkommene Segen aussieht, weiß ich nicht)

Da sagte der Rasul:

- „Vollkommener Segen ist die Erettung aus der Hölle und der Eingang ins Paradies!“

Ich hoffe, dass diese Erläuterungen verstanden wurden und ihre Entsprechung in unseren Gebeten finden.

34

ERÖRTERUNG ÜBER DAS TASBIH

Es gibt kein Geschöpf, welches nicht mit Hamd (Bewertung) **im Zustand vom Tasbih** (Lobpreisung, d.h. ihre Funktion erfüllt) **ist. Doch ihr könnt deren Tasbih** (Funktionen) **nicht verstehen. Siehe, Hu ist Haliym und Ghafur.** (17:44)

Was in den Himmeln und was auf Erden ist, macht Tasbih zu Allah und Hu ist Aziyz und Hakim. (57:1)

Erklärung:

Alles, was im Universum vorhanden ist, ob wir es wahrnehmen können oder nicht, wurde einzig dazu erschaffen, **zu Allah Tasbih zu machen.** Alles, ob gut oder böse, schön oder hässlich, vollkommen oder unvollkommen, einfach alles Vorhandene!

Nach dieser Einführung wollen wir nun versuchen, die Bedeutung dessen, was in den Suren oben beschrieben wird, zu begreifen.

Der Name Himmel (arabisch: Arr`sch) begrenzt den Raum, in dem das Wissen in die Tat umgesetzt wird und alles, was unter diesem Namen zusammengefasst wird, fällt unter das end- und grenzenlos Vorhandene und wird aus der Zusammensetzung der

Namen (Attribute=Asma ul Husna) Allahs gebildet.

Die Bedeutung des Ausdrucks, dass der Rahman über dem Himmel thront *(A.d.Ü. „Ar Rahman arschil istawa“)*, ist die, dass alles Vorhandene dazu erschaffen wurde, die Bedeutung der Namen (Attribute) Allahs hervorzubringen. Diese Geschöpfe sind alle ein Produkt vom Rahman-Daseins Allahs.

So sind also alle Dinge -da sie dazu dienen die Bedeutungen der Namen (Attribute) Allahs, aus denen sie ja gebildet wurden, hervorzubringen- damit beschäftigt, sich um die Bedeutung dieser Namen Allahs zu drehen und eben dieser Umstand wird damit beschrieben, dass diese Geschöpfe sich ständig im Zustand des Tasbih befinden.

Mit anderen Worten, wie immer wir dies auch beschreiben, alles dient seinem Herrn, indem es die Bedeutung der Namen, aus dem es erschaffen wurde, hervorbringt und dies stellt dann das Tasbih dar.

Von diesem Verständnis ausgehend ist das Tasbih gezwungenermaßen eine unausweichliche Handlung und dieses stellt die erste Form dar. Die zweite Form indessen ist dem freien Ermessen überlassen! Das bedeutet:

Eine Person macht Tasbih zu Allah aufgrund von Nachahmung oder als Folge von Erforschungen und Erkenntnis!

Kommen wir nun zu der Form des Tasbih aufgrund von Erforschung und Erkenntnis. Diese Rezitation beruht darauf, dass demjenigen bewusst ist, was er rezitiert. Die Folge ist zum einen die oben beschriebene große seelische Kraft, zum anderen fühlt der Rezitierende die außerordentlichen Bedeutungen der Namen Allahs in viel höheren Dimensionen, die sich für ihn durch Inspiration oder spezielle Wahrnehmungskräfte, die „Kaschf" genannt werden, erschließen. **Dabei ist es unerlässlich, während der Übungen nicht aus den Augen zu verlieren, dass man sich Allah als Person nicht vorstellen kann und dass Allah über alles, was man sich vorstellt oder überlegt, erhaben ist!**

Lassen Sie uns, nach dieser zusammengefassten Einleitung zu den Empfehlungen kommen, die uns im Zusammenhang mit dem Tasbih Allahs gemacht wurden…

Subhanallâhi wa bihamdihi

Allah, mit Seinem Hamd (Bewertung) ist Er SUBHAN..(=Allah, mit seiner Bewertung erkenne ich nur seine Funktionen (Seine Eigenschaften-Namen)..., gleichzeitig ist Er Subhan (unabhängig, Er ist nicht durch die Namen zu begrenzen..)

Erklärung:

Zu diesem Tasbih möchte ich Ihnen zwei Hadith überliefern:

Der Rasulallah s.a.s sagte Folgendes:

„Wer auch immer 100 Mal am Tag „Subhanallâhi wa bihamdihi" sagt, dessen Sünden werden ausgelöscht und verziehen, sollten sie auch so zahlreich wie der Schaum der Wellen sein."

Eines Tages sagte der Rasulallah zu seinen Gefährten:

„Soll ich euch sagen, welches Wortklang Allah am meisten liebt?"

„Gewiss, teil es uns mit oh RasulAllah!"

„Allah liebt am meisten den Klang der Worte „Subhanallâhi wa bihamdihi"."

Subhanallâhi wa bihamdihi adada khalkihi wa rizâ`a nafsihi wa zinata arschihi wa midâda kalimatihi...

Allah, ich mache Tasbih zu Dir mit Deinem Hamd (Bewertung) in der Anzahl deiner Geschöpfe, im Gewicht des Himmels und in der Anzahl der Worte, solange du es genehmigst.

Erklärung:

In dem nachfolgenden Hadith wird beschrieben, welchen Nutzen es bringt, Allah derart Tasbih entgegenzubringen:

Der Rasulallah s.a.s verließ, nachdem er das Morgengebet gesprochen hatte, die Moschee und ließ dort Djuwayriya Radıyallâhuanha an dem Ort zurück, an dem er gebetet hatte... Als er nach dem Vormittag zurückkam, fand er Djuwayriya immer noch im Tasbih vertieft am selben Platz sitzend und fragte:

„Bist du, seitdem ich dich verlassen habe, immer noch mit Tasbih beschäftigt?“

„Ja.“

„Ich habe in dieser Zeit dreimal folgende Sätze gelesen und wenn man diese gegen das, was du seit dem Morgen rezitiert hast, aufwiegen würde, so wären meine Worte schwerer. Ich habe Folgendes rezitiert:

„Subhanallâhi wa bihamdihi adada khalkıhi wa rızâ`a nafsihi wa zinata arschıhi wa midada kalimatihi.”

Ich hoffe wir haben alle den Wert verstanden auf diese Weise Tasbih zu machen. Wenn wir dieses Tasbih wenigstens 100 Mal am Tag rezitieren könnten…

Subhanallâhi wal hamdulillahi wa la ilâha illallâhu wallahu akbar wala hawla wala kuwwata illa billahil aliyyil azîym.

Bedeutung:

SUBHANALLÂH: Allâh ist Subhan. (unabhängig von der Existenz und mit der Existenz nicht zu beschränken..).

ALHAMDU LİLLÂH: Hamd (die absolute Bewertung) ist nur mit der Bedeutung des Allah-Namens möglich; es gehört demjenigen, der Allah genannt wird...

LÂ İLÂHA İLLALLÂH: Es gibt keinen Körper, Objekt, Existierenden außerhalb desjenigen, der auf den mit dem Namen „Allah“ hingewiesen wird!..

ALLAHU AKBER: Allâh ist Akbar; Allah ist der Besitzer einer Größe, die nicht durch irgendetwas zu beschränken, begrenzen oder zu vergleichen wäre von Seiten einer anderen wahrgenommenen

Existenz! (Allah ist der Besitzer der Grenzenlosigkeit..!)

WA LÂ HAWLA WA LÂ KUWWATA İLLÂ BİLLÂHİL ALİYYİL AZİYM: (In der ganzen Dimension der Taten) ist das **HAWL** (der Zustand der Funktionen, Bewegungen, Transformationen und Aktionen) und die **KUWWA**-Kraft (wodurch sich alles materialisiert) nur **MIT ALLAH** (im Anwendungsbereich des „B" Zeichens) möglich, welcher Alîy (eine Höhe, worüber keine Höhe ist; alles was angenommen wird, wird überwältigt) und Aziym (bei Seiner Größe gibt es kein Hindernis) ist!

Erklärung:

Der Rasul Allahs s.a.s berichtet über den Lohn, den man erhält, wenn man dieses Tasbih rezitiert, Folgendes:

„Dieses Zikir ist mir lieber als alles, worüber die Sonne aufgeht, lieber als die Welt und alles was darin ist!"

Dieses Tasbih wird auch in einem Gebet gesprochen, dem **„Tasbih-Gebet".** (siehe Kapitel Tasbih-Gebet)

Lâ ilâha illallâhu wahdahu lâ scharika lah, lahul mulku wa lahul hamdu wa huwa alâ kulli schayi'n kadiyr

„Es gibt keinen Gott (keinen anderen Körper), es gibt nur einen einzigen Allah mit dem nichts zu vergleichen ist..! Das „Mulk" (Herrschaft über die Dimension der Taten) ist Seins und das „Hamd" (die Bewertung darüber) ist auch Seins! „HU" ist über alles Kaadir."

Erklärung:

Abû Ayyâş az Zurakî Radıyallahuanh berichtet:

Der Rasul Allahs s.a.s hat folgendes gesagt:

„Wer morgens „Lâ ilâha illallâhu wahdahu lâ scharika lah, lahul mulku wa lahul hamdu wa huwa alâ kulli schayi'n kadiyr" sagt, der erhält soviel Lohn, als hätte er eines der Kinder Ismâils a.s. aus der Knechtschaft befreit… Es werden zehn seiner Sünden ausgelöscht und er steigt zehn Stufen höher und diese Person ist bis zum Abend vor dem Teufel geschützt!

Und liest derjenige dieses Zikir am Abend, so erhält er bis zum Morgen noch einmal soviel wie oben beschrieben!“

Lâ ilâha illallâhu wahdahu lâ scharika lah, lahul mulku wa lahul hamdu yuhyiy wa yumiytu, wa HUwa Hayyun lâ yamûtu, abadan BiyadiHİL khayr wa huwa alâ kulli schayi'n kadiyr.

„Es gibt keinen Gott (keinen anderen Körper oder Existenz), es gibt nur einen einzigen Allah mit dem nichts zu vergleichen ist..! Das „Mulk“ (Herrschaft über die Dimension der Taten) ist Seins und das „Hamd“ (die Bewertung darüber) ist auch Seins! HU gibt Leben (mit Seinem Wissen wird zum Leben erweckt) und lässt den Tod erleben; HU ist der unsterbliche Hayy (Lebendige)..., das ewige Gute ist in HUs Hand (Kraft)… HU ist über alles Kaadir.“

Erklärung:

Der Rasul Allahs s.a.s. sagte: „Wer auch immer Allah auf diese Weise Tasbih entgegenbringt und dies ausschließlich tut, weil er Allah so kennt, den schickt Allah in das „Naim” genannte Paradies.”

Wenn Sie Acht geben, dann ist bei den anderen Tasbihs die Rede von einem bestimmten Lohn oder der Tilgung von Sünden, hier wird aber direkt die frohe Botschaft verkündet, dass man ins Paradies kommt. Deshalb gilt es die Bedeutung dieses Tasbihs gut zu verstehen.

(A.d.Ü. Wie bei allen anderen Tasbihs auch, sollte man tief über die Bedeutung nachdenken, was es für das Gehirn bedeutet, wenn es sich auf diese Richtung programmiert… Lesen Sie bitte dazu die Asma-ul-Husna-Definitionen über „Hu“ und „Kaadir“…!)

Subhanallâhi wa bihamdihi subhanallâhil Azîym, astaghfirullaha wa atubu ilayh

Erklärung:

Ibn Abbâs Radıyallâhuanh überliefert, dass der Rasul Allahs s.a.s.

Folgendes sagte:

„Wer sagt: >>Allah ist SUBHAN, das HAMD ist Allahs, der Aziym ist..., ich wünsche Vergebung und kehre zu Ihm zurück,<<.... So wird das, was er gesagt hat, sofort im Buch seiner Taten verzeichnet und am Himmel festgebunden... Das Tasbih wird bis zum Jüngsten Tag, an dem derjenige vor Allah hintritt, versiegelt bleiben. Keine Sünde und kein Vergehen desjenigen kann den Lohn dieses Tasbihs auslöschen."

Wie man weiß, löschen die Vergehen, die ein Mensch begeht, die guten Taten aus, aber dieses Tasbih kann von den Sünden dieses Menschen nicht ausgelöscht werden. Darüber sollten wir gründlich nachdenken.

Rabbana lakal hamdu kamâ yanbaghiy li djalâli wadjika wa liazıymi sultanik

Erklärung:

Ibn Umar Radıyallâhuanh überliefert von dem Rasul-i Akram:

Ein Geschöpf Allah-u ta`âlâ's sagte:

„Oh mein Herr (Rabbi), das würdige Hamd (Bewertung) deines allmächtigen Antlitzes und der Herrlichkeit deiner Herrschaft gebührt alleine Dir."

Die schreibenden Engel wussten nicht, wie sie den Lohn für diese Worte verzeichnen sollten und stiegen sofort zum Himmel auf...

„Oh unser Herr, eines deiner Geschöpfe hat etwas gesagt, wovon wir nicht wissen, was wir dafür schreiben sollen...

Und obwohl Allah die Worte schon wusste, fragte Hu die Engel:

„Was hat mein Geschöpf gesagt?"

„Oh Herr dein Geschöpf sagte: „Lakal hamdu kamâ yanbaghiy li djalâli wadjika wa li azıymi sultanik!"...

Daraufhin befahl Allah den Engel folgendes:

„Schreibt das so auf, wie es gesagt wurde, bis ich mit meinem Diener zusammentreffe. Den Lohn dafür werde ich selbst geben..."

In einem anderen Hadith wird uns überliefert, dass Hz. Rasul s.a.s. dieses Tasbih während des Gebets, wenn er sich von der Verbeugung (Ruku) aufrichtete, im Stehen rezitierte und dann zu der Niederwerfung (Sadjda) überging.

Seit langen Jahren versuchen wir, dank Allahs Gnade diesem Vorbild zu folgen, Alhamdulillah...

Wir möchten dies auch unseren Freunden empfehlen... Lesen Sie es bitte, wenn Sie von der Verbeugung aufstehen und gerade stehen, bei jedem Gebet!

Lâ ilâha illallâhu wahdahu lâ schariyka lah, lahul mulku wa lahul hamdu wa huwa alâ kulli schayin kadiyr. Alhamdulillahi wa subhanallâhi wa lâ ilâha illallâhu wallahu akbar, wa lâ hawla wa lâ kuwwata illâ billahil aliyyil azîym.

(A.d.Ü. zwei oben genannte Tasbihs zusammengesetzt)

Erklärung:

Der Rasulallahs s.a.s. sagte:

„Wer auch immer in einem Teil der Nacht, wenn er sich von einer Seite auf die andere dreht und dabei wach wird, dieses Tasbih spricht und danach um Vergebung bittet, dem wird vergeben und wer betet, dessen Gebet wird angenommen. Und wenn derjenige aufsteht und die Waschung vollzieht und zwei Rakat des Gebets verrichtet, dessen Gebet wird akzeptiert..."

Soweit wir wissen, haben schon viele Menschen nachts, wenn sie vom Schlaf erwacht sind, dieses Tasbih gesprochen und danach gebetet und ihre Gebete wurden in kürzester Zeit erhört. Dies ist besonders Menschen zu empfehlen, die sich in einer Bedrängnis befinden.

Bisher habe ich Ihnen verschiedene Tasbihs empfohlen, die durch verschiedene Hadithe überliefert sind. Hier möchte ich noch einige spezielle Tasbihs anfügen, die wenigstens 100 Mal gelesen einen großen Nutzen bringen.

1. **Subhana zil mulki wal malakût.**

SUBHAN (unabhängig und ständig in einem neuen Zustand;) über das Malakut (Dimension der energetischen Potenziale) und das Mulk (die Taten, die sich daraus manifestieren)

2. **Subhanal Malikil Hayyillaziy lâ yamût**

SUBHAN über das Lebendige, welches nicht stirbt!

3. **Subhana zil izzati wal Djabarût**

SUBHAN über die Ehre und die Entscheidung.

4. **Subhanal Malikil Kuddûsi Rabbil malâikati war rûh**

SUBHAN über das heilige herrschende Bewusstsein, welches über die Potenziale (Engeln) und die SEELE herrscht

5. **Subhana khalikin nûr wa bihamdihi**

Das Licht (Wissen) des Schöpfers ist durch Seinen eigenen Hamd (Bewertung) SUBHAN

6. **Subhana Rabbi kulli schayin.**

SUBHAN und HERR (herrschendes Bewusstsein) über alles, also die „erzeugte" Existenz. (SUBHAN=außerhalb der „erzeugten" Existenz, mit der „erzeugten" Existenz nicht zu begrenzen, unabhängig; nichts kann mit „Allah" genannt werden. Alles bekommt durch Seine Bewertung (Hamd) eine Funktion!)

35

ERKLÄRUNG ZUM ISM-I Â`ZÂM

Das Thema des **„Ism-i Â'zam"** hat über Jahrhunderte hinweg die Gedanken der Wissenden beschäftigt. Sie haben vielleicht noch nie von diesem Namen gehört und fragen sich möglicherweise in diesem Moment, was es mit diesem Namen **Ism-i Â'zam auf sich hat...**

„Ism-i Â'zam" ist ein Begriff, den unser Rasul s.a.s uns bekannt gemacht hat. Der Rasulallah machte uns folgendermaßen auf diesen Namen aufmerksam:

„Allah der Allmächtige besitzt solch einen erhabenen Namen (Ism-i Â'zam), dass wenn jemand mit diesem Namen betet, dieses Gebet ganz bestimmt erhört wird."

Allerdings hat er zu diesem Thema keine konkreten Angaben gemacht, sondern hat sich damit begnügt einige Andeutungen zu diesem Namen zu machen.

Diese Andeutungen bezogen sich auf einige Verse des erhabenen Korans. Er sagte, in diesem oder jenem Vers ist dieser Name enthalten.

Aus diesem Grunde versucht man seit Jahrhunderten in den verschiedenen Versen, auf die hingewiesen wurde, nach einer Gemeinsamkeit in den darin vorkommenden Namen Allahs zu suchen.

Eine der Überlieferungen, in denen der Rasul Allahs s.a.s. diese Erkundungen angeregt hat, ist Folgende:

Bureyde Radıyallâhuanh überliefert:

„Der Rasul Allahs s.a.s hörte, wie ein Mann (Ebû Mûsa al Aschari) mit folgenden Worten betete... dieser sagte:

„Allah, ich möchte in diesem deinen bestimmten Namen..." Allah, Du bist AHAD und SAMED, Du hast nicht geboren und bist nicht geboren und bist der, dem nichts gleich ist"...

Darauf sagte der Rasul Allahs Folgendes:

-Zweifelsohne hat dieser Mann mit dem Ism-i Â'zâm gebetet... Dieser Ism-i Â'zâm, der, wenn man mit ihm Allah um etwas bittet, Allah das Gewünschte gibt und wenn man Allah mit diesem Namen anruft, so folgt Allah dieser Einladung."

Der Menschensohn mit seinen nicht enden wollenden Wünschen, flüchtet sich im Rahmen seines Unvermögens zu Allah, von Ihm erbittet er, an Ihn richtet er seine Wünsche, zu Ihm fleht er um Hilfe.

Deshalb hat man aufgrund intensiver Bemühungen folgende Namen gefunden, die als „Ism-i Â-zâm" in Frage kommen können:

1. Allah
2. Lâ ilâha illallâh...
3. Ar Rahman-ur Rahiym...
4. Al Hayy-ul Kayyûm...
5. Allahu Rahman-ur Rahiym...
6. Allahu lâ ilâha illâ HU, al Hayy-ul Kayyûm...
7. Lâ ilâha illa HU wal Hayy-ul Kayyûm...
8. Rabb...
9. Allahu Lâ ilâha illa HU, al Ahad'us Samad'ullaziy lam yalid wa lam yûlad wa lam yakûn lahu kûfuwan ahad.
10. Hannân-al Mannân Badî'us samâwâti wa'l ard Zu'l Djalâli wal ikrâm

Nun möchten wir zuerst zwei Gebete aufschreiben, zu denen es recht starke Hinweise gibt, dass sich in ihnen der Ism-i Â-zâm befindet, danach werden wir unsere eigene Auffassung darlegen…

Aber zweifelsohne kennt Allah die Wahrheit am besten!

Allahumma inna as'aluka bi anna aschhadu annaka antallahullaziy lâ ilâha illâ antal wâhidul ahaddus samadullaziy lam yalid wa lam yûlad wa lam yakun lahu kufuwan ahad.

Lâ ilâha illâ anta yâ Hannan yâ Mannân Ya Badîas samâwati yâ Zal Djalâl-i wal ikrâm.

Erklärung:

Auch diese beiden Gebete stützen sich auf das, was der Rasul Allahs s.a.s. zu diesem Thema gesagt hat. Es gibt Hinweise darauf, dass wenn Gebete auf diese Weise beginnen, diese angenommen werden.

Ja, unserer Meinung nach, weisen alle Zeichen auf folgendes Ergebnis hin: Wenn man einen gemeinsamen Punkt sucht, dann finden sich in fast allen Hinweisen folgende zwei Namen…

1. **Allah**

2. **HU**

Eigentlich unterscheiden sich diese beiden Namen noch nicht einmal grundlegend voneinander. Awliyaullah, die in die Tiefe dieses Geheimnisses hinabgetaucht sind, bewerten diese beiden Namen als einen.

Abdulkadir Djeyli (Djeylani), welcher das Buch „Insân-i Kâmil" geschrieben hat und ganz an der Spitze der Gelehrten um das Thema der Einheit (Wahdat) stand, hat zu diesem Thema kurz zusammengefasst Folgendes geschrieben:

„Der Buchstabe H am Ende des Namens Allah weist auf seine persönliche Identität hin und diese ist uns auch unter dem Namen HU bekannt und wir weisen auf diesen Belang mit dem

Namen „HU" hin."

So hat auch die hochgestellte Persönlichkeit, Hz. Ali, dem Namen HU große Beachtung geschenkt, diesen Namen oft zitiert und ihn speziell in folgendem Zusammenhang gebraucht und seinen nächsten Verwandten auch so empfohlen:

„Ya HU ya man HU, lâ ilâha illâ HU."

Um wirklich glauben oder wahrnehmen zu können, dass HU der höchste Namen, also der „Ism-i Â'zâm" ist, muss Allah der Allmächtige demjenigen zunächst Einsicht in einige Realitäten geben, die ganz tief in der islamischen Mystik vorhanden sind.

Der Rasulallah s.a.s. wurde eines Tages mit folgender Frage konfrontiert:

„Wo war unser Rabb, bevor Hu die Erde und die Himmel erschaffen hat?"

Als Antwort sagte er:

„Hu befand sich im Â'mâ[24] über dem und unter dem keine Luft existiert."

In diesem Hadith wird auf die Besonderheit des Wesens Allah des Allmächtigen hingewiesen.

Der Name Allah ist ein zusammenfassender Name, das bedeutet, in ihm werden gleichzeitig Allahs Wesen, seine Eigenschaften und unzählige Besonderheiten zusammengefasst.

Der Name Hu deutet auf die Identität des Wesens hin, welches mit dem Namen Allah bezeichnet wird. Der Glaube an Allah beginnt im eigentlichen Sinne erst, nachdem man die Eigenschaft der Einheit Allahs (Ahadiyet) begriffen hat. Erst dann stellt sich der Zustand von „**Yakîn**" ein, in dem jeglicher Zweifel ausgelöscht ist und sich der Glaube von einem nachahmenden zu einem verifizierenden Glauben wandelt.

Ansonsten glaubt man nur an den „Namen" Allah und dies stellt

[24] Mit **Â'ma** wird auf das reine, vollkommene Nichts hingewiesen, in dem sich Allah befindet.

den Rang des „Ahl-i Taklit" dar, also den Rang eines nachahmenden Menschen.

Diejenigen, aber welche die Verifikation (Tahkik) erlangt haben, tragen fortan den Namen „Mufarridun" oder „Mukarrabun", denn diese haben sich nicht mit dem Namen Allah aufgehalten, sondern ihr Selbst hat sich in der „Einheit Allahs" aufgelöst. Aufgrund des Geheimnisses „Al An kama Kan" *(es ist in diesem Moment ganz genau so)* leben sie die Bedeutung von „Allah Baki[25]".

Diejenigen, welche sich in solch einem (Er)leben befinden, haben das Geheimnis des „Ism-i Â-zâm" gelüftet, denn sie leben in dem absoluten Verständnis, bei jedem Atemzug HU zu sagen.

Wenn diese erhabenen Personen beten und sagen „Ya Allah", „Ya HU", dann bewahrheitet sich das Hadith: „Ich bin es, der durch ihre Zungen spricht"; HU selbst ist der Bittende und HUs Wunsch bleibt ganz bestimmt nicht unbeachtet und findet seine Erfüllung!

Wenn jemand die Entsprechung seines Gebets wünscht, so empfehlen wir, aufgrund der Erleuchtung, die uns der Rasulallah s.a.s. zuteil werden ließ, dass er zwei Rekat betet und in jedem Rekat nach der Fatiha Sure 21 Mal die Ikhlas Sure rezitieren und sich in seiner letzten Niederwerfung, wie nachfolgend beschrieben, an Allah den Allmächtigen wenden soll. Wir glauben, dass sein Gebet dann erhört wird.

Allerdings sollte man dieses Gebet sieben Mal wiederholen, da Allah der Erhabene, es liebt, wenn er ausdauernd durch ein Gebet gebeten wird.

„Astaghfirullâh Yâ Rabbal arschıl aziym…

Astaghfirullâh Yâ Rabbal arschıl karîm…

Astaghfirullâh Yâ Rabbal âlamiyn. Allahumma salli alâ sayyidina Mohammedin biadadi ilmika…

Yâ HU yâ man HU, Lâ ilâha illâ HU, Antal Hayyul Kayyûm wa lâ schariyka lak wa lakal mulku wa lakal hamdu wa innaka alâ kulli schay'in kadîr.

Yâ Hannân yâ Mannân Yâ Badi'as samâwâti wal ard yâ Zul

---

[25] **Baki** bedeutet: für alle Ewigkeiten das einzig, alleinig Vorhandene.

Djalâl-i wal ikrâm, Asch hadu anlâ ilâha illallâhul Ahâdus Sâmadullaziy lam yalid wa lam yûlad wa lam yakûn lahu kûfuwan ahad…

Allah, vor Dir bin ich außerordentlich hilflos und schwach und ich gestehe, dass ich zu denen gehöre, die ihrem Selbst Unrecht antun.

Wegen Deiner Würde, Deiner Macht und Herrlichkeit, Deiner einzigartigen Erhabenheit und Deiner endlosen Güte bitte ich Dich inständig von Deiner Großmütigkeit…

Allah, aus Hochachtung vor Deinem „Ism-i A'zâm, aus Hochachtung vor Deinem Liebling Mohammed Mustafa, aleyhi Salaam, aus Hochachtung vor Deinem allerhöchsten Namen, den bisher noch niemand außer Dir kennt, bitte ich inständig von Dir…"

(Hier wäre es von Vorteil, zuerst von Allah zu erbeten, dass man zu denen gehören möge, die Allah für sich auserwählt hat, dass man zu denen gehören möge, die von Allah sehr geliebt werden, dass man mit denen zusammenkommen möchte, die bei Allah am höchsten angesehen sind, dass Allah einem auf dem Wege der Nachfolge seines Rasuls diejenigen Handlungen erleichtern möge, die seine Zustimmung finden, um hernach vorzutragen, was man von Ihm begehrt.)

Und dann empfehle ich Ihnen ihr Gebet folgendermaßen zu beschließen:

„Allahumma salli wa sallim wa bârik alâ Seyyidina Mohammed wa alâ âlihi wa sahbihi wa sallim. Amin Amin Amin Yâ Rabbal Arschıl Azîm."

Ich weiß mit Bestimmtheit, dass Du mein Gebet gehört hast, Du bist Al Wahhab, der die Gebete erhört. Ich erbitte von Dir in Hochachtung vor Deinem Wesen, in Hochachtung vor der

Bedeutung deines Höchsten Namens, der nur Dir bekannt ist, dass Du mein Gebet erhören mögest. Amin Amin Amin…

Es steht außer Frage, dass die Experten zu diesem Thema den Wert dieses Gebets, dass mein Herr (Rabb) mir mitgeteilt hat, schätzen und es auch anwenden.

Diejenigen, welche nachahmend den Weg zu Allah eingeschlagen haben und dieses Gebet mit Aufrichtigkeit fortführen, werden ganz gewiss das Ergebnis offenkundig sehen.

Gemäß der Aufforderung: Das, was wir besitzen, zu teilen, haben wir das uns Mitgeteilte hier veröffentlicht. Möge Allah es uns allen zum Segen werden lassen.

36

DIE ERHABENEN, HERVORRAGENDEN UND PERFEKTEN QUALITÄTEN DER NAMEN VON ALLAH (*AL ASMA UL HUSNA*)

B'ismi-Allah ar-Rahman ar-Rahiym... Allah, der mich mit Seinen Namen (erhabenen, hervorragenden, perfekten Qualitäten) erschaffen hat, ist Rahman und Rahiym!

Lasst es uns bewusst sein, dass ein Name nur als Hinweis auf ein Objekt oder eine Qualität dient.

Ein Name erklärt nicht in absoluter Weise, auf was er hinweist, sondern bezieht sich nur auf eine Identität oder eine Eigenschaft einer Identität.

Vielleicht wird ein Name nur benutzt, um umsichtig auf viele Eigenschaften hinzuweisen.

Bezüglich der Namen von Allah lasst uns Folgendes überlegen: Sind diese Namen von Allah eine Kollektion von tollen Titeln eines jenseitigen Gottes? Oder sind diese Hinweise auf kreative Eigenschaften von Allah (welches die Sinne wahrnehmen und Konditionierungen offenlegen!), mit welchen der ganze Kosmos manifestiert wird, vom Nichts heraus und zur Existenz gebracht wird?

Wenn dies erst einmal gänzlich begriffen und verstanden wird, dann können wir uns auf die Namen von Allah konzentrieren.

Der Koran, der uns auch als **Zikir (= die Erinnerung an die essenzielle Wahrheit des Menschen)** bekannt ist, ist in Wirklichkeit mit seiner Ganzheit das **„Uluhiyyat"**, welches die Veröffentlichung der erklärten **„Asma ul Husna"** ist. Der Mensch ist damit ausgestattet und wird dazu aufgefordert, sich daran zu erinnern.

Manche dieser Namen wurden im Koran veröffentlicht und manche hat der Rasul von Allah erklärt. Man kann niemals behaupten, dass die Namen von Allah auf 99 beschränkt wären. Lasst uns hierzu ein paar Beispiele geben…

Es gibt viele Namen wie Rabb, Maula, Karib und Hallak, die im Koran erwähnt werden, die aber nicht Bestandteil der 99 Namen sind. Der Name „Murid", welcher auf das Attribut „Willenskraft" hinweist, welcher im Vers „yafalu ma yurid" (2:253) erwähnt wird, ist auch nicht in den 99 Namen beinhaltet.

Ganz anders die Namen Djaliyl, Wadjid und Madjid. Sie sind in den 99 Namen enthalten, aber werden nicht im Koran erwähnt. Es würde also ein grober Fehler sein, die Namen von Allah auf nur 99 Namen zu beschränken, wo doch die Dimension der Namen (Asma Martaba) auf das unbegrenzte Quantum-Potential hinweist, welches den Akt der Beobachtung in Allahs Wissen darstellt. Der Mensch ist mit diesen Namen ausgestattet, damit er/sie sich seiner/ihrer wahren Identität erinnert.

Man kann sagen, dass, wenn einmal der Mensch sich an seine Wahrheit erinnert und gemäß der wahren Essenz lebt, dann werden viele andere Namen zusätzlich noch veröffentlicht.

Man kann auch sagen, dass das, welches als Paradies bezeichnet wird, auch darauf hinweist, weil wir nicht wissen können, welche Namen die Universen innerhalb von Universen der unbegrenzten Existenz ausmachen!

Diejenigen, die ihre Wahrheit erreicht haben, bezeichnen die Existenz als **„Schattenexistenz"**, denn die Dinge, die wir wahrnehmen, existieren nicht in und durch sich selbst, aber sie sind Kompositionen von Namen, die sich erst gemäß einem Wahrnehmenden manifestieren.

Sogar der Ausdruck **„Namenskomposition"** ist rein metaphorisch; es gibt dies nur, um die duale Betrachtungsweise der **EINEN WAHRHEIT** anzunehmen. Die absolute Wahrheit ist das Betrachten des **„mulitdimensionalen einzigen Bildes"** durch denjenigen, der sich **„in jedem Augenblick in einem neuen Zustand befindet."** (55:29) Was wir als **„Namenskomposition"** bezeichnen ist wie ein Pinselstrich auf diesem Bild.

Weil es Namen gibt, scheint es so, dass alle wahrnehmbaren Dinge eine getrennte individuelle Existenz haben, aber da es keinen externen Gott gibt, welcher wirklich durch ein existierendes Objekt wahrgenommen wird, ist alles im Grunde genommen nichts anderes als die manifestierten Namen (Qualitäten) von Allah.

Derjenige, der durch den Namen bezeichnet wird, kann nicht geteilt oder in Stücke zerlegt werden, ist nicht durch Teile zusammengesetzt, es ist jenseits jeglicher Konzepte; es ist **„absolut EINS"**, **„grenzenlos"**, **„niemals endend"** etc. Es ist **„AHAD us SAMAD"** (der absolute EINE, der nichts benötigt) und auf diese Art nur einmal im Koran erwähnt! **Allah, HU, außer dem nichts anderes existiert!** Dieses Wissen kann nicht durch den menschlichen Geist verstanden werden, es sei denn, es wird von der wahren Essenz inspiriert (Wahiy, Ilham) und im reinen universalen Bewusstsein betrachtet! Der Geist, die Logik und das Urteilen überleben hier nicht. Durch Denken wird man hier nur fehlgeleitet! Über diese Wahrheit kann nicht gesprochen werden! Dies ist die Wahrheit, welche auf Gabriels Wörter hinweist: **„Falls ich noch einen Schritt weiter mache, werde ich brennen!"**

Es muss realisiert werden, dass die Namen von Allah auf die Qualität seines Wissens hinweisen, nicht auf seinen Verstand, da dies nicht vorstellbar ist. Der Verstand ist eine Funktion des Gehirns, um in der Welt der Vielfältigkeit zu operieren. Im Grunde genommen sind sogar die Begriffe **„Universaler Intellekt (Akil i Kull)** und **„der Erste Intellekt" (Akil i Awwal)** relative Konzepte und sind nur deshalb metaphorisch benutzt worden, um das System mit der Eigenschaft des Wissens hervorzuheben.

Mit dem **„Universalen Intellekt" (Akil i kull)** wird auf die Dimension des Wissens, welches innerhalb der Tiefe eines Individuums vorhanden ist, gedeutet; innerhalb der Essenz. Dies ist auch die Quelle der Offenbarung (Wahiy).

Der **„Erste Intellekt"** auf der anderen Seite wird für die Anfänger benutzt, um die Dimension des Wissens zu beschreiben, welches anwesend ist in der Manifestation der Namen.

„Die Dimension der Taten" (Afal) ist nichts anderes als die Veröffentlichung der Dimension der Namen, welche sich **„in jedem Moment in einem neuen Zustand manfestiert"**! Die materielle Welt, die wir kennen, ist dieses Quantum-Feld, aber unterschiedliche Meinungen haben zu der Annahme geführt, dass es sich um eine andere Dimension handelt.

Der Eine, der betrachtet, derjenige, der betrachtet wird und die Betrachtung; sie sind alle EINS! „Der Wein des Paradieses" weist auf diesen Zustand hin. Derjenige, der im Dualismus gefangen ist, kann nichts anderes tun, als über dieses Wissen zu philosophieren ohne die geringste Erfahrung über diese Wahrheit zu haben.

Was die Taten, die Aktivitäten, die Vielfältigkeit anbelangt und was wir als materielle Welt wahrnehmen…, die Existenz ist gänzlich nur das, was als Dimension der Namen bezeichnet wird.

„Das Wissen im Wissen mit dem Wissen zu betrachten" weist darauf hin, dass die Veröffentlichung der Namen auf den Akt der Betrachtung schliesst. Alle Formen sind im Wissen erschaffen und betrachtet.

Deswegen wurde gesagt: **„Die Welten (oder die Schöpfung) haben nicht einmal den Geruch der Existenz wahrgenommen."** Hier ist der Teil der Betrachter und das Ganze ist das Betrachtende!

Die Energien (Kuwwa), die diesen Namen zugehörig sind, werden als Engel bezeichnet, welche von der Essenz her die Wahrheit des Menschen ausmachen. Derjenige, der sich ihrer bewusst wird, ist jemand, der **„mit dem Herrn eins geworden ist!"** Wenn dieser Zustand einmal entdeckt worden ist und falls er nicht weiter fortgeführt wird, dann ist der resultierende Schmerz als ein intensives höllisches Leid erklärt worden! Dies ist die Domäne der Kraft (Kudrah) und der Befehl **„Sei!"** (Kun) wird von hier aus bestimmt; dies ist die Dimension des Wissens, wo der Verstand und ihre Funktionen total aufgehoben sind! Dies ist die hohe Dimension der Weisheit! Alles was in der Dimension der Weisheit beschlossen wurde, kann der Verstand nur beobachten; hier wird von Bewusstsein (das normale, mit fünf Sinnen arbeitende) gesprochen.

Die Dimension der Taten (Afal) im Vergleich zu dieser Ebene **(Dimension der Kraft)** ist eine totale **holographische (Schatten) Existenz und Konstruktion**. Alle Aktivitäten der gesamten parallelen und multiplen Universen und deren Bewohner, z.B. natürliche Resourcen, Pflanzen, Tiere (Humanoide) und Djinn sind in dieser Ebene gelenkt und verwaltet durch die **Mala-i Ala** (die erhabene Versammlung der Engel) gemäß der Wahrnehmungskapazität des Wahrnehmenden.

Rasuls und **ihre Erben (die Awliya)** sind wie die mündliche Ausdrucksform der **Mala-i-Ala**, d.h. die Potenziale der Namen auf der Erde! Und all dies ist Teil der Observation, welche in der Dimension des Wissens stattfindet! Die Essenz des Menschen, in diesem Sinne ist deshalb engelhaft und er wird eingeladen, sich an seine engelhafte Natur zu erinnern und gemäß diesem zu leben. Dies ist ein detailliertes und komplexes Thema…Diejenigen, die nicht mit diesem Wissen vertraut sind, mögen meine Wörter gemäß der Beobachtung von diversen Dimensionen widersprüchlich finden. Jedoch die Wahrheit, die ich als 21-jähriger 1966 erfahren habe, welche ich in meinem Buch „Offenbarungen" geschildert habe, wurde immer wieder verifiziert in den folgenden 45 Jahren und ich habe es alles geteilt, ohne etwas Materielles oder Immaterielles zu erwarten. Das, was ich veröffentliche, ist keine „Ware", sondern ein Geschenk von Seiten Allahs! Deinen Dank zu erzielen, ist deshalb nicht möglich. Deshalb ist kein Widerspruch in meinen Wörtern zu finden. Wenn es so erscheint, dann ist es wahrscheinlich wegen der Unfähigkeit, die richtigen Verbindungen zu verknüpfen, welche von einer inadäquaten Datenbank resultiert.

Nun gut, wenn dies die Wahrheit ist, welche ich beobachtet habe, wie sollte dann das Thema um die Namen von Allah behandelt werden?

Die Namen von Allah werden ursprünglich durch das reine universale Bewusstsein ausgedrückt (wahiy) ohne Beeinflussung von Seiten eines Bewusstseins, welches versucht, es später zu bewerten. Die Namen sind kosmische universale (nicht im galaktischen Sinne)

Eigenschaften.

Die **„Asma ul Husna"** (wörtl.: die Schönen Namen) gehören Allah. Die Eigenschaften, die sie ausdrücken, gehören gänzlich **dem absoluten EINEN, der nichts benötigt**. Die Namen deuten auf das Quantum-Potential hin jenseits von Raum und Zeit, die Namen kennzeichnen den **„Punkt"**. Und da dies so ist, gehören die Namen und ihre Bedeutungen Allah alleine und sind frei davon, durch menschliche Konzepte konditioniert zu werden.

„Erhaben (Subhan-durch nichts zu begrenzen) **ist Allah jenseits von dem, was sie Ihm zuschreiben."** (23:91)

„Und zu Allah gehören die besten Namen, also dreht euch durch ihre Bedeutungen zu Ihm hin. Und lasst diejenigen sein, die bezüglich seiner Namen Abweichendes (im Dualismus verfallen sind) **praktizieren. Sie werden für das, was sie getan haben, Vergeltung bekommen."** (7:180)

„Und wer an die Husna (als die schönste Wahrheit) **glaubt** (bestätigt)**, dem erleichtern Wir zur Erleichterung."** (92:6-7)

Sogar die Konsequenz des Guten steht in Verbindung mit den Namen:

„Für diejenigen, die Gutes (Ihsan) getan haben, sind die Asma ul Husna und vieles mehr. Weder Dunkelheit (Egoismus) **wird ihre Gesichter** (reines Bewusstsein-Schu `ur) **verdecken, noch Demütigung** (welche aus der Abweichung der eigenen Essenz resultiert)**. Sie sind die Gefährten des Paradieses; sie werden darin auf ewig sein."** (10:26)

Allahs absolute Essenz (Dhat) ist mit nichts in der Existenz zu vergleichen. Durch seine Akbariyat (Größe, also Grenzenlosigkeit) ist er durch nichts zu begrenzen und ist frei davon, durch seine Schöpfung konditioniert zu werden oder die Eigenschaften, die durch die Namen erwähnt werden, welche nur einen Punkt unter grenzenlosen Punkten darstellen. Mit anderen Worten, was als Dimension der Namen erwähnt wird, ist wie ein einziges Bild von einer multidimensionalen holographischen Struktur. Und was als eine Welt der Vielfältigkeit wahrgenommen wird, ist in Wahrheit eine Welt, die eine Existenz eines einheitlichen Feldes darstellt, welches durch die Eigenschaften in seinem Wissen erschaffen wurde.

Bevor wir weiter gehen, lasst es uns noch einmal zusammenfassen....

Die Eigenschaften und Attribute, die wir durch Offenbarung (Wahiy) als die Namen von Allah kennengelernt haben, sind die gleichen Eigenschaften, die die Gesamtheit von allen universalen Dimensionen manifestieren, vom Nichts heraus zu dieser Schatten-(holographischen) Existenz. Diese Wahrheit, welche der Khalifa (Stellvertreter Allahs auf Erden) bestrebt ist, auszuleben, ist weit entfernt von den Grausamen (Zalim) und Ignoranten (Djahil).

Die Dimension der Namen sind die **„ERHABENEN, HERVORRAGENDEN und PERFEKTEN EIGENSCHAFTEN und QUALITÄTEN"** mit all ihren Subdimensionen und verborgenen Existenzen!

Lasst uns jetzt über die Welt nachdenken, die die Menschheit wahrnimmt..., und dann lasst uns unseren *„Blick gen Himmel richten und beobachten",* wie der Koran es beschreibt ohne dogmatische Anschauungen und Vorurteile, sondern mit universellem Verständnis, welches durch kompetentes Wissen geformt wurde!

Welchen Wert hat eine Welt, die auf „dörflicher" Wahrnehmung basiert, im Vergleich zu dem hervorragenden, glorreichen und perfekten Universum?

Ich hoffe, dass im Lichte dieses Verständnisses wir uns den **Namen von Allah** mit der Bewusstheit annähern können, dass ihre **Offenbarung** darauf beruht, das **individuelle Bewusstsein** (basierend auf der begrenzten Wahrnehmung) **zu reinigen** und das **BUCH** (Wissen-Information) darstellen und dass ihre Wirkung den ganzen Kosmos betrifft, indem in konstanter Weise ständig neue Bedeutungen und Ausdrücke manifestiert werden.

Ich möchte auch an dieser Stelle die Gelegenheit nutzen, um eine meiner Befürchtungen auszudrücken. Ich habe nicht das Gefühl, dass das Wissen, das ich durch frühere Publikationen veröffentlicht habe, korrekt verstanden wurde. Lasst mich noch einmal hervorheben, dass die Bedeutungen, Qualitäten und Eigenschaften, welche durch die Namen von Allah ausgedrückt werden, nur einen „Punkt" unter unzähligen, unendlichen „Punkten" aus der Sicht von Allah darstellen. Auch das Quantum-Potential, welches als **„Wahrheit des Mohammed (Hakikat-i- Mohammedi)"** oder als **„Engel mit Namen Seele"** bezeichnet wird, ist nicht nur zeitlos und ewig, sondern ist auch die Wahrheit, die ich als **„multidimensionales einziges Bild"** bezeichne! Weil dies immer noch nicht richtig verstanden wurde, wird Allah immer noch als **„ein Gott da draußen"** empfunden! Wohingegen die ganze Beobachtung und alles was ausgedrückt wurde, nur auf einen Punkt hinführt: Allah ist nur Allah, Allah ist Akbar (grenzenlos)! Subhana Hu min tanzihiy-Erhaben, durch nichts zu begrenzen ist Hu (Er), jenseits von jedem Vergleich!

Bitte seien Sie sich darüber bewusst, dass das, was ich schreibe und mit Ihnen teile, niemals als endgültige Erklärung angesehen werden kann; tatsächlich ist es nur eine Einführung! Komplexeres und tieferes Wissen kann nicht durch Publikationen veröffentlicht werden. Jedoch diejenigen, die sich auf diesem Wege befinden, werden bemerken, dass das was wir bis jetzt geschrieben und geteilt haben niemals zuvor in solch detaillierter Weise erklärt und veröffentlicht wurde. Dies ist ein sehr sensibles Thema, da der Leser sehr leicht ein falsches Verständnis bekommen kann über einen externen Gott oder noch schlimmer:

Die Wahrheit auf seinen pharaohähnlichen Zustand des „Ich"-Seins und den tierischen, körperlichen Zustand seines Selbst zu beschränken!

Ich habe versucht, etwas Licht auf das Thema der Namen von Allah zu werfen. Lasst uns jetzt die Bedeutungen, die diese perfekten, erhabenen und hervorragenden Namen ausdrücken näher betrachten. Natürlich nur so gut, wie es halt in Worten der **„Asfali Safiliyn"** (Worte unserer Dimension, der niedrigsten Frequenzen) auszudrücken ist…

DER MECHANISMUS DES AUSLÖSENS

Alle Qualitäten und Attribute, die diesen Namen zugehörig sind, sind gänzlich in jedem Punkt in der Existenz vorhanden! Jedoch, abhängig von der Manifestation, werden manche Attribute über andere dominieren, wie die Kanäle eines Equalizers, um die spezifische Formierung zustande zu bringen. Auch werden Eigenschaften, die durch manche Namen ausgedrückt werden in natürlicher und automatischer Weise die Ausdrücke von anderen Namen auslösen, um eine bestimmte Manifestation zu generieren. Dieses System ist als „Sunnatullah" bekannt und beinhaltet die universalen Gesetze von Allah (oder die Naturgesetze, wie es diejenigen sagen würden, die begrenzte Wahrnehmung besitzen) und die Mechanik des Systems.

Dies ist ein erhabener Mechanismus jenseits jeglicher Beschreibung; alle Wesen vor Erschaffung der Zeit bis zur Ewigkeit bestehen durch dieses System mit all seinen Zwischen-und inneren Dimensionen und wahrnehmbaren Einheiten fort!

Alle Gedanken und Aktivitäten, die vom Bewusstsein projiziert werden, ob durch das Universum oder durch die Welt einer einzigen Person, sind alle innerhalb und gemäß diesem System geformt. Also dieser Mechanismus, wo Eigenschaften von Namen andere Eigenschaften produzieren, ist das System des Auslösens.

Wie ich oben ermahnt hatte, muss man die ganze Universalität der Existenz (welches EINS von der Essenz her ist) als das Feld der Manifestierung dieser Namen in Betracht ziehen. In dieser Universalität kommt das System des Auslösens in jedem Augenblick der Wahrnehmung durch einen Wahrnehmenden in jedem Feld der Existenz zur Anwendung. Da die ganze Sequenz von bestimmten Eigenschaften, die andere Eigenschaften auslösen werden, bekannt ist, wird gesagt, dass Allah der Allwissende ist, der Wissen jenseits jedes Zeitbegriffs und über die Ewigkeit aller Dinge besitzt, die passiert sind und passieren werden!

Der folgende Vers und der Name Hasiyb weisen auf dieses System des Auslösens hin:

„...ob ihr offen zeigt, was in eurem Selbst ist (eurem Bewusstsein) **oder ob ihr es versteckt haltet, Allah wird euch darüber zur Abrechnung bringen** (mit dem Namen Hasiyb)" (2:284)

„Wer auch immer das Gewicht eines Atomes an Gutem tut, wird es sehen." (99:7)

In diesem System wird offensichtlich die Konsequenz einer Tat oder eines Gedankens unausweichlich erfahren werden. Deswegen hat jeder Gedanke oder Tat der Dankbarkeit oder Undankbarkeit, die wir in der Vergangenheit angewandt haben, uns schon eingefangen oder es wird noch in der Zukunft auf uns zukommen. Falls jemand ernsthaft darüber nachdenkt, dann werden ihm viele Türen geöffnet werden und viele Geheimnisse werden enthüllt. Das Geheimnis des Schicksals entspricht auch diesem Mechanismus!

Jetzt kommen wir zu dem, welches die wie ein Richtungsschild fungierenden „Namen", beschreiben:

ALLAH... Ist solch ein Name...Er kennzeichnet **„Ulûhiyet"** (das Allah-Dasein)! **„Ulûhiyet"** beinhaltet das mit dem Namen **„HU"** bezeichnete **„Absolute Wesen"**; deutet aber auch auf die Welten, die aus **„Punkt"(en)** entstanden sind, die auf der „Wissens"- Ebene des **„Wesens"**, gemäß der Beobachtung seines Wissens mit seinem Wissen entstanden sind und die jeden **„Punkt"** bildenden, eigenen besonderen **„Asma"**-Ebenen. Gemäß seines **„Wesens"** ist die **„erzeugte Existenz" (Schay)** unterschiedlich, gemäß seines **„Asma"** ist die **„erzeugte Existenz"** gleichbedeutend mit demjenigen, der Allah genannt wird; **Er ist aber von den Welten unabhängig und es gibt nichts, was ihm ähnelt**! Deshalb verwendet **der mit dem Namen „Allah" bezeichnete** im Koran für die **„erzeugte Existenz"** und die Taten, die Er mit seinem **„Asma"** erschafft, **„WIR"** als Zeichen. Bei der **„erzeugten Existenz"** existiert nichts außerhalb dieser **„erzeugten Existenz"** selbst! Bei diesem Thema ist das, was sehr gut verstanden werden muss dieses: Wenn die Rede von der **„erzeugten Existenz"** ist, wenn von der

Essenz dieser **„erzeugten Existenz"** gesprochen wird, dann ist damit die **„Asma-Ebene"** (Dimension der Namen) gemeint, die dessen Existenz bildet. Es wird über die Essenz der **„erzeugten Existenz"** tief nachgedacht und gesprochen. **Über das Wesen des mit dem Namen Allah Bezeichneten zu reden, ist jedoch unmöglich!** Weil es unmöglich ist, dass etwas, was aus der Asma-Eigenschaft entstanden ist, sich über das absolute Wesen eine Meinung bildet; auch wenn diese erhaltene Information durch eine **„Offenbarung" (Wahiy)** zustande kommt! Um genau dieses zu erzählen, hat man gesagt, dass der Weg beim **„Nichts" (Nicht-Vorhandensein! Die Nichtigkeit!)** endet!

HU... „HU'wAllahullaziy lâ ilâha illâ HU"! Möge es auf dem Wege der Offenbarung kommen, oder möge man sich mittels des Bewusstseins danach richten, es ist die wahrgenommene Tiefe und der Kern der Wahrheit von jedem und allem... So dass aufgrund der Offenbarung von **Akbariyat** (ein Größe, welche die Grenzenlosigkeit ausdrückt) erst **„Khaschiyat"** (hoher Bewusstseinszustand der „Ehrfurcht"), demnach wiederum die **„Nichtigkeit"** erleben lässt; deshalb kann die Wahrheit von **„HU"** nicht erreicht werden.

„Das Sehen erreicht Hu nicht!" Es ist der Name, der die absolute Unbekanntheit und Unbegreiflichkeit bezeichnet! Schließlich treten im **Koran** alle Namen, einschließlich **„ALLAH"** , an das **„HU"** gebunden auf!

„HU ALLAHu AHAD“, „HU'war Rahmanur Rahiym“, „Hu' wal'Awwalu wal'Akhiru waz'Zahiru wal'Batin“, „HU'wal Aliyyul Aziym“, „HU'was Samiy'ul Basiyr“ , sowie die letzten drei Verse in der **Haschr Sûre!**

Unterdessen erkennen wir im Rahmen einer anderen Leseart, dass mit dem „HU" vor den Namen zuerst das **„Tanzih"** (d.h. das Ganze ist nicht Allah, nicht mit Hu, dem Absoluten Wesen zu vergleichen) betont wird, danach mit den erwähnten Namen das **„Taschbih"** (d.h. alles ist eine Spiegelung/Reflexion von „Allah", damit ist das Antlitz (Wadj) von Allah gemeint, welches man sieht, wohin immer man sich auch dreht!) gekennzeichnet wird. Dies ist ein Zeichen, welches nie aus den Augen verloren gehen darf.

RAHMAN... Bezeichnet die Eigenschaft des mit dem Namen „Allah" Bezeichneten, mit seinem Asma wird die Essenz des „möglichen Kleinsten" (Zarra) in seinem Wissen „existent". Nach dem heutigen Verständnis weist dies auf das „Quantum-Potential" hin. Dieses Potential ist die Quelle des gesamten Erschaffenen. Es ist der Name der „Asma-Ebene" (Quelle der Asma ul Husna)! Alles bekommt seine „Existenz" in der „Wissens- und Willens-Ebene" durch die Eigenschaft, auf die dieser Name hinweist!

Ar Rahmanu alal Arschistawwa; Rahman hat sich über dem Thron erhoben (mit seinem Al-Asma die Welten erschaffen und ist Herrscher geworden. In dem Quantum-Potential mit seinem Wissen sein Wissen beobachtet)." (20. Taha: 5) und „**Ar Rahman; Allamal Kur'ân; Khalakal İnsan; Allamahul bayan..."** (55.Rahman: 1-4) sind Hinweise, die im reinen universalen Bewusstsein auf die manifestierte Asma-Wahrheit deuten! Derjenige, der aufgrund der Barmherzigkeit (Rahmaniyyah) in Seinem Wissen die „erzeugte Existenz" zur „Existenz" werden lässt! Der Hinweis „Allah hat Adam in seiner Rahman-Gestalt erschaffen" weist darauf hin, dass das Wissensbild des „Menschen" durch die Eigenschaft der Barmherzigkeit (Rahmaniyet) reflektiert wird. Das bedeutet mit den in der Asma-Ebene existierenden Eigenschaften! Das Sich-Kennen des Menschen vom Aspekt der Essenz heraus hat auch mit dem Rahman-Sein (Rahmaniyyah) zu tun…Deshalb haben diejenigen, die Dinge mit dem Rahman assozieren (Muschrik) die Niederwerfung (Sadjda) zum Rahman nicht wahrgenommen.

„Als ihnen gesagt wurde: >>Werft euch vor dem Rahman nieder (fühlt eure „Nichtigkeit" bezogen auf eure Asma-Wahrheit)<<, da sagten sie: **„Was ist Rahman? Wir machen überhaupt keine Niederwerfung zu demjenigen, den du uns empfiehlst"…"** (25. Furkan: 60) und **„…zweifellos wurde der Teufel dem Rahman aufständisch."** (19.Meryem: 44) Diese Verse weisen darauf hin, dass die **Essenz des Menschen** aus der Asma-Wahrheit erzeugt wurde! Dies ist **„die Offenbarung der Essenz" (Zat-i-Tadjalli) im Menschen!**

RAHİYM... Die Rahiym-Eigenschaft ist die, die durch „Rahman" unzählige Eigenschaften vom Nichts heraus erschafft! Es ist die Eigenschaft, die das Beobachten der Eigenschaften im Potential formt! Er ist derjenige, der mit den Weltenbildern sich selbst beobachtet! Derjenige, der den bewussten Geschöpfen ihre Wahrheiten erlangen lässt; derjenige, der mit der Bewusstheit leben lässt, dass er sich selbst beobachtet und mit seinen Asma-Eigenschaften leben lässt. **„...Wa kâna bil mu'miniyna Rahiyma = Er ist Rahiym zu denen, die an ihre eigene Wahrheit glauben."** (33.Ahzâb: 43).

Es ist die Quelle des Lebens, welches als Paradies bezeichnet wird. Derjenige, der die „Existenz der Engelsdimension" (die Kräfte, die aus den Asma-ul-Husna Namen resultieren) formt.

MALIK... Derjenige, der durch die Asma-Ebene, welche seinen Besitz darstellt, je nach dem wie er möchte, in der Welt der Taten die Gestalten erneuert!

Derjenige, der „das Malakut" (Asma-Kräfte) **von allen in der Hand hat** (ein Zeichen dafür, dass das Regieren auf dieser Ebene manifestiert wird) **ist Subhan** (trotzdem dadurch nicht zu beschränken)**...Zu IHM werdet ihr wieder zurückkehren ."** (36.Yâsiyn: 83)

Der einzige Besitzer! Kann keinen Teilhaber haben. Derjenige, den er diese Bewusstheit erleben lässt, der kann keinen anderen Zustand außer der absoluten Hingabe haben! Einwand und Rebellion sind total verschwunden! Bei dem als „über dem Thron erhoben" (die Betrachtung vom Quantum-Potential aus) bezeichneten Ereignis ist es eine vorrangige Eigenschaft, zusammen mit ein paar anderen Eigenschaften…

„Alles, was es im Himmel und auf der Erde gibt; derjenige, der Malik, Kuddûs, Aziyz und Hakiym ist (derjenige, der sie erschafft, damit sie die von ihm erwünschten Bedeutungen manifestieren), **loben Allah** (durch ihre Funktionen)**!"** (62.Djumu'a: 1)

KUDDUS... Die manifestierte Besonderheit in den Geschöpfen ohne durch Begriffe definiert, beschränkt und begrenzt zu sein! Während alle Welten mit seinem Asma vom Nichts heraus „existent" werden, wird in ihnen mit den manifestierten Eigenschaften dies erkenntlich gemacht und er ist sogar dadurch nicht zu begrenzen.

SALAAM... Zu den Geschöpfen (durch Beschränkungen des Körpers und der Begierden; von Gefahren; von Beschränkungen der Dimensionen) der Frieden Spendende; derjenige, der den „Zustand der Nähe" formt; derjenige, der den Gläubigen die Verdauung des „ISLAMS" gibt; derjenige, der das „Haus des Salaams" (die Verifikation der spirituellen Kräfte, die zu unserer Wahrheit gehören) ist, der den Zustand des Lebens der Dimension des Paradieses zustande bringt! Es ist die Besonderheit, der Name, der manifestiert und ausgelöst wird vom Rahiym-Namen!

„Salaamun kawlam min Rabir Rahiym= von einem Rahiym „Herrn" wird das „Salaam"(der Friede) erreicht (sie leben ihre Besonderheit des Salaam-Namens aus- resultierend aus dem manifestierten Weg ihrer Namenskompositionen!) (36.Yasin: 58)

MU'MIN... Derjenige, der die Bewusstheit darüber formt, welches sich jenseits des Wahrnehmenden befindet, gemäß der Asma-Dimension. Diese Bewusstheit manifestiert sich in unserer Dimension als **„Glaube"**. Die Gläubigen glauben mit ihrem Bewusstsein mit dieser Bewusstheit; in unserer Welt die Rasule und in der ganzen Existenz die Engel mit eingeschlossen! Diese Bewusstheit sorgt dafür, dass im Bewusstsein der Verstand von der Gefangenschaft des Zweifelns gerettet wird. Das Zweifeln, während es Vergleiche zieht und durch das Denken den benutzten Verstand vom Weg abweichen lassen kann, steht dem Glauben jedoch kraftlos und ohne Einfluss gegenüber. Die Manifestation der Mumin-Namenseigenschaft reflektiert direkt vom reinen universalen Bewusstsein (Schu`ur) zum normalen Bewusstsein (mit fünf Sinnen arbeitend). Deswegen kann auch die Kraft des Zweifelns darüber keine Authorität ausüben.

MUHAYMIN... Derjenige, der die von der „Asma"-Ebene Manifestierten in seinem eigenen System schützt und beibehält **(Al hafizu war Rakiybu ala kulli schay)!** Außerdem bedeutet es auch Wächter (über das Vertrauen), Beschützer und der Vertrauenswürdige. Die Wurzel des vom MUHAYMIN stammenden „Al Amanat" (VERTRAUEN) ist die funktionelle Anwendung des im Koran vorkommenden Ereignisses, welches der Himmel, die Welt und die Berge nicht angenommen haben, aber der Zwilling **des Korâns**, also der **MENSCH**, akzeptierte. Hauptsächlich bezeichnet es das Bewusstsein des Wissens, welches sich auf den Engel bezieht, der SEELE genannt wird, in der Asma-Ebene.

Von diesem spiegelt sich dieses Gewahrsam auf den auf der Erdoberfläche offenbarten Menschen! Das heißt das reine universale Bewusstsein ausleben, dass deine Wahrheit die Asma-Eigenschaften sind! Dieses arbeitet mit dem Namen Mum'in gemeinsam. Sogar der mit dem Namen SEELE (RUH) bezeichnete Engel (Kraft), mittels der Perfektion des Glaubens an die unendlichen und unbegrenzten Eigenschaften der Asma-Ebene ist Hayy (Lebendig) und Kayyum (aus sich heraus bestehend)! Denn er ist immernoch als „manifestierte Form" ein Besitzer eines Körpers.

AZIYZ... Es ist nicht möglich ihm eine Kraft entgegen zubringen; Er ist derjenige, der das ausführt, was Er wünscht! Er ist derjenige, der in allen Welten das hervorbringt, was Er wünscht, ohne dass ihm gegenüber eine behindernde Kraft steht. Dies ist ein Name, der parallel mit dem Rabb („Herrn") Namen zusammenarbeitet. Die **Rabb-**Eigenschaft vollstreckt die Entscheidung mit der Aziyz-Eigenschaft!

DJABBAR... Derjenige, der den Beschluss zwangsläufig zur Anwendung bringt. Die Welten stehen unter dem Beschluss des **Djabbars**, seine Wünsche müssen ausgeführt werden! So etwas wie Alternativen gibt es nicht zu seinem Ausführen! Djabr (der Beschluss) ist deren existierendes System und von ihren Essenzen manifestiert es sich auf eine Art und der Beschluss wird ausgelebt!

MUTAKABBIR... Das wahre **„Ich"** gehört ihm! Derjenige, der **„Ich"** sagt, ist nur Er selbst! Wer mit dem „Ich" Wort sich selbst eine Existenz gibt, der verschleiert dadurch das „Ich", welches zur Wahrheit der Existenz gehört und wenn er sein geformtes Ich in den Vordergrund stellt, dann ist das Ergebnis, dass er dadurch *das Brennen* auslebt! Stolz ist seine Eigenschaft.

KHAALIK... Der wahre **EINE** Erschaffer! Derjenige, der mit den Namenseigenschaften die Einheiten vom „Nichts" zur „Existenz" bringt!

Alles was der Khaalik erschaffen hat, ist alles mit einem Programm versehen, also gemäß dem Schöpfungsauftrag eine Veranlagung, es gibt die Charaktereigenschaft (das Benehmen gemäß der Natur)... Deswegen ist **„Takhallaku biAhlakillah=nehmt die Charaktereigenschaft von ALLAH an!"** Dies bedeutet: **Ihr existiert mit den Namenseigenschaften von Allah, und gemäß dieser Bewusstheit sollt ihr leben."**

BARI... Derjenige, der von Mikro bis Makro jedes Erschaffene mit eigens spezifischem Programm und Eigenschaften erzeugt und dieses auch mit der Ganzheitlichkeit vereinbar funktionieren lässt.

Voller Harmonie wie die ganzen Organe im Körper!

MUSAWWIR... Derjenige, der Bedeutungen im Zustand von Formen manifestiert und so im Wahrnehmenden den Wahrnehmungsmechanismus dieser Gestalten formen lässt.

GAFFAR... Derjenige, der die als Notwendigkeit der Kraft oder Weisheit entstandenen Mängel erkennt und diejenigen, die von den Folgen befreit werden möchten, seine Vergebung erfahren lässt. Derjenige, der vergibt.

KAHHAR... Derjenige, der das Ergebnis der **„Wahid" (Eins)**-Entstehung ausleben lässt und so beobachten lässt, dass die *angenommenen* Ich-Gefühle niemals **„existent"** waren!

WAHHAB... Derjenige, der ohne Gegenleistung und ohne den Begriff „es verdient zu haben" trotzdem gewährt.

RAZAAK... Derjenige, der, egal was in welcher Dimension oder Umgebung passiert, für das notwendige Fortlaufen des Lebens einer manifestierten Einheit jede Art Nahrung gibt.

FATTAH... Derjenige, der in einem Individuum eine Öffnung formt. Derjenige, der die Wahrheit erkennen und sehen lässt und infolgedessen zu verstehen gibt, dass in den Welten Unvollständigkeit, Mängel und Fehler nicht existieren. Die Sichtweise oder den Einsatzbereich erweitern und die Möglichkeit des Bewertens erzeugen lässt. Das Nichterkannte erkennen und beurteilen lässt!

ALIYM... Derjenige, der wegen der „WISSENS"-Eigenschaft unendlich, grenzenlos alles und jede Dimension, mit jedem Aspekt der Wissende ist!

KAABIZ... Er ist derjenige, der beschließt, dass alle Einheiten, ihre Wahrheit mit der Kraft und dem Aspekt seiner geformten Namen nehmen! Derjenige, der zum Inneren hinwenden lässt.

BASIT... Der Öffnende und Verteilende. Derjenige, der Dimensionalitäten und eine tiefe Betrachtungsweise formt.

KHAAFIZ... Der Erniedrigende. Derjenige, der ein von der Wahrheit entferntes Leben formt. Derjenige, der das „Asfali Safiliyn" (Niedrigste unter den Niedrigen) in der universalen

Dimension erschafft. Derjenige, der die Beobachtung der „Vielfältigkeit" als geformten Schleier zustande bringt!

RAAFI... Der Erhöhende. Derjenige, der eine bewusste Einheit im waagerechten und horizontalen Verständnis erhöht, die Wahrheit begreifen lässt oder im Beobachtungszustand erhöht.

MUIZZ... Derjenige, der einem Individuum Ehre verleiht und so dieses gegenüber den Anderen wertvoll erscheinen lässt.

MUDHILL... Derjenige, der die Demütigung bei dem Erwünschten offen erscheinen lässt! Der Verachtende…; indem er durch die Ehre zustanden gekommene Eigenschaften der „Nähe" nicht ausleben lässt, ist er derjenige, der durch die Verschleierung des Egos erniedrigt.

SAMI... Derjenige, der seine manifestierten Namenseigenschaften in jedem Moment wahrnimmt. Derjenige, der die Bewusstheit und zu begreifen ausleben lässt. Daraus resultiert, dass Er der Auslösende für seine BASIYR-(der Sehende) Namenseigenschaft ist!

BASIYR... Derjenige, der seine manifestierten Namenseigenschaften jeden Moment betrachtet, ihre Resultate bewertet und ihre Ergebnisse formt.

HAKAM... Der Richtende, derjenige, der seinen Beschluss unbedingt ausführt.

ADL... Derjenige, der gemäß dem Schöpfungsziel jeder Namenseigenschaft, die manifestiert wurde, ihre Berechtigung gibt als Schlussfolgerung der „Ulûhiyet" (das Allah-Dasein!). Derjenige, der frei ist von ungerechtem Handeln, der Ausübung von

Grausamkeiten.

LATIF... Der in der Tiefe des Geschöpfes und der Existenz Verborgene. Derjenige, der viel Wohlwollen zeigt!

KHABIYR... Das „Entstehen" der manifestierten Namenseigenschaft, als dessen Erzeuger er über deren Zustand Bescheid weiß. Derjenige, der dem Individuum mit dem bei ihm Manifestiertem zu erkennen gibt, auf welcher Verständnisebene es sich befindet.

HALIYM... Derjenige, der einem manifestierten Ereignis ohne plötzliche und impulsive Reaktion dem Zweck der Manifestierung nach beurteilt.

AZIYM... Überwältigende Größe, dessen Erhabenheit keinem Individuum, welches manifestierte Namenseigenschaften besitzt, begreiflich ist.

GAFUR... Vor der Barmherzigkeit Allahs darf man nie die Hoffnung verlieren. Derjenige, der die notwendige Reinigung machen lässt und so den Segen der Barmherzigkeit erreichen lässt. Der den Rahiym-Namen auslöst.

SCHAKUR... Derjenige, der, um es zu vermehren, den gegebenen Segen bewerten lässt. Derjenige, der in einem Individuum den Segen ordnungsgemäß bewerten lässt und so zu mehr Öffnung darüber formt. Löst den Namen „Kariym" aus. Dagegen lässt die Verschlossenheit der Eigenschaft des Namens bei dem Individuum das Verschliessen gegenüber dem, was ihn erreicht, erfahren; statt den Segen zu beurteilen, wendet er sich in andere Richtungen und lässt somit die Verschlossenheit dem Segen gegenüber erfahren. Dies wird als „Undankbarkeit", d.h. als das

Nichtbeurteilen des Gegebenen definiert. Dies führt zur Entbehrung von Weiteren außerhalb des Gegebenen. Es kommt zum Abbruch des fortlaufenden Segens.

ALIYY... Der Höchste; derjenige, der die Existenzen vom Punkt der Wahrheit aus betrachtet.

KABIYR... Derjenige, der die Größe der Welten, die mit seinem Asma erschaffen worden sind, nicht begreifen lässt.

HAFIYZ... Derjenige, der die notwendigen Dinge für den Schutz des Daseins in den Welten erzeugt.

MUKIYT... Derjenige, der das Fundament für das Nötige, sei es materiell oder geistig, produziert, damit die Bildung der Eigenschaft des Namens Hafiyz erzeugt wird.

HASIYB... Derjenige, der Individualität beibehält, indem er die Folgen der Manifestierungen von dem Individuum ausleben lässt. Somit ist er derjenige, der den Fluss der Formierung bis zum Unendlichen erschaffen hat.

DJALIYL... Die hervorragendste Kapazität und mit seiner Perfektion in der Welt der Taten (Alam al Afal) der Sultan.

KARIYM... Er ist so großzügig, dass die Manifestationen, die ihn ablehnen unzählige Segen verabreicht bekommen. Zu **„LESEN”** also **„IKRA”** („LIES”-das erste Wort der Offenbarung im Koran) ist nur mit Seinem „Akram“ (Großzügigkeit) in einer Einheit manifestierbar. Es erscheint in der Wahrheit, in der Essenz jeder Einheit.

RAKIYB... Da jede Einheit mit seinem Namen erschaffen wurde, ist er derjenige, der jeden Moment unter Kontrolle hat.

MUDJIYB... Derjenige, der wahrlich allen, die sich zu ihm drehen, antwortet und ihnen das Nötige formt!

WAASI... Derjenige, der mit seinen Nameseigenschaften alle Welten umfasst.

HAKIM... Derjenige, der mit der Kraft des Wissens Ursachen manifestiert, Kausalität formt und dadurch die Wahrnehmung der Vielfältigkeit.

WADUUD... Derjenige, der die Attraktion, die Anziehungskraft erschafft. Derjenige, der die absolute und bedingungslose, ohne etwas zu erwartende Liebe erschafft. Es ist die Realität der Liebe in der Liebe von jedem Liebenden.

MADJIYD... Derjenige, der durch die Manifestation der wundervollen Schöpfung eindeutig die Erhabenheit seines Zustandes platziert!

BAIS... Derjenige, der ständig neue Lebensdimensionen formt!

Als Voraussetzung des Mechanismus **„derjenige, der sich in jedem Moment in einem neuen erstaunlichen Zustand manifestiert"** erschafft „Al Bais" kontinuierlich ständig neue Erfahrungen. Der Ausdruck dieses Namens in Bezug auf die Menschheit ist in der „AMANTU" (Glaubensbekenntnis) beschrieben als **„Basul badal mawt=ich glaube an das Leben (Wiederauferstehung) nach dem Tod"...**

„Wahrlich ihr werdet, während ihr die Dimensionen wechselt, zu Körpern geformt, die angemessen für diese Dimensionen sind!" (84.Inschikak: 19)

Es bedeutet den Tod zu kosten und dadurch einen neuen Lebenszustand zu beginnen. In dieser Welt (Körper) ist es jedoch auch in unserem Leben möglich neu „wiederaufzustehen". Wie die Auferstehung des **Walayat** (Erleuchtung-derjenige, der die eigene Wahrheit kennenlernt), **Nubuwwat** (ein Mensch, der durch eine Gabriel-Offenbarung das kosmische System entziffert), **Risalat** (Mensch, der durch Gabriel-Offenbarung Wissen über Allah entfaltet bekommt)! Dies sind alles Themen über neue Lebensabschnitte!

Anhand eines anderen Beispiels erklärt, bedeutet „Al Bais" die Keimung eines Samens, um zu einer Pflanze zu sprießen oder um neues Leben zu erwecken. In ähnlicher Weise entsteht das Leben aus dem Tod (inaktives ruhendes Potential). Im Bezug auf den neuen Zustand der Existenz gilt das vorherige als Grab (Kabir)…

„Diese Stunde (Tod) **wird wahrlich kommen, da gibt es keinen Zweifel."**

Mit Sicherheit wird Allah diejenigen (bewusste Wesen), **die sich in den Gräbern** (innerhalb ihrer Körper) **befinden, wieder auferstehen lassen** (während ein neuer Körper geformt wird, wird ihr Leben weitergeführt)**."** (22.Hadj: 7)

SCHAHIYD... Derjenige, der mit seiner Existenz der Bezeugende der Existenz ist. Er betrachtet durch die Asma-Eigenschaften, die manifestiert wurden, seine Existenz und ist den Manifestionen der Bezeugende! Er ist derjenige, der ausleben lässt, dass vom Bezeugten selbst nichs anderes vorhanden ist!

HAKK... Derjenige, der ganz offensichtlich die Absolute Wahrheit darstellt! Die Wahrheit und die Quelle von allen manifestierten Funktionen!

WAKIYL... Derjenige, der das Erforderliche tut, damit das Notwendige jeder manifestierten funktionellen Einheit ausgeführt wird. Mit diesem Verständnis entsteht einer, der an sich selbst Vertrauen richtet, deshalb ist er derjenige, der das segensreichste Ergebnis formt. Derjenige, der an die Wahrheit zur Eigenschaft des

Wakiyl-Namens glaubt, der glaubt auch an alle Namen (alle Kräfte) von **Allah**! Es ist ein Name, welches die Quelle des **Khalifatgeheimnisses** (wörtlich *Stellvertreter*; das „B" Geheimnis; der Sinn und die Funktion des Menschen) darstellt!

KAWWIY... Derjenige, der seine Kraft in ein aktivierendes Potenzial umwandelt, um die Existenz zu manifestieren (und so das Potenzial beinhaltet für die ganze Existenz). Derjenige, der die engelhafte Dimension bildet.

MATIYN... Derjenige, der die ganze Afal-Dimension (Dimension der Taten) auf den Füßen stehen lässt. Derjenige, der die Kraft formt. Derjenige, der Festigkeit und Widerstand verleiht!

WALI... Derjenige, der führt und veranlasst, dass ein Individuum seine Wahrheit erfährt und gemäß seiner Essenz leben kann. Es ist die Quelle des „Risalat“ (Entfaltung über das Wissen um das wahre „Ich", d.h. des Namens Allah) und des „Nubuwwat“ (Offenbarung über das Funktionieren des Systems), welches die Höhepunkte des Wilayats (wahres Potenzial des menschlichen Gehirns) darstellen. Während die Eigenschaft des „Risalats“ bis zur Unendlichkeit in Kraft tritt, ist die Eigenschaft des „Nubuwwats“ nur in diesem Leben gültig. Ein *Nabi* führt seine Perfektion weiterhin nach dem Tod fort, aber seine Funktion und Aufgabe als Nabi endet mit dem Tod. Anders der *Rasul*, seine „Risalat“ (die unendliche Aufdeckung des Potenzials) ist weiterhin gültig (so wie es auch in den Walis- d.h. diejenigen, die ihre eigene Wahrheit erfahren haben- gültig ist).

HAMID... Derjenige, der seine universelle Perfektion auf weltliche Formen beobachtet und bewertet, welches durch den Namen *al Wali* manifestiert wird. Das *Hamd* (die Bewertung) ist nur Ihm selbst überlassen.

MUHSI... Derjenige, der in der Einheit die multiplen Gestalten vom Makro zum Mikro einzeln mit allen Besonderheiten erschafft.

MUBDI... Derjenige, der den Ursprung der Welten herbeiführt. Alle mit einzigartigen Qualitäten und Besonderheiten.

MUID... Derjenige, der eine neue Lebensdimension denen gibt, die sich ihrer Essenz widmen.

MUHYI... Der Leben Spendende, der zum Leben erweckt und erleuchtet. Derjenige, der die Wahrheit mit dem Aspekt des Wissens bezeugt und das Beobachten der eigenen Realität zulässt.

MUMIT... Derjenige, der den Tod „schmecken" lässt! Derjenige, der von einer Lebensdimension zur anderen Lebensdimension wandern lässt!

HAYY... Die Quelle der Asma-Welt! Derjenige, der allen Asma-Besonderheiten das Leben gibt, der die Existenz formt. Die Quelle der universalen Energie; die Wahrheit und der Ursprung der Energie!

KAYYUM... Derjenige, der sich selbst mit seinen Qualitäten eine Existenz gibt, ohne etwas dafür zu benötigen. Alles in der Existenz ist beständig durch den Namen *Kayyum.*

WAADJID... Derjenige, dessen Qualitäten und Attribute grenzenlos vorhanden sind. Derjenige, von dem nichts verringert wird, trotz der vielfältigen Manifestationen.

MAADJID... Derjenige, der grenzenlose Großzügigkeit und Gabe besitzt.

AL WAHID... Wahid ul AHAD-Eine **EINS**, welche keine numerische Vielfalt akzeptiert! Nicht in Teile zu teilen und nicht von Teilen geformt; die EINS, die nicht aus dem Verständnis des Pantheismus resultiert! **DIE EINS,** die den Begriff der Vielfalt aufhebt, zum „Nichts-Sein" verbindet, welches überhaupt keinen Gedanken und keine Idee aufrechterhalten lässt!

SAMAD... Der ganze, einzige EINE! Unabhängig vom Begriff der Vielfältigkeit! Nicht geformt durch viele Verbindungen von Eigenschaften! Er ist derjenige, der über den Begrenzungsbegriff hinaus der Besitzer der Einheit ist. Es ist solch eine Einheit, so dass nichts benötigt wird. Das **Hadis i Scharif (ehrenhafte Erklärung des Hz. Mohammed,s.a.s)** erklärt es folgendermaßen: **„As Samadullazi la jawfa fiyhi=Es ist solch ein SAMAD, es gibt darin nichts übrig Gebliebenes (GANZ, EINZIG)!"**

KAADIR... Derjenige, der erschafft und sein Wissen beobachtet, ohne von Kausalität abhängig zu sein. In dieser Sache ist er derjenige, der absolut grenzenlos ist.

MUKTADIR... Der absolute Besitzer aller Kraft, die der Erschaffung, Disposition und Autorität zugehörig ist.

MUKADDIM... Derjenige, der Priorität zur Namenseigenschaft gibt, die gemäß dem Schöpfungsauftrag manifestiert wird.

MUAKHIR... Derjenige, der in der Schöpfung verschiebt, welches gemäß dem **Hakiym-Namen** manifestiert wird.

AWWAL... Der Anfang des Erschaffenen, die Asma-Wahrheit, die den ersten Zustand darstellt.

AKHIR... Derjenige, der vom Erschaffenen bis zur Unendlichkeit der Letzte ist.

ZAHIR... Derjenige, dem etwas offensichtlich ist; derjenige, der mit der Namenseigenschaft wahrnimmt!

BATIN... Derjenige, dem das nicht Wahrzunehmende und die Wahrheit des Ghayb (Unsichtbare) offensichtlich ist! (Awwal, Akhir, Zahir, Batin ist HU!)

WAALIY... Derjenige, der gemäss seinem Beschluss regiert.

MUTA`ALIY... Der grenzenlose, unendliche Erhabene; seine Erhabenheit dominiert überall! Er ist der Besitzer von grenzenloser Erhabenheit, der in den Welten durch gar keine Logik und mit gar keinem Ausmaß an Verstand, mit gar keiner Reflexion verstanden werden kann.

BARR... Derjenige, der das geformte Temperament und die natürliche Disposition in einem Individuum herabsetzt.

TAWWAB... Derjenige, der die Individuen zu ihrer eigenen Essenz führt, indem er sie die Wahrheit wahrnehmen und verstehen lässt. Derjenige, der zulässt, dass Individuen um Vergebung bitten, d.h. fern von ihren Fehlverhalten bleiben und jegliche Verletzungen, die sie begangen haben, kompensieren können. Die Aktion dieses Namens löst den Rahiym-Namen aus, und so wird die Schönheit der Wahrheit beobachtet und ausgelebt.

MUNTAKIM... Derjenige, der Individuen die Konsequenzen ihrer Taten erfahren lässt, die verhindert haben, dass sie ihre Wahrheit ausleben konnten. **„Zuntikam"** (Rache), ist die Schlussfolgerung der Manifestation, dass man den „Preis" zahlen muss. Allah ist jenseits von emotionalen Konzepten wie Rache zu begrenzen. Das Wort „Streng in Heimzahlung" (Schadid ul Ikab) im Koran weist auf al Muntakim hin, d. h. es ist eine Kraft, die *Rache* an das Individuum ausübt, weil es nicht die Wahrheit erkannt hat, indem es die Konsequenzen seiner obstruktiven Taten in einer strengen und intensiven Art erleben muss.

AFUW... Derjenige, der alle Fehlverhalten außer „Dualität" (Schirk) vergibt. In einem Zustand von Schirk (Dualität) manifestiert sich die Besonderheit dieses Namens nicht. Was hier unterschieden werden muss ist Folgendes: Dass einem vergeben wurde, heisst nicht, dass ein Verlust in der Vergangenheit kompensiert wurde, denn im System von Allah (Sunnatullah) gibt es keine Kompensation für Vergangenes (nicht Erreichtes).

RAUF... Derjenige, der Güte denen zeigt, die sich ihm zuwenden, indem einem Individuum Schutz vor allem möglichen Unheil gewährt wird, die durch bestimmtes Verhalten entstehen.

MALIK-UL MULK... Derjenige, der seine Herrschaft (über die Welt der Taten) so regelt wie es gewünscht wird, ohne einem Individuum Rechenschaft darüber abzulegen.

„Sag: O Allah, Besitzer der Herrschaft (Mulk-Welt der Taten), DU gibst Herrschaft wen Du willst und DU nimmst Herrschaft von wen DU willst. DU ehrst wen DU willst und DU erniedrigst wen DU willst. Alles Gute ist in deiner Hand. Wahrlich bist DU über die „erzeugte Existenz" mächtig. (3:26)

ZHUL DJALAALI WAL IKRAM... Derjenige, der einem Individuum mit DJALAAL die Nichtigkeit erfahren lässt, indem es seine Wahrheit erkennt, dass es vom Nichts erschaffen wurde und ihm dann durch seine IKRAM (Darreichung) Ewigkeit gewährt, indem es beobachtet, dass seine Essenz aus den manifestierten Namen heraus entsteht.

MUKSID... Derjenige, der Gerechtigkeit walten lässt, als Voraussetzung seiner Uluhiyya, indem jedes Individuum das kriegt, was es verdient, damit es den Sinn seiner Schöpfung erfüllen kann.

DJAAMI... Derjenige, der die ganze Existenz „als ein einziges Bild mit vielen Dimensionen" in seinem Wissen versammelt und zusammenfassend betrachtet. Derjenige, der die Geschöpfe und das Schöpfungsziel gemäß ihrer Aufgaben versammelt!

GHANI... Derjenige, der unabhängig ist von Manifestierungen all seiner Namen und nicht mit Etikettierungen zu begrenzen, da er Akbar (grenzenlose Größe) ist; mit seinem Asma ist er derjenige, der unzählig und unendlich reich ist.

MUGHNI... Derjenige, der Individuen bereichert und sie über andere an Reichtum gewinnen lässt und emanzipiert. Derjenige, der mit seinem eigenen Reichtum bereichert. Derjenige, der die Schönheiten der Ewigkeit (Baka) gewährt, welche aus der Schlussfolgerung des Fakir-Daseins (nichts zu besitzen-„Nichtigkeit") resultiert.

„Haben Wir dich nicht in Armut (Fakir, in „Nichtigkeit") **gefunden und dich bereichert** (mit der Ewigkeit-Baka, d.h. haben wir dich nicht zum Diener des Al Ghani gemacht, haben wir dich nicht erleben lassen, Diener von demjenigen zu sein, der von den Welten unabhängig ist?) (93.Duha: 8)

„Wahrlich ist Hu es, der bereichert und arm sein lässt." (53. Nadjm: 48)

MANI... Derjenige, der verhindert, dass diejenigen Dinge erreichen, die sie nicht verdienen!

DARR... Derjenige, der Individuen verschiedene schmerzvolle Zustände (Krankheit, Leid, Unheil) erleben lässt, damit sie sich IHM zuwenden!

NAFI... Derjenige, der Individuen nützliche Gedanken und Taten tun lässt, damit sie ein vielversprechendes Resultat erreichen.

NUUR... Das bestehende Wissen, welches von jedem die Wahrheit darstellt! Jeder ist vom Fundament her „NUUR", d.h., jeder ist aus Wissen erschaffen in „Allahs Wissen". Das Leben existiert mit Wissen. Besitzer von Wissen sind HAYY, voller Leben! Derjenige, der ohne Wissen ist, ist deshalb der lebende Tote.

HAADI... Derjenige, der die Wahrheit erreichen lässt..., der die Notwendigkeit zur Wahrheit leben lässt! Der die Wahrheit ausspricht! Der zur Wahrheit zuwenden lässt!

BADIY... Die unvergleichbare Schönheit, derjenige der die Schönheiten erschafft. Derjenige, der unzählige Arten und Existenzen, alle mit einzigartigen und exklusiven Qualitäten erschafft, ohne irgendwelche Beispiele, Muster oder Exemplare zu benutzen.

BAKI... Derjenige, der ohne Zeitbegriff alleine vorhanden ist.

WARIS... Derjenige, der unter verschiedenen Namen und Formen manifestiert, um die Eigentümer derjenigen, die all ihre Güter verlassen haben, um wahre Transformation zu erfahren, zu beerben und beschützen. Nachdem es aufgebraucht ist, ist er derjenige, der mit einer neuen Zusammenstellung weiterführt.

RASCHIYD... Derjenige, der zur Reife bringt! Derjenige, der ein Individuum sich seiner Wahrheit bewusst werden lässt als Schlussfolgerung von Reife und dies auch ausleben lässt.

SABUR...

„Und wenn Allah das Volk für all ihre Taten verantwortlich halten würde und die Konsequenzen daraus augenblicklich ausführen würde, dann hätte er auf der Erde nicht eine Kreatur (DABBAH-nicht der Mensch, sondern der menschliche Körper) **übriggelassen, aber Hu erlässt ihnen eine spezifische Zeit. Und wenn ihre Zeit gekommen ist, können sie es weder eine Stunde aufschieben noch können sie hinterher sein.** (16:61)

Derjenige, der wartet, dass jedes Individuum das Programm, wofür es erschaffen wurde, ausführt, bevor es die Konsequenzen seiner Taten erleben muss. Das Erlauben des Tyrannen, dass sein Tyrannentum stattfinden kann, d.h. die Aktivierung des Namen *as Sabur* erlaubt beiden, den Unterdrückten und den Unterdrückern, ihre Funktionen auszuführen, bevor die Konsequenzen in vollem Maßstab erlebt werden.

Die Manifestierung der Größe an Unheil bedingt die Formierung der Größe an Grausamkeit.

EINE LETZTE ERINNERUNG

Ganz offenbar kann das **„AKBAR"** (Grenzenlosigkeit) der **„Asma ul Husna"** nicht auf solch eine enge Sichtweise begrenzt werden. Deswegen habe ich mich für viele Jahre an diesem Thema nicht genähert und mich zurückgehalten, da ich weiß, dass es unmöglich ist, die Weite dieser Thematik gebührend zu erfassen. Jedoch wegen des Buches **„Die Entschlüsselung des Korans anhand der Reflexionen um das Wissen um Allah"** bin ich gezwungen worden, dieses Thema bis zu einem gewissen Grad zu behandeln. Ich bitte meinem Herrn um Vergebung. Viele Bücher sind über dieses Thema geschrieben worden. Ich habe nur darüber gemäß meinem heutigen Verständnis geschrieben. Vielleicht habe ich nur die Spitze des Eisberges enthüllt!

SubhanAllâhu amma yasifun!

„Allah ist von ihren Definitionen Subhan (erhaben, weit davon entfernt)!" (23:91)

Ich habe das Bedürfnis die Wichtigkeit des folgenden Punktes zu erwähnen, bevor ich dieses Thema beende:

Alles was ich hier mit euch geteilt habe, sind Dinge, die im reinen universalen Bewusstsein beobachtet und erfahren werden müssen, nachdem man von den Begrenzungen der illusorischen Identität („Ichheit“) und der Dichte des körperlichen Zustandes der Existenz bereinigt wurde.

Falls diese Reinigung das automatisierte Wiederholen von bestimmten Wörtern und Sätzen mit sich bringt ohne erfahrbare Bestätigung, dann ist da kein Unterschied zu einem Computer zu sehen, der ein Programm abfährt und deshalb ist das Ganze nutzlos. Sufismus ist ein Lebensweg! Diejenigen, die erzählen und die Worte Anderer wiederholen (also tratschen!), verschwenden ihr Leben und finden Gefallen an Satans Spiel!

Der Beweis, dass man die Wahrheit dieses Wissens erlangt hat, ist, dass das „Brennen” aufhört! Das bedeutet, es gibt niemanden oder nichts mehr, was einen stören könnte und wenn es keine Situation oder Person mehr gibt, die dich stören könnte, dann bedeutet dies, dass dieses Wissen deine Wahrheit wurde! Solange man durch Wertvorstellungen, die an sozialen Konditionierungen gebunden sind, sich selbst begrenzt und man sein Leben mit Emotionen und Taten, die durch diese resultieren, lebt, dann wird das Leben als Erdling (nicht MENSCH=INSAN!) weitergeführt und gereift werden und diese Person wird abhängig von „Kausalität” sein, hier und im Leben danach. Wissen ist für die Anwendung. Also dann lasst uns mit folgender Anwendung anfangen: „Wissen, welches nicht angewandt wird, ist eine Last auf den Schultern!”

Lasst uns am Ende des Tages uns selbst Folgendes fragen:

„Bin ich heute Nacht in meinem Schlaf bereit, auf einer „Einbahnstraße” eine Reise anzutreten?”

„Stören mich immer noch weltliche Dinge und bereiten mir Kummer? Oder lebe ich meine Dienerschaft in Frieden und Glückseligkeit aus?”

Falls deine Antwort „ja” lautet, dann frohe Botschaft zu dir, mein Freund! Falls nicht, dann erwarten dich morgen viele Aufgaben! In diesem Fall, wenn du morgen aufwachst, dann frage dich selbst: „Was muss ich heute tun, damit ich heute Nacht mit totalem Frieden und Glückseligkeit einschlafen kann?"

Danke an denjenigen, der uns erlaubt, unsere Tage mit der Bewusstheit zu leben, dass alles, was wir besitzen, morgen dahinscheiden wird …

Wassalam…

Ein besonderes Dankeschön an den ehrenwerten Imam der Istanbul Kanlica Moschee, **Hasan Güler Hodja**, ein angesehener Gelehrter und ein Beispiel eines Mannes an Wissen, der mir bei **„Die Entschlüsselung des Korans anhand der Reflexionen um das Wissen um Allah"** beiseite stand und mir assistierte.

37

EMPFEHLUNGEN ZUM SPEZIELLEN ZIKIR

Es heißt: **„Die Herzen finden einzig an der Erinnerung (Zikir) Allahs Zufriedenheit."**

Weshalb und warum?

Weil der Mensch mit der Kapazität zum unbegrenzten Denken geschaffen wurde und **End- und Grenzenlosigkeit** zu den **Besonderheiten Allahs** zählt!

Der Rasul Allahs s.a.s. sagte:

„Lâ uhsiy sanâ`an alayka anta kamâ asnayta alâ nafsik"

„Es ist mir nicht möglich, Dich so zu loben, wie es notwendig wäre, da nur Du Dich selbst so kennst, wie Du wirklich bist, kannst auch nur Du Dich selbst wirklich preisen."

Mit diesem Eingeständnis weist der Rasul Allahs darauf hin, dass es mit Gewissheit nicht möglich ist, das Wesen des End- und Grenzenlosen zu erfassen.

Was bleibt dann für uns zu tun?

Allah insoweit zu verstehen, wie Hu sich uns zu erkennen gibt.

Uns selbst in Allahs Spiegelbild zu betrachten und uns selbst zu erkennen!

Von dem, was bei uns vorhanden ist auf die end- und grenzenlose Vollendung, die Geheimnisse, die erhabenen Eigenschaften Allahs zu schließen und diese zu bewundern.

So hat uns der Rasul s.a.s. wohl auch darauf aufmerksam machen wollen, als er betete: **„Allah, vermehre mein Staunen."**

So, wie wir es am Anfang dieses Buches beschrieben haben, führt der Weg zur Erkenntnis Allahs über das Zikir.

Zikir macht man entweder mit dem Namen „Allah", der alle Attribute und Namen in sich vereint, oder mit den anderen „Namen Allahs", die darauf abzielen, bestimmte Besonderheiten Allahs hervorzuheben.

So, wie wir das in dem Buch **„INSAN VE SIRLARI" (Der Mensch und seine Geheimnisse**[26]) ausführlich beschrieben haben, ist **der Mensch** in Wirklichkeit **eine Komposition verschiedener Namen Allahs**!

Bei jedem Menschen sind alle uns bekannten und unbekannten Namen (Eigenschaften) Allahs, die in dem Namen **Allah** vereint sind, vorhanden. Der Mensch ist also eine Synthese von verschiedenen Namen Allahs! Allah hat dieser Komposition aus seinen verschiedenen Namen den Namen **„Mensch"** gegeben.

Als **„Rabbi eines Menschen"** bezeichnet man die Kräfte Allahs, auf welche die Namen **Allahs** hinweisen, aus denen das eigene Wesen dieses Menschen geschaffen ist!

Der Umstand, dass die Synthese eines jeden Menschen unterschiedlich ist, beruht darauf, dass bei einem jedem die Zusammensetzung der Namen Allahs in unterschiedlichen Stärken erfolgt.

Wenn Sie jetzt mit dem Namen „Allah" Zikir machen, so wird die Kraft, die durch diesen Namen freigesetzt wird, alle unterschiedlichen Namen Allahs, aus denen Ihre persönliche Komposition besteht, zu gleichen Teilen kräftigen. Das bewirkt dann im Endefekt eine Förderung all Ihrer Besonderheiten auf der gleichen Stufe.

---

[26] A.d.Ü. Dieses Buch ist bisher nur auf Türkisch erschienen.

Wenn Sie aber ein Zikir mit den Namen Allahs machen, dann werden bestimmte Eigenschaften der Namen, aus denen Ihr Wesen besteht, gekräftigt.

Wenn Sie zum Beispiel den Namen **„MURID"** rezitieren, der für die **Willensstärke Allahs** steht, so wird die Bedeutung dieses Namens in Ihrer persönlichen Komposition begünstigt. Die Funktion der **Willensstärke** wird in Ihrem Gehirn umfassend gefördert und Dinge, die Ihnen bislang infolge fehlender Willenskraft nicht geglückt sind, können Sie nun problemlos bewältigen.

Oder wenn Sie mit dem Namen **„HAKIM"** Zikir machen, dann werden Sie nach einer Weile den verborgenen Sinn und den Zweck aller Dinge erkennen und verstehen, was weshalb zustande kommt. Sie werden begreifen, dass sehr viele Dinge, die Sie früher für zusammenhanglos und unbedeutend gehalten haben, eigentlich in einem System miteinander in Verbindung stehen.

Das bedeutet letztendlich, dass durch die Rezitation des Namens „**Allah**" alle Namen eine Kräftigung erhalten, ähnlich wie in der Physik bei dem Gesetz der verbundenen Gefäße.

Wenn Sie aber die „**Namen Allahs**" rezitieren, dann werden die dazugehörigen Bedeutungen in der Kombination von Namen, aus denen Sie bestehen, gefördert.

Aus diesem Grunde wird die betreffende Person in ganz kurzer Zeit bedeutende Fortschritte an sich bemerken. Deshalb empfehlen wir all denen, die in kurzer Zeit Erfolge sehen möchten, das Zikir mit den **Namen Allahs.**

Das von uns empfohlene Zikir hat nichts mit dem Zikir von Derwischorden zu tun!

Ob nun in Verbindung mit einem Derwischorden oder ohne eine solche Zugehörigkeit…, wenn eine Person Zikir macht, dann beginnt sie innerhalb von einigen Monaten Erfolge zu sehen!

Folgendes müssen wir mit Bestimmtheit wissen…

Allah befindet sich niemals irgendwo da draußen an einem Ort; Allah hat kein Wesen, welches man mit seinem physischen Körper oder seiner Seele besuchen könnte; Allah muss man in **seinem eigenen Innersten** fühlen. Allah ist der **end- und grenzenlose Eine**, dessen Vorhandensein in jedem Teilchen wahrgenommen werden kann!

Alle Vorstellungen, die diesem Verständnis nicht gerecht werden, sind **Einflüsterungen, Versuchungen von Djinn mit teuflischen Eigenschaften**!

Es gibt nur einen Weg (Tarikat) um Allah zu finden, Ihn zu erkennen und mit Ihm zu sein und das ist der Weg des Rasulallahs s.a.s.!

Alle Auffassungen, die nicht auf den Lehren des Rasulallahs und dem erhabenen Koran basieren, führen früher oder später dazu, dass der Mensch von der Wirklichkeit abweicht!

Aus diesem Grunde empfehlen wir…

Verlassen Sie bitte den Weg des Wissens nicht, während Sie diese Zikirformeln rezitieren! **Schenken Sie Gedanken, die Koranversen und Überlieferungen des Rasulallahs widersprechen, keine Beachtung! Lassen Sie Ihre Pflichtgebete auf keinen Fall ausfallen, egal mit welcher Begründung! Schenken Sie Gedanken, die Ihnen vorgaukeln, dass sie nun selbst ein Scheich, ein Freund Allahs (Awliyâullah) oder der Messias geworden sind, auf keinen Fall Beachtung!**

Denn das größte Spiel der Djinn ist es, demjenigen, dessen Gehirn empfindlicher geworden ist und dessen Empfänglichkeit gesteigert wurde, einen Streich zu spielen und ihm zu suggerieren, dass er nun etwas Besonderes geworden ist und diesen so vom Weg abbringt!

Wir müssen mit Bestimmtheit wissen…

Es gibt für uns keine höhere Stufe, als Allahs Diener zu sein!

All unsere Bestrebungen, unser inständiges Bitten zielen darauf ab, diesen Grad der Nähe zu erlangen.

Ob Sie nun gar nicht glauben, oder ob Sie an Allah glauben oder nur einmal in der Woche zum Freitagsgebet gehen, für den Anfang können wir Ihnen folgende Zikirformeln empfehlen:

100 Allahumma a´inni alâ zikrika wa schukrika wa husni ibadatik

Mein Allah, hilf mir mit Zikir (Erinnerung), Dankbarkeit und erfolgreichem Dienen

300 Allahumma inniy as'aluka hubbaka wa hubbu man yuhıbbuka

Mein Allah lass mich Dich lieben und auch diejenigen, die dich lieben

300 Lâ ilaha illâ anta subhanaka inniy kuntu minaz zalimîn

Es gibt keinen Gott, nur Dich, Du bist Subhan (du bist unabhängig, ich bin im Tasbih zu Dir mit Deiner Asma-Bedeutung). Wahrlich ich gehöre zu denen, die grausam sind (zu sich selbst, da ich nicht meine Wahrheit wahrnehme und spüre, mich von meiner Wahrheit wegdrehe..)

500 Kuddûs'ut tâhîru min kulla suin

Bereinige mich von allen körperlichen Fehlern

100 Ya Nuura kulla schayin wa hadahu ahridjniy minaz zulûmâti ilan nuur

Oh Dein Licht (Wissen) umfasst alles, rechtleite mich aus der Grausamkeit (Dunkelheit der Ignoranz) heraus, lass mich das Licht des Wissens erreichen.

MURID - 3600

HALİM - 2700

MU'MİN - 1800

RASCHİD - 2700

KUDDUS - 3600

NUUR - 3600

HAKÎM - 1800

FATTAH - 2700

Sie können zu Beginn mit dem Zikir der ersten paar Namen beginnen. Wenn es Ihnen schwer fällt zu zählen, dann können Sie auch eine bestimmte Zeit für das Zikir festlegen… Wenn das auch noch zu schwer ist, dann können Sie auch damit beginnen, die Namen „MURID", „NUUR" und „KUDDUS" für eine bestimmte Zeit zu rezitieren, ohne dabei zu zählen.

Wenn Sie keine Zeit haben, dann schadet es auch nicht, wenn Sie die Anzahl der Namen auf der Liste reduzieren. Es dauert dann nur etwas länger, bis Sie einen Erfolg erzielen.

Wichtig ist, dass Sie die Gebete und Rezitationen auf Ihrer Liste morgens nach dem Aufstehen beginnen und abends vor dem Einschlafen zu Ende bringen. Sie können diese Rezitationen zu jeder Zeit und an jedem Ort machen, dabei spielt es keine Rolle, ob Sie die rituelle Reinheit haben oder nicht!

Wenn Sie eine Gebetskette zum Zählen benutzen, dann sagen Sie bei jeder Perle neunmal den Namen hintereinander jeweils in Dreiergruppierung. Auf diese Weise erhalten Sie bei einer Runde der Gebetskette die Anzahl 900. Zum Beispiel:

Murid,Murid,Murid - Murid,Murid,Murid - Murid,Murid,Murid.

Sollten Sie eine Person von sehr schmaler, schlanker Gestalt sein, Ihre Finger lang und dünn, Ihre Fingerkuppen spitz bis oval oder Ihre Stirn breit und Ihr Kinn spitz zulaufend sein, dann empfehlen wir Ihnen folgendes Gebet noch zu Ihrer Liste hinzuzufügen:

300 Allahumma sabbit kalbiy alâ diynika

Wenn Sie zu Schwermütigkeit neigen, innere Unruhe verspüren und von Zeit zu Zeit Krisen haben und keine Freude am Leben verspüren, dann sollten Sie Ihrer Liste folgendes hinzufügen:

100 Mal die ganze 94. Sure Asch-Scharh

300 Rabbisch rahli sadriy wa yassirliy amriy

300 Alam naschrah laka sadrak

und 1800 Mal den Namen „BASIT"

Wenn Sie, nachdem Sie diese Liste drei-vier Monate lang befolgt haben, einen Erfolg sehen und Nutzen daraus ziehen, noch weiter gehen möchten und genügend Zeit zur Verfügung haben, dann können Sie in der angegebenen Reihenfolge noch folgende Gebete und Namen zu Ihrer Liste hinzufügen:

300 Allahumma alhimniy ruschdiy wa a`ızniy min scharra nafsiy

Allah, gib mir eine Inspiration, auf dass ich den rechten Weg einschlage, ich flüchte mich zu Dir vor den Handlungen, die meinem Selbst Schlechtes zufügen.

300 Rabbiy zidniy ilman wa fahman wa imana

Mein Rabb, vermehre mein Wissen, mein Verständnis und meinen Glauben

RAHİYM - 3600

SAMI - 2700

BASÎR - 2700

ALÎM - 2700

AZIYZ - 2700

WAKİYL - 2700

WAHHAB - 2700

DJÂMI - 2700

Wenn die Person, welche die allererste Liste befolgen möchte, über 40 Jahre alt ist, dann sollte diese zunächst für ein paar Monate die Anzahl des Namen „MURID" auf 4500 hochsetzen, und nachdem sich ein bestimmter Erfolg eingestellt hat, kann die Anzahl auf die angegebenen 3600 gesenkt werden.

Darüber hinaus kann ich denjenigen, denen freie Zeit zur Verfügung steht und die diese ausnutzen möchten, noch Folgendes eindringlich empfehlen:

Das von Hz. Fatima überlieferte Salawaat (auf Seite 129) 300 Mal zu rezitieren und das Istighfar **„Rabbi inniy zalamtu nafsiy zulman kabiyran lakal utba hatta tarda"** 100 Mal zu wiederholen.

Wer durch weltliche Angelegenheiten in Bedrängnis ist, der wird in kurzer Zeit großen Erfolg sehen, wenn er folgende Koranverse 500 Mal am Tag rezitiert:

„Hasbiyallahu lâ ilâha illâ Hu alayhi tawwakaltu wa huwa rabbul arschil azıym. Sayadj'alullaha ba'da usrin yusra."

„Hasbiyallahu wani'mal wakil; wa kafa billahi waliyyan wa kafa billahi wakila."

Während Sie sich mit diesen **Gebeten und Zikir** beschäftigen, ist es von Vorteil, wenn Sie, so oft Sie die Gelegenheit dazu finden, in den bisher von uns erschienenen Büchern lesen, welche den Begriff der Religion als ganzheitliches System zu erklären versuchen.

Sie werden dann diese Themen mit Leichtigkeit verstehen. Denn durch Ihre Bemühungen aktivieren Sie in Ihrem Gehirn neue Kapazitäten, ganz gleich, ob Sie wollen oder nicht, oder ob Sie glauben oder nicht. Dieser Umstand ermöglicht es Ihnen Dinge, die Sie neu lernen ganz leicht zu verstehen und zu begreifen.

Des Weiteren können wir für Interessierte noch folgendes Gebet empfehlen, welches in der letzten Niederwerfung im Gebet von zwei Rekat, in der Nacht vor dem Schlafengehen oder wenn man vom Schlaf aufsteht, gesprochen wird. Natürlich ist es hier nicht so wichtig, den von uns aufgeschriebenen Wortlaut des Gebets wortwörtlich wiederzugeben. Wichtig ist hier, sinngemäß die Bitte in eigenen Worten vorzubringen.

Allah, der Du der Herr über die Himmel, der RUH (der einzigen Seele!) und alle Engel bist…

Neben Dir bin ich hilflos, schwach und bedürftig und in dem Bewusstsein, dass ich vor Dir ein Nichts bin, bitte ich Dich inständig…

Bitte vergib mir all meine Verfehlungen, alles was ich

wissentlich und unwissentlich getan habe!

Allah, der Du der Herr unseres Rasuls Hz. Mohammed (Friede sei mit ihm) bist, bitte erleichtere mir den Weg derer, denen Du Gnade erweist und behüte mich davor, zu denen zu zählen, die von der Wahrheit abweichen!

Bitte lass mich zu denen gehören, denen Du die Ehre erweist, sie für Dich auserwählt zu haben; bitte gewähre mir Nähe zu den Menschen, die Du am meisten liebst unter denen, die im Moment auf der Erde leben; erleichtere mir deren Tun und lass es mir lieb werden!

Allah, außer Dem nichts existiert, Allah, der Du alles, was Du geschaffen hast, in Vollkommenheit zustande gebracht hast, Allah, der Du für uns niemals zu erfassen sein wirst, YA HU YA MAN HU!

In Hochachtung vor Deinem Wesen, errette mich von der Blindheit meines Herzens, lass mich die absolute Wirklichkeit wahrnehmen und sie mir zueigen machen!

Gib mir solch eine Nähe zu Dir, dass es fortan keine Blockade des Glaubens, keine Lästerung (Ghiybet) und keine Assoziation mit Dir (Schirk) mehr gibt!

Allah, ich flüchte mich zu Dir, vor allem was mich daran hindert, den Zustand von Hakk'al Yakîn[27] zu erleben. Ich flüchte mich vor Dir zu Dir! Nimm mich davor in Schutz, mit meinem „SELBSTverständnis" vor Dir zu treten...

Du bist der Beschützer und Deine Kraft reicht für Alles...

Allah, Du bist der Herr der Universen, Du bist der Hocherhabene.

Erweise Deinem Rasul, Dein Friede sei mit ihm, der uns diese Wirklichkeiten aufgezeigt hat, so viele Wohltaten, wie es Zahlen in Deinem Wissen gibt, so wie er es verdient, denn wir sind nicht

---

[27] **Hakk'al Yakîn** bedeutet: Dass der Gläubige nicht nur vom Wissen her, sondern gleichzeitig vom Zustand und der Wahrnehmung her in der Wahrheit Allahs aufgeht und mit dieser Wahrheit unsterblich wird.

fähig ihn angemessen zu würdigen.”

Ich möchte hier noch einiges an Wissenswertem, über die von uns empfohlenen Namen, anfügen. Ich hoffe, dass es besonders denjenigen förderlich ist, die wissen möchten, was sie tun.

Reden wir zu Beginn über den Namen „**MURID**”, den ich als Erstes empfohlen habe.

Der Name „**MURID**” ist die Bezeichnung für Allahs Eigenschaft der „**Willensstärke**”! Unser Wesen in all seinen Dimensionen ist vornehmlich aus den Eigenschaften Allahs entstanden! Mit dem Attribut des Lebens wurde uns unser Leben gegeben; je nach der Dimension, in der wir uns befinden, ist der Name „**BÂIS**” für unseren Körper verantwortlich, wenn er mit neuen Eigenschaften versehen oder neu erschaffen wird und dies wird bis in Ewigkeit so weitergehen. Aufgrund des Namens „**ALIM**” besitzen wir ein Bewusstsein und Wissen. Mit dem Namen „**MURID**” tritt Allahs Attribut der „**Willenskraft**” bei uns hervor und wir werden dann als willensstark bezeichnet. Durch den Namen „**SAMI**” werden wir zu Wahrnehmenden und durch das Attribut „**BASÎR**” sehen und verstehen wir. Mit der Eigenschaft von „**KALAAM**” ist uns die Fähigkeit gegeben uns zu artikulieren und mitzuteilen und all dies geschieht dadurch, dass die Allmacht Allahs „**KUDRAT**” in uns zutage tritt und in uns wirkt!

Soweit uns bekannt ist, wurde das Geheimnis des Namens „**MURID**” zum ersten Mal uns offenbart! Vor uns hat noch niemals irgendjemand diesen Namen zum Zikir gebraucht oder anderen empfohlen. Viele, die sich mit der Religion oder dem Tasawwuf, der islamische Mystik, beschäftigen, ist dieser Namen noch nicht einmal bekannt, denn in den Büchern sind stets nur die anderen Namen verzeichnet und der Name für die Willenskraft wird nicht erwähnt. Den verborgenen Sinn dieses Umstandes weiß Allah bestimmt am besten!

Der Name „**MURID**” besitzt die Kraft bei den Menschen eine sehr schnelle Entwicklung hervorzurufen, dies haben wir bei verschiedenen Studien festgestellt! Fast alle von uns haben recht viel Wissen, aber wir können uns nur schwer entschließen, dieses Wissen in die Tat umzusetzen. Und das hat schließlich nur einen Grund, unsere **fehlende Willenskraft**!

Das Zikir mit dem Namen „**MURID**" ist die Abhilfe bei dieser Willensschwäche. Wenn eine Person den Namen „**MURID**" rezitiert, dann wird die Willenskraft dieser Person in Bezug auf die Themen, die diese interessieren, gestärkt und sie wird damit beginnen, sehr viele Dinge, die sie bislang zwar wusste aber nicht angewandt hatte, in die Tat umzusetzen.

Zum Beispiel kann dieser Mensch nicht vom Alkohol lassen, oder sich nicht vom Tabakkonsum befreien, welcher für jemanden, der sich mit dem Sufismus beschäftigt, mit Bestimmtheit verboten ist, oder er kann seinen religiösen Pflichten nur unzureichend nachkommen oder er kann, obwohl er sich dazu hingezogen fühlt, sein Wissen nicht erweitern. In all diesen Fällen hilft das Zikir mit dem Namen „**MURID**" und weil die Willenskraft dieses Menschen gesteigert wird, kann er danach diese Probleme mit Leichtigkeit bewältigen.

Allerdings müssen wir hier auch auf Folgendes hinweisen:

So wie es bei Medikamenten eine bestimmte Dosierung gibt, so gilt auch bei der Rezitation dieser Namen, dass man eine bestimmte Anzahl nicht überschreiten soll.

Die Rezitation der Namen bewirkt in der Konstitution und im Gehirn der Menschen eine immense Stärkung!

Wenn ein Mensch mit dem Zikir fortfährt, egal ob ihm die Bedeutung bewusst ist oder nicht, ob er glaubt oder nicht, die Wirkung wird sich einstellen. Nach unserer Erfahrung fällt der Mensch etwa vierzehn Tage, nachdem er das Zikir aufgegeben hat, wieder in seinen normalen Zustand zurück!

Das ist in etwa mit einem Diabetiker zu vergleichen, der von außen zur Verarbeitung des Zuckers mit Insulin versorgt wird. Nach Absetzung des Insulins fällt dieser sofort wieder in seinen ursprünglichen Krankheitszustand zurück.

Hier gibt es noch eine Besonderheit, die wir mit Bestimmtheit beachten müssen:

Sie lobpreisen mit Ihrem Zikir keinesfalls einen Gott irgendwo da oben, außerhalb von Ihnen! Sie unternehmen eine Anstrengung, um einige Namen und Attribute des end- und grenzenlosen Allahs bei Ihnen hervortreten zu lassen. Sie können Allah sowohl bei Ihnen selbst, wie auch in Ihrer Umgebung nur in dem Umfang erkennen, wie Ihre Wahrnehmungsfähigkeit ausgebildet ist!

Aus diesem Grunde sind wir der Auffassung, dass die Rezitation des Namen „**MURID**" den schnellsten Weg darstellt, um Allah zu erkennen. Allerdings sollten Sie diese Erkennung Allahs nur im Zusammenhang mit der Möglichkeit der Verarbeitung derselben von Allah erbitten, denn wenn Sie diese Erkenntnis nicht verarbeiten können, sich diese nicht zueigen machen können, dann sind Komplikationen unausweichlich!

Kommen wir zu dem Namen „**MUMIN". **Dieser Name ist Grund dafür, dass eine Person *das Licht* des Glaubens *(„Nuur" des Iman)* erlangt. Was ist das *Licht* des Glaubens?

Der Mensch verbringt sein gesamtes Leben in der von ihm selbst erstellten logischen Ordnung, welche durch Konditionierungen geprägt ist. Dinge, welche nicht in diese aus Konditionierungen entstandene logische Ordnung passen, lehnt dieser Mensch ab und kann sie sich nicht zueigen machen.

Wenn sich aber das *Licht* des Glaubens in einer Person bildet, dann lehnt diese Dinge, die ihrer logischen Ordnung zuwiderlaufen, nicht länger ab, sondern beginnt zu erforschen, ob es diese Dinge nicht doch geben könnte. Sie kann sich jetzt vorstellen, dass es auch Dinge jenseits ihrer geistigen Kapazität geben könnte. Sie befreit sich aus dem Unglauben, der sich in solchen Aussagen äußert wie: Alles besteht nur aus dem, was ich kenne; ich bin der Größte; es gibt nichts, was ich nicht wüsste! Und diese Person öffnet sich für Neues, Unbekanntes und wird empfänglich für Dinge, die sie nicht wahrnehmen kann.

Und eben dieses Nichtzurückweisen von Dingen, die man nicht wahrnehmen kann; zu denken, dass es diese Dinge geben könnte und daran zu glauben, ist das *Licht* des Glaubens.

Dieses *Licht* des Glaubens ist es, der die Menschen öffnet für das Neue, die Zukunft, das Unbekannte, das, was sie nicht erfassen können!

Die Rezitation des Namen „**FATTÂH**" bewirkt eine Öffnung, eine Lösung für den Menschen. Das gilt sowohl für die Lösung offenkundiger Probleme, wie auch für verdeckte Blockaden, die sich öffnen!

Zikir mit dem Namen „**KUDDUS**" ist sehr hilfreich, um einen Menschen von seinen Veranlagungen und seinem Selbstverständnis zu befreien.

Der Mensch begreift sich aufgrund von Konditionierungen und seinen natürlichen Veranlagungen selbst als den physischen Körper, in dem er lebt!

Das muss man sich vorstellen wie einen Autofahrer, der in einem Chevrolet Baujahr 58 sitzt und sich selbst für sein Auto hält. Wenn Sie ihn fragen, wer er ist, dann wir er Ihnen antworten: „Ein 58er Chevrolet". Er kann es einfach nicht glauben, dass er ein von seinem Auto gesondertes Wesen ist und aus dem Auto aussteigen und weggehen kann.

Wer in den Spiegel schaut und denkt „das bin ich" und dabei nicht bemerkt, dass er nach einer bestimmten Zeit diesen Körper verlassen und in einer anderen Dimension, in einem für diese Dimension charakteristischen Körper weiterleben wird, dessen Zustand ist etwas bedenklich!

Der Name „**KUDDUS**" lässt einen erkennen, dass der Mensch eigentlich ein heiliges Wesen, ein Bewusstseinswesen jenseits von Materie und Seele ist.

Der Name „**RASCHID**" bewirkt, dass beim Menschen der Zustand der Reife eintritt. Nach einer Definition tritt der Zustand des „**RUSCHD**", also der Reife beim physiologischen Körper, mit dem Beginn der Pubertät ein, dann beginnen die Geschlechtshormone zu wirken und diese bewirken unter anderem, dass mit den geistigen Funktionen der Verstand gestärkt wird. Gleichzeitig beeinflussen die Geschlechtshormone die Biochemie des Gehirns, welches ab diesem Zeitpunkt damit beginnt, die „negativ geladene Strahlenenergie", die wir auch als Sünde bezeichnen, in der Seele, welche eine Art holographischen Strahlenkörper darstellt, zu speichern.

Einer anderen Definition zufolge beginnt die Reife mit 18 Jahren, was auch immer der Grund dafür sein soll!

Der niedrigste Stand der Reife beginnt, wenn der Mensch über die Möglichkeit eines Lebens nach dem Tode nachzudenken beginnt und sein Leben dementsprechend ausrichtet!

Die Wirkung des Namens „**RASCHID**" beginnt bei dieser Untergrenze und geht weiter bis zu dem Zustand, sich mit den Attributen Allahs zu verifizieren, was bis zum Zustand des „FATH" weiterführt. Danach kommt er in einer anderen Form zum Tragen.

Kommen wir zu dem Namen „**HAKÎM**". Dem Leugnen liegt immer ein Nichtverstehen zugrunde! Alles was du nicht verstehst, dessen Grund du nicht kennst, stellst du in Abrede. Aber wenn du wüsstest, warum sich diese Sache so verhält, was aufgrund wovon zustande kommt, welche Handlung, welches Ereignis nach sich zieht, dann würden sich all deine Bewertungen auf einen Schlag ändern! Dieser Name erweitert bei einer Person die Fähigkeit, zu sehen, aus welchem Grund etwas entstanden ist und mit welchem Sinn und Zweck es an seinen Platz gestellt wurde.

Der Name „**HALIM**" bewirkt beim Menschen zuerst eine erhöhte Toleranz, Nachgiebigkeit, und Ruhe und unterbindet ungestüme, hitzige Ausbrüche. Damit eine Person auf dem moralischen und religiösen Gebiet Fortschritte erzielen kann, muss sie zuerst das Auftreten von ungestümen, überschießenden und zeitlich unpassenden Auftritten und Ausbrüchen unter ihre Kontrolle bringen! Denn alle Arten von Ausbrüchen machen sowohl das offensichtliche Leben zunichte, indem sie es in ein von Stress, Nervosität und Depressionen geprägtes Leben verwandeln, wie auch das innere Leben, indem zwischen der Person und Allah ein pechschwarzer Vorhang heruntergelassen wird!

Der Namen „**HALIM**" bringt Ordnung in die innere wie auch die äußere Welt des Menschen. Er öffnet mit Reife und Toleranz den Blick für den Nächsten und ist Anlass für die Entdeckung neuer Dinge. Durch das Zikir mit diesem Namen können Nervosität, Stress und überschießende Reaktionen in sehr kurzer Zeit unter Kontrolle gebracht werden.

Mit dem Namen „**WADUD**" kann das Gefühl der Liebe bei einer Person gestärkt werden. Er begegnet fortan der ganzen Schöpfung mit Zuneigung. Der Mensch beginnt überall, in allem Allah zu spüren und zu lieben. Die Liebe wird zu seiner Welt.

Der Name „**NUUR**" steigert die Kapazität der Wahrnehmungsfähigkeit des Menschen. Durch die Rezitation dieses Namens werden sowohl die seelischen Kräfte, wie auch die Wahrnehmungskräfte gefördert.

Im engsten Sinne bedeutet der Name „**BAIS**" die Erschaffung in einem neuen Körper. Und Menschen, denen die Realität dieser Sache nicht bekannt ist, vermuten, dass wir erst sterben und vergehen und später auf dem Versammlungsplatz am Auferstehungstag von Allah mit einem "**BAS**" neu erschaffen werden!

Dies ist eine falsche, primitive Annahme, die gänzlich außerhalb der Lehren des Islam liegt! Der Name „**BAIS**" kommt jeden Augenblick zur Anwendung und ist jederzeit sichtbar. Das Geschehen, welches "**BAS**" genannt wird, findet jeden Augenblick statt. In dem Moment, in dem der Tod eintritt und die Person von ihrem physischen Körper getrennt wird, beginnt durch den „**BAS**" sofort und übergangslos das Leben mit dem Strahlenkörper, also der Seele. Wer mehr über diesen Umstand erfahren möchte, kann dazu in dem Buch „**Allah, wie ihn Hazreti Mohammed beschreibt**" in dem Kapitel „**Was ist der Tod?**" lesen.

Das Zikir mit dem Namen „**BAIS**" lässt uns zum einen diesen Umstand besser begreifen, zum anderen lässt es bei der ständigen Erneuerung unseres Körpers noch viel weiter entwickelte Besonderheiten entstehen.

Der Name „**RAHMAN**" führt dazu, dass uns Allahs Gnade zuteil wird und schützt uns gleichzeitig vor den Handlungen, welche Allahs Zorn nach sich ziehen. Denn es ist die Gnade von Rahman, welche das ungestüme Feuer von Allahs Zorn zum Erlöschen bringt. Bei Persönlichkeiten mit einem höheren Rang bringt dieser Name noch ganz andere Ergebnisse mit sich, auf die ich in diesem Buch aber nicht eingehen werde.

Hier möchte ich auch noch Folgendes klarstellen:

Es wird häufig die Frage gestellt, ob man beim Rezitieren der Namen zuerst **„YA"** oder **„AL"** sagen soll, wie zum Beispiel **„YA MURID"**. Wir meinen, dass dies nicht notwendig ist, weil hier ja nicht der Name eines Entfernten, Außenstehenden gerufen wird!

Wer möchte, kann die Bedeutungen der anderen Namen in dem Kapitel **„Die erhabenen, hervorragenden und perfekten Qualitäten der Namen von Allah (Asma-ul-Husna)“** nachlesen.

38

DAS TASBIH-GEBET (Salaatul Tasbih)

Ich möchte fortfahren, indem ich Ihnen **ein ganz besonders wichtiges Gebet** beschreibe. Dieses **sehr wertvolle Gebet** hat der **Rasulallahs Hazreti Mohammed** s.a.s, **Abbas** Radiyallahu Anh, den **Sohn seines Onkels Abdulmuttalib** gelehrt.

Abbas sagte eines Tages zu dem überaus großmütigen Rasul:

„Oh Allahs Nabi, ich bin recht alt geworden und meine Zeit geht zu Ende. Lehre mich etwas, so dass ich trotz der unnütz vergangenen Jahre mit meinem Tun meinen Platz in der Gegenwart Allahs einnehmen kann!"

Daraufhin sagte der Rasulallah s.a.s. Folgendes:

„Oh Abbas, mein Onkel! Soll ich dir das geben? Möchtest du, dass ich dir das gebe? Soll ich dir dieses Gebet lehren, dass zehn Besonderheiten aufweist; wenn du dieses Gebet durchführst, so wird Allah die ersten und die letzten, die alten und die neuen, die bewussten und die unbewussten, die kleinen und die großen, die versteckten und die offenbaren deiner Sünden vergeben! Das sind zehn Sünden (alle Sünden)**.**

Selbst wenn du der größte Sünder auf dieser Welt wärest, aufgrund dieses Gebets werden deine Sünden vergeben. Wenn

deine Sünden selbst so zahlreich wie der Sand der Alidj-Wüste wären. Allah wird sie verzeihen!“

In der Überlieferung beschreibt der Rasulallahs a.s. dieses Gebet folgendermaßen:

„Es ist ein Gebet von vier Rakat; zu Beginn des Gebets sagst du „Allahuakber“ und beginnst, indem du 15 Mal „SUBHANALLÂHI WALHAMDULILLAHI WA LA ILÂHA ILLALLÂHU WALLAHU AKBAR” sagst, dann liest du die Fatiha und eine Sure, danach wiederholst du das Tasbih 10 Mal; danach verbeugst du dich im Ruku, dort rezitierst du das Tasbih wieder 10 Mal; nachdem du aus dem Ruku aufgestanden bist und aufrecht stehst, sagst du das Tasbih wieder 10 Mal, danach wirfst du dich in der Sadjda nieder und sprichst 10 Mal das Tasbih, danach setzt du dich auf und sprichst das Tasbih 10 Mal und verbeugst dich wieder in der Sadjda und sprichst das Tasbih 10 Mal; so hast du das Tasbih insgesamt 75 Mal gesprochen. Das Gleiche wiederholst du bei den verbleibenden drei Rakat, so dass es am Ende 300 Mal werden.

Wenn deine Kraft ausreicht, dieses Gebet jeden Tag durchzuführen, so bete es täglich; wenn sie nicht ausreicht, dann bete es einmal in der Woche am Freitag, wenn du auch das nicht tun kannst, dann bete es einmal im Monat und wenn deine Kraft auch dazu nicht ausreicht, so bete es einmal in deinem Leben!”

Wenn man bedenkt, welchen Gewinn man durch dieses Gebet hat, dass je nachdem, wie schnell man das Tasbih liest, zwischen 20 und 30 Minuten dauert, dann sollte man, wie ich denke, dieses wenigstens einmal in der Woche in der Nacht zum Freitag durchführen.

Denjenigen, die sich mit dem Tasawwuf, der Mystik des Islams beschäftigen, empfehlen wir mit Nachdruck dieses Gebet, wenn möglich jede Nacht vor dem Schlafengehen oder wenn Sie in der Nacht aufstehen, zu beten. Denn die seelischen Kräfte, die dieses Gebet hervorbringt, können nur von denen beurteilt werden, die diesen Rat befolgen.

39

SPEZIELLE GEBETE DES RASULULLAH

Allahumma a´inni alâ zikrika wa schukrika wa husni ibâdatik.

Allah, erleichtere es mir, Deiner vermehrt zu gedenken, Dir zu danken und Dir ein ergebener Diener zu sein.

Erläuterung:

Dieses, unserer Meinung nach sehr wertvolle Gebet, setzen wir an die erste Stelle unserer Zikirformeln. Dieses Gebet, dass der Rasulallah s.a.s. lehrte, wurde uns von **Muâz bin Djabal** überliefert.

Muâz bin Djabal (Radıyallahu Anh) war einer der nahestehendsten Gefährten des Rasulallahs und einer der Personen, die er sehr schätzte. Dieser beschreibt das Geschehen folgendermaßen:

„Eines Tages nahm der Rasulallah s.a.s meine Hand und sagte Folgendes:

>>O Muâz... Bei Allah, ich liebe dich sehr! Ich will dir etwas empfehlen, was du am Ende jedes Salaah-Gebets (bevor du den Gruß entbietest) **lesen sollst: Du sollst dies ganz bestimmt nicht mehr versäumen!**

Sag folgendes:

Allah, erleichtere es mir, Deiner vermehrt zu gedenken, Dir zu danken und Dir ein ergebener Diener zu sein!<<”

Ich überlasse Ihnen die Bewertung der Wichtigkeit dieses Gebets, welches der Rasulallah a.s. als Ausdruck seiner Zuneigung, mit einem Schwur bekräftigend, diese Person gelehrt hat.

Allahumma alhimniy ruschdiy wa a`izni scharran nafsiy.

Allah, gib mir eine Inspiration, auf dass ich den rechten Weg einschlage, ich flüchte mich zu Dir vor den Handlungen, die meinem Selbst Schlechtes zufügen.

Erläuterung:

Nachdem Imran bin Husayn den Islam angenommen hatte, kam er zu dem Rasul Allahs s.a.s. und fragte ihn:

„Du hast mir in Aussicht gestellt, mich zwei Worte zu lehren, wenn ich Muslim werde, o Rasulallah…?“

„Du sollst folgendermaßen beten Husayn: Mein Allah, gib mir eine Inspiration, auf dass ich den rechten Weg einschlage; ich flüchte mich zu Dir vor den Handlungen, die meinem Selbst Schlechtes zufügen.”

Aufgrund dieses Hinweises in den Überlieferungen von Hz. Mohammed sehen wir es allgemein als förderlich an, dieses Gebet bei dem täglichen Zikir 300 Mal zu rezitieren und empfehlen dieses unseren Freunden!

Allahumma inniy as’alûka hubbaka wa hubba man yuhibbuka.

Allah, gib mir Deine Liebe und gib mir die Liebe zu denen, die Dich lieben.

Erläuterung:

Abû Darda überliefert: Als **der Rasulallah** davon sprach, dass **David** a.s. **„derjenige unter den Menschen war, der Allah am meisten gedient hat”**, sagte er Folgendes:

„Die Worte, mit denen David a.s. betete, waren folgende: >>Allah, ich wünsche mir von Dir, dass ich Dich liebe, dass ich die liebe, die Dich lieben, dass Du mir die Handlungen lieb werden lässt, die mich zu Deiner Liebe führen. Mein Allah, lass für mich die Liebe zu Dir noch lieber sein, als die Liebe zu meinem Selbst, zu meiner Familie und zu kaltem Wasser!<<”

Sie haben sicherlich schon gesehen, dass das oben aufgeführte Gebet in den Empfehlungen zum Zikir in der Liste der Gebete aufgeführt ist. Mehr brauche ich wohl nicht zu sagen!

Allahumma inna nas'aluka min khayri ma sa`alaka minhu nabiyyuka Mohammedun salla'llâhu alayhi wa sallam wa na´uzu bika scharra masta`aza minhu nabiyyuka salla'llâhu alayhi wa sallam wa anta MUSTA´AN!

Mein Allah, ich möchte alles, was Dein Nebi Mohammed s.a.s an Gutem von Dir erbeten hat, auch von Dir erbitten; und von allem Schlechten, vor dem er bei Dir Zuflucht gesucht hat möchte ich auch Zuflucht bei Dir nehmen. Du bist MUSTA´AN (derjenige, von dem man Hilfe erbittet und der Hilfe gewährt)!

Erläuterung:

Abû Umama RadiyAllahu Anh berichtet:

„Eines Tages betete der Rasulallah a.s. ein so langes Gebet, dass wir uns nichts davon merken konnten. Daraufhin sagten wir zu ihm:

>>O Rasul Allahs, du hast mit so einem langen Gebet gebetet, dass wir nichts davon auswendig behalten konnten!<<“

Daraufhin sagte der Rasulallah s.a.s:

„Soll ich euch etwas lehren, was dieses ganze Gebet

beinhaltet? Ihr müsst folgendermaßen beten: Mein Allah, ich wünsche von Dir all das, was Dein Rasul Mohammed an Gutem von Dir erbeten hat; und vor dem Schlechten, vor dem Dein Rasul Mohammed bei Dir Zuflucht genommen hat, nehmen wir auch Zuflucht bei Dir. Du bist der, von dem Hilfe erbeten wird. Unser Ziel bist Du. Alle Kraft und Stärke ist allein bei Allah!"

Dieses Gebet, welches alle Bitten und alle Dinge vor denen man Schutz sucht umfasst, wurde uns in dieser Form von Allahs Rasul a.s. gelehrt. Zu denen, die dieses Gebet nicht sprechen, kann ich nichts mehr sagen!

Ya mukallabal kulûba sabbat kalbiy alâ diynika…

Oh Du, der Du die Herzen wendest, wohin Du möchtest, fixiere mein Herz auf Deine Religion!

Erläuterung:

Ummu Salama RadıyAllahu Anha wurde folgendermaßen gefragt:

„Oh du Mutter der Gläubigen, was hat Allahs Rasul am meisten gebetet, wenn er bei dir war?"

Die gesegnete Gemahlin des Rasulallah Ummu Salama (RadıyAllahu Anha) berichtete daraufhin:

„Am meisten pflegte der überaus großmütige Rasul folgendes Gebet zu sprechen: Oh Du, der Du die Herzen wendest, wohin Du möchtest, fixiere mein Herz auf Deine Religion!"

Daraufhin fragte ich:

„Warum betest Du das Gebet >>Oh, der Du die Herzen wendest, wohin Du möchtest, fixiere mein Herz auf Deine Religion<< am meisten?"

Und der überaus großmütige Rasul antwortete:

„Oh Ummu Salama, in Wirklichkeit gibt es keinen Menschen, dessen Herz nicht zwischen zwei Fingern Allahs wäre. Hu gibt, wem Hu will Beständigkeit und lässt, wen Hu will, vom Weg

abkommen!"

Denjenigen, deren Sternzeichen oder deren Mond im Zwilling, im Schützen, in der Jungfrau oder dem Fisch steht, empfehlen wir dieses Gebet unbedingt.

Allahumma innâ nadj'âluka fiy nuhurihim wa na`uzu bika min schurûrihim.

Allah, wir bitten Dich, gegen diese vorzugehen; und suchen Zuflucht bei Dir vor deren Bosheit.

Erläuterung:

Dieses Gebet, welches uns der Rasulallah s.a.s lehrt, ist außerordentlich wichtig und beinhaltet eine inständige Bitte, die wir mit Aufmerksamkeit beachten müssen!

Es ist ganz natürlich, dass der Mensch, wenn er mit einer gefährlichen Situation oder mit gefährlichen Menschen konfrontiert wird, mit seinen menschlichen Fähigkeiten dagegen ankämpft.

Es ist auch natürlich, dass er sich in solch einer Situation an Allah wendet und von Ihm Hilfe erbittet.

In diesem Gebet gibt es allerdings eine Feinheit, die es zu beachten gilt. Hier erfleht Hz. Mohammed s.a.s., dass an seiner Stelle, die Kräfte Allahs ihn verteidigen mögen! Diese Kräfte Allahs können sowohl von außen gegen diese Personen vorgehen, sie können aber auch bei der erbittenden Person in Erscheinung treten.

Wenn wir diesen Umstand am Beispiel des folgenden Koranverses betrachten, dann können wir diesen noch besser verstehen:

„Als Du geworfen hast, warst Du nicht der Werfende, Allah hat geworfen!" (8:17)

Es wird hier also inbrünstig darum gebeten, dass Allah auf diese

Weise eingreift. Ich möchte hier dieses Thema nicht noch weiter erörtern, wer möchte, kann sich seine Gedanken darüber machen!

Allahumma akhridjniy min zulûmatil wahmi wa akrimniy binûril fahmi.

Allah, erlöse mich aus dem Dunkel der Skepsis und des Zweifelns und gewähre mir Verständnis mit Deinem Licht (Nuur).

Erläuterung:

Diejenigen, die sich auf dem Wege des Tasawwuf (Sufismus) befinden, müssen wissen, dass es für den Menschen das größte Übel ist, wenn er unter dem Einfluss von Zweifel, Skepsis, falschen Einbildungen, Illusionen, grundloser Furcht und Schwermut steht, welches alles hier unter dem Namen „**Wahm**" zusammengefasst ist. **Wahm (Zweifel, Skepsis)** stellt den undurchdringlichsten Vorhang dar, der den Menschen von Allah trennt.

Wenn der Vorhang des Wahm aufgehoben wird und dem Menschen Verständnis durch Allahs Licht (Nuur) gegeben wird, so wird dieser Mensch Allah sofort erkennen und erlangt den Zustand der Nähe (Yakîn)! Und welch großartige Gabe dieses darstellt, können höchstens diejenigen wissen, die diesen Zustand erlangt haben! Wenn Sie also noch auf dieser Welt lebend den Zustand der Nähe erlangen möchten, indem Sie sich von dem Wahm befreien, dann sollten Sie dieses Gebet unbedingt wenigstens 100 Mal am Tag rezitieren.

Rabbi zidniy ilman wa fahman wa iymanan wa yakıynan sadıka.

Mein Rabb, vermehre mein Wissen, mein Verständnis, meinen Glauben und aufrichtige Nähe zu Dir.

Erläuterung:

Dieses Gebet hat einen umfassenden Text, der ein paar wichtige Themen enthält. Im erhabenen Koran wird dem Rasulallah s.a.s. befohlen im Gebet darum zu bitten, dass Allah sein Wissen erweitern möge.

In dieser Überlieferung jedoch wird darum gebeten, dass das Verständnis, der Glaube und aufrichtige Nähe zu Allah erweitert werden möge.

Es ist sehr wichtig, dass der Glaube vertieft wird, denn in dem Umfang, in dem der Glaube zunimmt, beginnt das, was der Verstand-infolge der Konditionierung durch die Wahrnehmung mit den fünf Sinnen blockiert- nicht begreifen und aufnehmen kann, auf dem Weg des Glaubens aber angenommen werden kann und im Endeffekt bildet sich Wissen über diese Dinge. Zu diesem Thema gibt es umfassendes Wissen in unserem Buch „Akıl ve Iman" (Verstand und Glaube)[28].

Kommen wir zu „Yakîn", der Nähe zu Allah…

Es gibt Nähe, in deren Verlauf sich „Kufr" also das Bedecken der Wahrheit, einstellt…

Und es gibt Nähe aus der sich „Sidk", also Aufrichtigkeit ergibt und an ihrem Ende entsteht „Wuslat", das Aufgehen in Allahs Wahrheit!

Wenn sich bei einer Person „Yakîn", also Nähe einstellt, dann erlebt sie die Bedeutung, dass Allah „Bâki", also ewig ist!

Möge Allah dieses erleichtern!

Diejenigen, die dieses Gebet wenigstens 100 Mal am Tag rezitieren, sehen in wenigen Monaten großen Nutzen.

AnzalAllahu alaykal kitâba wal hikmata wa âllamaka mâ lam takûn tâ'lam

Allah hat zu dir das Buch und die Weisheit „herabsteigen lassen" und dich das gelehrt, was du nicht wusstest.

[28] A.d.Ü. Dieses Buch ist bisher nur in der türkischen Sprache erschienen.

Erläuterung:

Wenn wir diesen Koranvers, der dem Rasulallah s.a.s offenbart wurde, ständig 300 Mal am Tag rezitieren, dann werden wir mit Verwunderung feststellen, auf welch verblüffende Art sich unser Wissen und die Fähigkeit, das System zu begreifen, entwickelt.

Allamal insana malam yâ'lam

Hu lehrte den Mensch das, was er nicht wusste

Erläuterung:

Es hat sich erwiesen, dass die Rezitation dieses Verses 300 Mal am Tag in kurzer Zeit großen Erfolg bringt. Man darf nicht vergessen, dass die **Nähe zu Allah** durch **Wissen** erlangt wird!

Wa kazâlika awhaynâ ilayka ruhan min amrina; ma kunta tadriy mal kitabu wa lal iymanu wa lâkin dja`âlnahu nuran nahdiy bihi man naschaa`u min ibadina; wa innaka latahdiy ilâ sıratım mustakıym.

Schau, wir haben dir die RUH (Seele) mit unserem Befehl gesandt… Du wusstest vorher nicht, was das Buch ist, was der Glaube ist… Wir haben es zum Wissen (Nur) gemacht, das die von uns Erwählten unter unseren Dienern auf den rechten Weg führt. Zweifelsohne bist auch du auf dem rechten Weg, dem Sirat al Mustakıym.

Erläuterung:

Diesen Koranvers, den wir hier aufgeschrieben haben, empfehlen wir zu rezitieren, damit die Spiritualität gestärkt, das Sehen mit dem Herzen geschärft, das uns Gegebene noch besser bewertet und verwertet wird und wir für die Umgebung noch nützlicher werden können.

Bei wem die Voraussetzungen gegeben sind, der sollte unter der Anleitung und Kontrolle eines Erziehers, wenn möglich während er fastet, diesen Vers 1000 Mal am Tag über einen Zeitraum von 40 oder 80 Tagen rezitieren. Wir haben zu seiner Zeit sehr großen Erfolg damit erzielt. Dies ist unsere Empfehlung an alle Interessierte.

Kamâ arsalnâ fiykum rasûlan minkum yatlû alaykum âyâtina wa yuzakkiykum wa yuallimukumul kitaba wal hikmata wa yuallimukum ma lam takûmu tâ'lamun.

Wir haben euch aus eurem Innersten heraus einen Rasul entfalten lassen, euch unsere Verse vorzutragen, euch zu reinigen, euch das Buch und den Sinn zu lehren und auch, dass euch das, was ihr nicht wusstet, bekannt wird.

Erläuterung:

Hz.Abdulkarim Djaili war es, der mir mit dem weiter oben angegebenen Koranvers zusammen, den 151. Vers der Bakara Sure lehrte. Die fortwährende Anwendung dieser Koranverse hat mir unaussprechlichen Nutzen gebracht… Bei meinem Lesen des Buches, bei dem Erkennen des verborgenen Sinnes, bei der Eröffnung von Geheimnissen, an die ich noch nicht einmal gedacht hatte. Es ist eine Gnade des Allmächtigen, dass ich durch die fortdauernde Rezitation dieser Verse so großen Nutzen erfahren durfte!

Wir sind vergänglich, nach einer kurzen Zeit werde ich von euch scheiden; aber wir wünschen uns, dass wir der Grund dafür sein mögen, dass sehr viele zum Guten, zu dem verborgenen Sinn vorstoßen mögen; dass diese uns hernach ein „möge Allah dies vergelten" wünschen und für unsere Seele dreimal die Sure Ikhlas und einmal die Sure Fatiha lesen mögen!

Aus diesem Grunde habe ich hier diesen Koranvers, von dem ich sehr viel profitiert habe, veröffentlicht. Wer möchte, kann diesen 300 Mal am Tag rezitieren. Oder noch besser zuerst den einen Vers, während man für 40 oder 80 Tage fastet, täglich 1000 Mal zu rezitieren und hernach auf täglich 100 Mal herabzusetzen. Den zweiten Vers danach wieder für 40 bis 80 Tage 1000 Mal am Tag rezitieren, um danach beide Verse je 100 Mal am Tag zu rezitieren.

Wir müssen mit Bestimmtheit wissen, dass diese beiden Verse des erhabenen Korans zwei der wertvollsten Kleinode sind.

Möge Allah Ihnen dieses erleichtern!

40

EIN SPEZIELLES NEUNZEHNER BITTGEBET
(Haadjat-Gebet)

In diesem Kapitel möchte ich eine überaus wirkungsvolle Gebetsformel vorstellen, für solche, die von Unheil bedroht sind, die sich in einer Notlage befinden, sich von einem Feind befreien müssen, die sich in Sicherheit bringen möchten oder sonst ein Anliegen haben.

Sehr viele Menschen, die dieses Gebet angewendet haben, sind schon vor dem 19. Tag am Ziel ihrer Wünsche angelangt, das kann ich aus nächster Nähe bezeugen!

Aber eins möchte ich ganz klar hervorheben… Wer diese Formel missbraucht, um andere zu unterdrücken oder in schlechter Absicht benutzt, der wird dauerhaft von Ungemach heimgesucht werden und was er getan hat, wird sich gegen ihn selbst wenden.

Jetzt möchte ich die Form des Gebets beschreiben…

Zuerst müssen wir uns folgende sechs Namen Allahs gut einprägen:

FARDUN, HAYYUN, KAYYÛMUN

HAKAMUN, ADLUN, KUDDÛSUN

Fünfmal täglich werden diese sechs, im Original aus 19 Buchstaben bestehenden Namen nach dem Pflichtgebet 19 Mal rezitiert, nachdem zuvor zehnmal **„ALLAHU AKBER”** gesagt wurde!

Wenn nach dem 19. Tag noch eine, wie auch immer geartete Bedrängnis weiter besteht, dann sollten Sie ergänzend zu den Namen noch jedes Mal folgenden Koranvers rezitieren:

FARDUN, HAYYUN, KAYYÛMUN

HAKAMUN, ADLUN, KUDDÛSUN

Sayadj'alullâhu bâ'da usrin yusra

Dieser Text wird fünfmal am Tag, 19 Tage lang nach dem Pflichtteil des *Salaahs* je 19 Mal rezitiert. Die Bedeutung des Verses ist folgende:

„Nach jeder Bedrängnis gibt Allah eine Erleichterung!” (65:7)

Sollte es nicht Ihr Wunsch sein, sich aus einem Bedrängnis zu befreien, sondern sollten Sie ein anderes Anliegen haben, dann können Sie statt dem oben angegebenen Koranvers aus den nachfolgenden Koranversen von je 19 Buchstaben (im Original), den zu Ihrem Anliegen passenden rezitieren.

um Wissen zu erlangen:

Yuallimukumul kitaba wal hikmata

Und wir lehrten (programmierten) ihm das Buch (das Wissen um die Wahrheit) und die Weisheit (die Ordnung und der Mechanismus des Systems im Universum, welches durch die Asma ul Husna geformt werden) (3.Âl-u İmran: 48)

um ein klare Sichtweise zu erlangen:

innâ fatâhna laka fathan mubiyna

Wahrlich haben wir dir ein „Fath“ (Eroberung- d.h. klare Sichtweise) gegeben, welches ein „Fath-i-Mubiyn“ darstellt

(Betrachten der Wahrheit) (48.Fath: 1)

Fa asAllahu an ya'tiya bilfathi

Es wird gehofft, dass ALLAH eine Öffnung oder aus seiner Sicht heraus eine Entscheidung manifestieren lässt. (5.Mâidah: 52)

Wadj'âllana min ladunka nasiyra

Er formt von Seinem LADUN (spezielle Kraft) einen Sieg. (4.Nisâ': 75)

um sich siegreich, aus einer Anfeindung zu befreien:

inna hızballahi humul ghâlibûn

Wahrlich, diejenigen, die auf Allahs Seiten sind, sind die Siegreichen (5.Mâidah: 56)

Al hukmu lillahil âliyyil kabir

Die Entscheidung gehört Allah, der Aliyy und Kabir ist (die manifestierten Kräfte, über die entschieden wurden, werdet ihr nicht ablehnen) (40.Mu'min: 12)

um sich vor Feinden zu schützen:

Hasbiyallâhu lâ ilâha illâ HU

Allah genügt mir, es gibt keinen Gott, nur Hu! (9.Tauba: 129)

Hasbunallâhu wa ni'mal wakîl

Allah genügt mir und Er ist ein perfekter Wakil (3.Âl-u İmran: 173)

Ni'mal mawlâ wa niman nasiyr

Was für ein perfekter Meister und Helfer (der einen zum Sieg führt) (8.Anfâl: 40)

um den Lebensunterhalt zu vermehren:

wa tarzuku man tascha`u bi ghayri hisab

Und Er gibt Lebensunterhalt wem Er will ohne Abrechnung. (2.Bakara: 212)

Wa â'tadnâ laha rızkan karîma

Für ihn haben wir einen großzügigen, reichen Lebensunterhalt vorbereitet. (33.Ahzâb: 31)

Innallâha huwal Ghaniyyul Hamîd

Wahrlich Allah ist Ghaniyy und Hamid. (57.Hadiyd: 24) (60.Mumtahina: 6)

Möge Allah der Erhabene uns alle zu denen gehören lassen, die den Segen der hier aufgeführten Gebete erfassen können. Amin.

41

EIN BITTGEBET (Salaatul Haadjat)

Lâ ilâha illallâhul Haliym'ul Kariym, subhanallâh'i rabb'al ârschıl âzîym, alhamdulillâhi rabbil âlamiyn; as'aluka mûdjibâti rahmatik, wa azâimi maghfiratik, wal ghaniymata min kulla birr, was salâmata min kulla ism, lâ tadâ'liy zanban illâ ghafartah, wa lâ hamman illâ farradjtah, wa lâ hâdjatan hiya laka rızân illâ kadaytaha yâ arhamar rahimiyn.

Es gibt keinen Gott. Einzig Allah, der Haliym und Kariym ist, besteht. Allah ist Subhan und der Herr des Aziym-Throns (Quantum Potential). Ganze „Hamd“ (Bewertung) gebührt einzig Allah, dem Herrn der Welten. Oh mein Herr (Rabbi), lass mir all das, was Deine Gnade und Deine Barmherzigkeit für angezeigt hält und alles Gute zukommen; rette mich aus allen Sünden und bringe mich in Sicherheit, so dass keine unvergebene Sünde und kein Leid bleibt, von dem Du mich nicht befreist. Oh Rahiym.

Erläuterung:

Schauen Sie, was der Rasulallah s.a.s zu dem unter dem Namen **Hadjat Salaat** bekannten Gebet, welches empfohlen wird, wenn ein

Mensch ein Bedürfnis hat oder in Bedrängnis ist, um sein Leid Allah mitzuteilen und Errettung zu erfahren, sagt:

„Jemand, der ein Bedürfnis an Allah oder irgendeinen Menschen hat, sollte, nachdem er eine gründliche Waschung (Abdast) vorgenommen hat, zwei Rakat beten; danach soll er Allah um Vergebung (Istighfar) bitten und Segenswünsche auf den Rasul Allahs sprechen, um dann folgendermaßen zu beten…"

Hier empfiehlt der Rasulallah das oben angeführte Gebet.

Wer von einem Ungemach heimgesucht wurde, wer von Unheil bedroht oder in Bedrängnis ist und in der oben angegebenen Form sein Gebet verrichtet und danach dieses Gebet spricht und im Anschluss daran die Talâk Sure, die wir schon weiter vorne aufgeschrieben haben,

„Wa man yattakıllâha yadj'âllahu maghradjan wa yarzuk hu min haysu lâ yahtasib, wa man yatawwakal alallâhi fahuwa hasbuh…"

1000 Mal rezitiert, der hat die größtmögliche Zuflucht bei Allah genommen.

Es ist ferner sehr erfolgversprechend, wenn man außerdem mit der Rezitation dieser Sure in der angegebenen Anzahl fortfährt, bis der Wunsch oder das Begehren in Erfüllung geht.

Die erste Empfehlung, welche viele Awliyaullah in Bezug auf ein **Bedürfnis** (Hadjat) geben, ist das Istighfar. Weil es heißt, dass:

„Wenn eine Person mit dem, was sie tut, den Rang, der bei Allah für sie vorgesehen ist, nicht erlangen kann, dann gibt Allah dieser Person eine Reihe von Notlagen, Bedrängnissen, Kummer und Sorgen, und wenn diese Person diese Prüfungen besteht, so erlangt sie infolgedessen diesen vorgesehenen Rang."

Für den Menschen stellt das **Istighfar** den wohl wirkungsvollsten Mechanismus dar, um seinen Grad oder Rang zu erhöhen und seine Sünden vergeben zu lassen. Aus diesem Grunde empfehlen wir denjenigen, die von einem Bedrängnis, einer Not, heimgesucht werden, mit dem Gebet **„Sayyid-ul Istighfar",** über welches wir in dem Kapitel Istighfar berichtet haben, morgens und abends fortzufahren oder dieses nach jedem der fünf täglichen Pflichtgebete zu rezitieren, was auch sehr vorteilhaft ist.

Allerdings gilt es hierbei zu beachten, dass es notwendig ist, das Istighfar fühlend und im Bewusstsein seiner Bedeutung durchzuführen.

42

SALAAT UL ISTIKHÂRA (Gebet, um etwas zu erfahren)

Allahumma inniy astakhıyruka bi ilmika wa astakdiruka bikudratika wa as'aluka min fadlikal azıym. Fa innaka takdiru wa lâ akdiru wa ta'lamu wa lâ a'lamu wa anta allâmul ğuyûb. Allahumma in kunta ta'lamu anna hâzal amra khayrun liy fîy diynî wa ma`âschiy wa âkıbati amriy fakdurhu liy wa yassirhu liy summa barik liy fiyhi. Wa in kunta ta'lamu anna hâzal amra scharrun liy fiy diynî wa ma`aschi wa âkıbati amriy fa`asrifhu anna wa asrifnî anhu wakdur lil khayra haysu kâna summa ardınî bihi.

Mein Allah, ich bitte Dich innständig darum, mir durch Dein Wissen mitzuteilen, was für mich von Vorteil ist. Weil Deine Macht ausreicht, bitte ich Dich darum mir Kraft zu geben. Ich erbitte aus Deiner großen Freigebigkeit heraus mir mitzuteilen was für mich förderlich ist. Denn Du hast die Macht, ich hingegen bin machtlos. Du bist der Allwissende, ich bin unwissend. Dir sind alle Geheimnisse des Verborgenen offenbar.

Mein Allah, wenn nach Deinem Wissen das Ergebnis...(hier beschreiben Sie Ihr Anliegen)...für meinen Glauben, mein Leben und mein Leben im Jenseits vorteilhaft ist, dann

erleichtere mir mein Tun und lass es gelingen…

Mein Allah, wenn nach Deinem Wissen das Ergebnis von…(hier beschreiben Sie Ihr Anliegen)…für meinen Glauben, mein Leben und mein Leben im Jenseits Schaden bringt, so halte mich von diesem Tun zurück und lass es nicht gelingen…!

Erläuterung:

„Istikhara” hat in der Kultur des Islams einen hohen Stellenwert!

Sich in Hinsicht auf eine beabsichtigte Aktivität mit Allah, dem das Verborgene offenbar ist, zu beraten, ist eine ganz wichtige Möglichkeit für den Gläubigen. Aus diesem Grunde berichten die gläubigen Gefährten des Rasulallahs a.s. folgendermaßen:

„Der Rasul Allahs s.a.s. empfahl uns bei all unseren Angelegenheiten Istikhara zu machen!”

Die Form der Istikhara, so wie sie der Rasulallah a.s. empfahl, wurde uns von **Hz.Ebû Bakr, Ibn Masûd, Abû Ayyub al Ansarî, Abû Saîd al Hudri, Sâd bin Abî Wakkas, Abdullah bin Abbas, Abû Hurayra** und vielen anderen führenden Mitgliedern der Gemeinde um den Rasul überliefert.

Wie sieht diese Überlieferung aus? Was hat der Rasulallah empfohlen?

„Wenn einer von euch eine Sache ernsthaft in Erwägung zieht und sich in der Phase der Entscheidung befindet, dann sollte er außerhalb des Pflichtgebets zwei Rekat beten und danach folgendes Gebet sprechen…”

Das Gebet haben wir oben aufgeführt.

In dem Gebet rezitieren diejenigen, welche die Suren auswendig können, im ersten Rekat die Sure „Kul ya ayyuhal kâfirun…”, im zweiten Rekat wird nach der Fatiha Sure die Ikhlas Sure gesprochen. Diejenigen, welche die erstgenannte Sure nicht auswendig kennen, rezitieren hier auch die Ikhlas Sure.

Sollten Sie in der ersten Nacht nicht das notwendige Zeichen erhalten, oder ist es zu schwach, dann ist es von Nöten dieses Gebet bis zu siebenmal zu wiederholen. Denn der Rasul Allahs sagte zu Anas bin Mâlik im Zusammenhang mit diesem Thema:

„Oh Anas, wenn du eine Sache beginnen möchtest, dann wende in Bezug auf diese Sache siebenmal Istikhara an. Dann wende die Entscheidung an, welche die Zustimmung deines Herzens und deiner Seele hat. Denn das Gute liegt in der Neigung deines Herzens und deiner Seele."

Was macht man aber, wenn die Zeit drängt?

Dann spricht man, nachdem man zwei Rakat gebetet, Istighfar gemacht und Salawaat gesprochen hat, folgendermaßen:

„Allah, Du weißt alles, alles Verborgene, das Vergangene und das Zukünftige. Du kennst auch den Zustand, in dem ich mich befinde. Überlass mich nicht mir selbst; lass mich das Vorteilhafte spüren und erleichtere mir das Gute. Schütze mich davor, das Übel zu wählen und schließe für mich den Weg des Bösen!

Es gibt keinen Teilhaber an Deinem Besitz. Du bist allmächtig, ich bin Dein Diener und Du bist mein Herr. So wie Du auch der Herr über die Himmel bist. Zeige mir bitte den Weg, gib mir die Inspiration der Wirklichkeit."

Danach vertraut man auf Allah und handelt so, wie es einem in den Sinn kommt.

Wenn man nach dem Istikhara-Gebet im Traum Schönes sieht, religiöse Autoritäten, grüne oder weiße Farben, so muss man dies positiv bewerten. Schwarz, Blau und Gelb signalisieren, dass man von dieser Sache Abstand nehmen soll.

Speziell denen, die sich mit dem Tasawwuf beschäftigen möchten, wird die Istikhara ausdrücklich empfohlen, damit sie nicht in die Irre geleitet werden.

Manch einer führt auch von Zeit zu Zeit eine Selbstkontrolle durch, indem er die Istikhara dazu benutzt, seinen eigenen Zustand zu erfahren.

Wir sollten Folgendes nicht vergessen:

Wie viele uns vorteilhaft erscheinende Dinge, die wir sehr begehren, sind in Wirklichkeit unser Verderben!

Und wie viele Dinge, vor denen wir uns sträuben und die wir als unser Verderben ansehen, sind in Wirklichkeit zu unserem Besten! Allah weiß es, wir können dies nicht wissen!

Deshalb sollten wir uns gewiss sein, dass derjenige, der Allah um Rat bittet, dies niemals bereuen wird!

43

SCHUTZ VOR UNHEIL

Allahumma inna auzubika minal kasali wal harami wal ma'asami wal maghrami wa min fitnatil kabri wa azabil kabri wa min fitnatin nari wa azabin nari wa min scharra fitnatil ghinâ wa auzu bika min fitnatil fakri wa auzu bika min fitnatil masikhid dadjâli... Allahummaghsil anna khatayaya bimâ isaldji wal baradi wa nakka kalbiy minal khataya kamâ nakkaytas saubal abyaza minaddayni wa bâid bayni wa bayna khatayâya kamâ bâ atta baynal maschriki wal maghrib...

Mein Allah, ich suche meine Zuflucht bei Dir vor der Faulheit, der Geistesschwäche, den Sünden, der Feigheit, den Qualen des Grabes, vor der Prüfung und dem Übel des Reichtums und vor der Prüfung und dem Übel der Armut. Allah, ich flüchte mich zu Dir vor dem Unheil des Dadjaal. Allah, wasche mich mit dem Wasser aus unberührtem Schnee rein, reinige mein Herz von den Sünden, lasse zwischen mir und meinen Sünden einen Abstand entstehen, der so groß ist wie der Abstand zwischen dem Osten und dem Westen.

Erläuterung:

In diesem Gebet des Rasulallahs s.a.s., welches uns von Hz. Aische Radıya'llâhu Anha überliefert wurde, teilt er uns kurz und umfassend die Zustände mit, welche für den Menschen die größten Gefahren darstellen und ermahnt uns vor diesen bei Allah Schutz zu suchen.

Faulheit ist eine Krankheit, welche die Funktion des Begriffs Menschsein aufhebt. Die **Geistesschwäche** wiederum ist eine furchtbare Krankheit, die besonders in den letzten Jahren diagnostiziert wird und das Bewusstsein des Menschen zunichte macht und ihn somit nicht mehr die Funktion des Menschseins leben lässt. **Feigheit** ist ein großes Übel, welches die Wandlung des Gedankens in eine Aktion unterbindet und so den Menschen den Weg des Fortschrittes versperrt.

Können Sie sich das Entsetzen des Menschen vorstellen, der lebendig, denkend, bewusst und seine Umgebung wahrnehmend ins Grab hinabgesenkt wird und den ersten Kontakt zu den Wesen dieser neuen Dimension erlebt? Wie beängstigend und schockierend müssen diese Umgebung und dieses Leben sein!

Und wenn Sie dann nicht auf dieses Leben vorbereitet sind, welch entsetzliche Qual muss der Ort und die Zustände, in denen Sie sich dann befinden, für Sie sein! Wenn Ihre Logik und Ihr Unwissen allerdings verhindern, dass Sie dieses glauben, so werden Sie sicherlich keine Angst vor den **Qualen** und der **Prüfung des Grabes** haben… Aber wir werden darüber von dem Rasul Allahs s.a.s. gewarnt. Wenn Sie möchten, beachten Sie diese Warnung nicht! Aber die Folgen werden Sie alleine zu tragen haben!

Das Unheil des Dadjaal… Dadjaal ist ein Wesen, welches folgendermaßen beschrieben wird: Auf dem rechten Auge ist er blind, das heißt, er kann die Wahrheit, die Wirklichkeit, die für ihn verschleiert ist, nicht erfassen. Mit seinen übernatürlichen Kräften wird er behaupten, dass er selbst der **erhabene Herr (Rabb)** ist, der von den Menschen angebetet werden soll!!!

Wie es bei Allah üblich ist, wird zuerst die „**Mahdi**" genannte Person erscheinen, welche die Menschen auffordern wird an Allah zu glauben und darauf hinweisen wird, dass Allah der **„end- und**

grenzenlose Eine" und kein anzubetender Gott ist, über jede Art von Form, Zustand, Farbe, Licht und ähnliche Begriffe erhaben ist, über alles Wissen und alle Kraft verfügt und als über alle Universen und alle Energien erhaben begriffen werden muss.

Danach wird sozusagen als Prüfung für dieses Verständnis bei den Menschen der **Dadjaal (Täuscher)** hervortreten; er wird den Menschen einreden, dass er der **Gott im Himmel** ist, den die Menschen seit Jahrhunderten anbeten und wird die Menschen dazu auffordern ihn als **Gott** anzunehmen und ihn anzubeten.

Diejenigen, welche die Beschreibung **Allahs**, so wie sie der **Mahdi** mitgeteilt hat, begriffen und verinnerlicht haben, werden aufgrund ihrer Kenntnis über die Wahrheit trotz aller übernatürlichen Erscheinungen der Behauptung des **Dadjaals,** Gott zu sein, keinen Glauben schenken und sich an die von **Hz. Mohammed** durch den **erhabenen Koran** offenbarten Fundamente haltend, in das Leben nach dem Tod eingehen.

Die Menschen, welche die Bedeutung des Namen **Allah**, wie sie in der **Ikhlas Sure** des erhabenen Koran beschrieben wird, nicht verstanden haben und sich dem Gott zuwenden, den sie sich in ihrem Kopf zurechtgelegt und mit dem Namen Allah versehen haben, werden sofort hinlaufen, wenn sie den **Gott ihrer Vorstellung**, der irgendwo im Himmel wohnt, in natura vor sich sehen. Und weil sie nicht auf die an sie gerichtete Warnung eingegangen sind, werden sie einen riesigen Verlust erleiden.

Rettung vor dem Unheil des **Dadjaal** kann es nur dadurch geben, wenn wir das, was in der **Ikhlas Sure** des erhabenen Korans mit dem Namen Allah bezeichnet wird, begreifen. Das sollte uns ständig bewusst sein!

Denn es wird im Moment oft davon gesprochen, dass die **Djinn**, die sich als **Wesen aus dem Universum** ausgeben, mit **UFOs** kommen und gehen. Sie sprechen auch davon, dass **der Gott** der Menschen bald auf diese Erde kommen wird. Das könnten sehr wichtige Hinweise sein.

Wir können nicht wissen, wann der **Mahdi** hervortritt; wir können nicht wissen, wann der **Dadjaal** hervorkommt! Das sind Dinge, die im Wissen Allahs sind. Allerdings bringt es großen

Nutzen, sich gegen diese Gefahren durch Wissen zu wappnen und diejenigen, die neu heranwachsen, vor diesen Gefahren zu warnen. Denn die Zeichen weisen darauf hin, dass diese Zeit nicht allzu weit entfernt ist.

In den als **Kutub-us-Sitta** bekannten Hadith-Büchern, deren Wahrheit nicht angezweifelt werden kann, gibt es wichtige Überlieferungen sowohl zu dem Thema des **Dadjaal** wie auch zum **Mahdi**. Wer wünscht, kann bei „**Ibni MÂDJA**" die Erläuterungen des Rasulallahs zu dem **Mahdî** nachlesen und bei „**Muslim**" – „**Bukhari**" und den Anderen die Äußerungen über den **Dadjaal** untersuchen.

Es finden sich zum Beispiel folgende Hinweise: Der Dadjaal soll sich wie ein Vogel fliegend von einem Ort der Erde an einen anderen fortbewegen, so dass er in vierzig Tagen die ganze Welt bereisen wird. Es wird kein Haus geben, das er nicht besucht und er wird gleichzeitig auf der ganzen Welt gesehen und gehört werden. Vor Jahrhunderten konnte man sich sicherlich noch kein **Flugzeug**, kein **Fernsehen** und Ähnliches vorstellen. Unserer Meinung nach sollten wir sehr sensibel mit diesen Informationen umgehen, welche auf diese Weise von Generation zu Generation weitergegeben wurden!

Denn der Rasul Allahs hat dieses Thema des Dadjaal für überaus wichtig gehalten und betont, dass es seit der Erschaffung des Menschen noch kein solch großes Unheil gegeben hat.

Denn der **Dadjaal** wird über solch übernatürliche Kräfte verfügen und solch verwunderliche Dinge hervorbringen, dass es nur Menschen, die von **Allah** geschützt werden, gelingen wird, nicht daran zu glauben.

Hz. Isa (Jesus a.s.) wird derjenige sein, welcher den **Dadjaal** von der Erde vertreiben wird.

Es gibt vielfältige Spekulationen, ob Hz. Isa kommt oder nicht oder auf welche Weise er zurückkommen wird. Wir möchten unsere persönlichen Gedanken, die auf dem Wissen, welches uns der Rabb zukommen ließ und persönlichen Feststellungen basieren, hier niederschreiben, damit Sie vielleicht den Interessierten von Nutzen sein werden.

Es wird überliefert, dass Hz. Isa, bevor er von dieser Welt ging, sagte: „**Ich werde nach zweitausend Jahren wieder zu euch zurückkehren.**”

Gemäß den Hadith-Büchern, die nach dem erhabenen Koran, die größte Wertschätzung erhalten, hat der **Rasulallah** s.a.s. betont, dass **Jesus** a.s. auf die Erde zurückkehrt und den **Dadjaal** vernichten wird.

Nach unseren Erkenntnissen lebt Jesus a.s. mit seinem seelischen Körper zurzeit frei in der Welt von Barzakh, zusammen mit den anderen Rasulen und den Awliyaullah, die den **Fath** erlangt haben.

Bei dem als **Kaschf** bezeichneten Zustand besitzt der Mensch Wissen über und Verbindung zu der geistigen, immateriellen Welt, während die Verbindung zu seinem physischen Körper weiter besteht.

Der Zustand des **Fath** indessen bedeutet, dass die Seele, welche eine Art holographischen Strahlenkörper bildet, Unabhängigkeit vom physischen Körper erlangt, während andererseits das Leben im physisch- biologischen Körper weitergeht. Dieser Umstand wird in der Mystik des Islams als **„sterben, bevor man stirbt”** beschrieben.

Personen, welche diesen **Fath** erlangt haben, also gestorben sind, bevor sie sterben, also die Fähigkeit haben in der Welt der Strahlung zu leben, können, wenn sie dies wünschen, unter uns mit ihrem biologischen Körper gesehen werden und verschiedene Arbeiten bewerkstelligen, indem sie ihren Körper verdichten.

KHIZR[29] a.s. ist ein Beispiel dafür! Wenn er es wünscht, erscheint er uns sichtbar in seinem biologischen Körper und kehrt dann wieder in sein Leben in der Dimension der Strahlung zurück.

Auf dieser Grundlage sind auch Situationen zu verstehen, in denen sowohl **Abdulkadir Djailani** wie auch andere Personen, die im Besitz des **Fath** sind, zur gleichen Zeit an verschiedenen Plätzen

[29] Khizr ist nach islam. Auslegung ein Beinahme des Rasuls Ilyas, der aus der Bibel als Eliyas bekannt ist.

gesehen wurden und dort auch gegessen haben.

Auch Hz. Isa, der zurzeit mit seiner Seele, einer Art holographischem Strahlenkörper lebt, wird durch Verdichtung desselben von neuem unter uns zu leben beginnen. Bei seiner Rückkehr wird er mit dem Körper und dem Aussehen des Dreiunddreißigjährigen erscheinen, mit dem er einst diese Welt verlassen hat. Allah weiß ganz bestimmt am allerbesten um die Wahrheit.

Soweit zu dem, was ich mit der Erlaubnis meines Rabb wahrgenommen habe. Ich muss zugeben, dass ich außerstande bin, genug für dieses Wissen zu danken!

Allahummarzukna iymanan dâiman wa yakînan sâdıkan wa kalban khâschian wa lisânan zâkiran wa âmalan makbulan wa rızkan wâsian wa ilman nâfian wa daradjatan rafî'âtan wa tawbatan nasûhatan kablalmauti wa rahatan indal mauti wa maghfiratan bâ'dal mauti wa amnan min azâbil kabri…

Mein Allah, gewähre mir gnädigst den Zustand des fortdauernden Glaubens, Nähe zu Dir in Aufrichtigkeit, kein angstvolles, sondern ein in Erfurcht ergebenes Herz, eine Zunge, die sich (Deiner) ständig erinnert,, die Durchführung Dir gefälligen Handelns, einen umfassenden Lebensunterhalt, Wissen, das mir bis in alle Ewigkeit nützlich sein wird, die Vollkommenheit hoher Ränge, vor und nach dem Tod den Zustand aufrichtigen Bereuens, eine Begnadigung von Dir nach meinem Tode und den Schutz vor den Qualen des Grabes.

Erläuterung:

Dieses und das davor beschriebene Gebet, welche uns von dem Rasul Allahs s.a.s. gelehrt wurden, sind Gebete, welche alle Situationen unseres Lebens betreffen und sie umfassen einen so großen Bereich, den wir uns weder vorstellen noch erträumen können.

In dem zuerst aufgeführten Gebet werden die wichtigsten Umstände genannt, vor denen wir bei Allah Schutz suchen müssen und in dem zweiten Gebet werden alle wichtigen Belange angesprochen, die wir schnellstmöglich von Allah erbitten sollen, die für uns lebensnotwendig sind.

Bitte studieren Sie die Bedeutung dieser beiden Gebete ausführlich und wenn Sie dann mit unserer Meinung über das, wovor man bei Allah Schutz suchen muss und dem, was man erbitten muss, konform sind, dann gewöhnen Sie sich bitte daran, diese beiden Gebete jeden Tag einmal am Morgen und einmal am Abend zu beten. Vergessen Sie bitte nicht, dass Sie nur die Ergebnisse Ihres Tuns erlangen können. Es gibt keinen Gott im Jenseits, der Ihnen irgendetwas umsonst gibt. Allah hat seine Ordnung erschaffen und in dieser gibt es ganz bestimmt keine Veränderung!

Allahumma aslamtu nafsiy ilayka wa wadjahtu wadjiy ilayka wa fawwadtu amriy ilayka wa al djatu zahriy ilayka, raghbatan wa rahbatan ilayka, lâ mal dja`a wa lâ man dja`a minka illâ ilayka amantu bikitabikallaziy anzalta wa nabiyyakallaziy arsalta…

Die Bedeutung in der Zusammenfassung:

Mein Allah, ich habe mich Dir ergeben, in meinem Bewusstsein bist alleine Du; ich habe Dir meine Arbeiten anvertraut, ich vertraue auf Dich, ich begehre Dich und ich fürchte mich vor dem, was von Dir kommt, es gibt niemanden außer Dir, bei dem ich Zuflucht suchen kann und niemand außer Dir, der Schutz gewährt…Ich glaube an die von Dir „herabgesandten" Bücher und an Deinen Nabi.

Erläuterung:

Berâ Bin Azib (Radıya'llâhu Anh) erzählt und Bukharî überlieferte uns dieses Gebet, welches der Rasulallah s.a.s nachts, wenn er sich zu Bett legte, gesprochen hat.

Der Rasul Allahs a.s. sagte über diejenigen, die sich mit diesem Gebet an Allah wenden, Folgendes:

„Wer immer dieses Gebet betet und später in dieser Nacht verstirbt, der hat gefestigt mit den Anlagen des Islams den Tod zu kosten bekommen!"

44

EIN GROSSES BITTGEBET (Hadjat Dua)

Allahumma ilayka asch'kû dâ'fa kuwwatiy wa kîllata hiylatiy wa hawâniy alannâs; Yâ Arhamar rahimiyn, anta Rabbul mustad'âfiyn; anta arhamu biy min antakilany ilâ aduwwin baiydin yatadjahhamuniy, aw ilâ sadıykın kariybin mallaktahu amriy. In lam takûn ghadbana alayya, falâ ubâliy, ghayra anna âfiyataka aw sa`uliy. Auzu binûri wadjikallaziy aschrakat, lahuz zulûmatu wa saluha alayhi amrud dunya wal âkhırati an yanzila biy ghadabuka aw yahilla alayya sakhatuka; wa laka utba hatta tarda wa lâ hawla walâ kuwwata illâ bika.

„Mein Allah, Du siehst, dass meine Kraft unzureichend ist, dass ich hilflos bin und in den Augen des Volkes ein verachtetes und unbedeutendes Ansehen habe. Oh Allerbarmer, Du bist der Herr der Schwachen und Unterdrückten. Du bist so mitleidsvoll, dass Du mich nicht den Händen von fremden Feinden mit schlechten Angewohnheiten und schlechtem Handeln, sogar nicht einmal den Händen meiner Verwandten, denen ich anvertraut wurde oder den Händen eines Freundes überlassen hast. Allah, Du bist mir gegenüber nicht zornig; was kümmert mich da Mühsal und Plagen, die ich erdulde! Eigentlich ist Dein Schutzbereich so weit, dass ich auch diese nicht ertragen brauche. Allah, ich suche Zuflucht bei Deinem strahlenden

Antlitz, welches all Deine Schatten strahlend erhellt und das einzig Sicherheit Bringende vor den Zuständen der Welt und des Jenseits ist, Zuflucht davor, Deinem Zorn anheim zu fallen oder Deinen Unwillen zu erregen. Allah, ich bitte Dich so lange um Vergebung, bis ich Dein Wohlgefallen erlange. Kraft und Stärke gibt es nur bei Dir."

Erläuterung:

Der Rasul Allahs s.a.s. reiste in der ersten Zeit seiner Mission in die Stadt Taif, um dort die Wahrheit zu verkünden. Er tat, was in seiner Macht lag, um den Bewohnern von Taif die Wahrheit aufzuzeigen. Aber als Antwort darauf erntete er nur Verachtung und es blieb noch nicht einmal dabei. Groß und Klein ließen einen wahren Steinregen auf ihn niederprasseln, um ihn aus der Stadt zu vertreiben. Durch die Steinwürfe waren seine Füße blutig und geschunden…

Am Ende erreichte er einen Garten seiner Verwandten und konnte sich dort vor den unerbittlichen Angriffen in Sicherheit bringen. Allerdings war er sehr verletzt über deren Handeln.

Er war ganz ohne etwas zu erwarten bis zu ihnen gereist, um ihnen die Wahrheit zu verkünden und erntete von ihnen Verachtung und Steinwürfe. Ganz ungewollt brach er darüber in Tränen aus und sprach das oben aufgeführte Gebet.

Da erschien dem Rasul auf Allahs Befehl hin der Engel, welcher für die Berge zuständig ist und sagte ihm, dass er gesandt wurde und dass er, wenn der Rasul dies wünsche, zwei Berge vereinigen könnte, um die Bewohner von Taif auszulöschen.

Aber der Rasul Allahs hatte keine rachsüchtige Persönlichkeit! Er betete: **„Ich hoffe, dass Allah aus deren Geschlecht eine gläubige Gemeinschaft hervorbringt, die dem Islam dienen wird."** Und so kehrte er nach Mekka zurück.

Allah der Erhabene hat dieses Gebet erhört. Nach einiger Zeit verbreitete sich das Licht des Glaubens in Taif und seine Bewohner wurden Muslime!

Dies ist ein Gebet, welches wir all denen wärmstens empfehlen, die von großem Übel, Ungerechtigkeit, Kummer und Torturen heimgesucht werden. Wenn man dieses Gebet nach dem Nachtgebet spricht oder nach dem Pflichtteil des fünfmaligen Gebets rezitiert, so wird man, wenn Allah will, in kürzester Zeit Rettung erfahren.

Allahumma inniy auzu BirizaKA min sahatiKA wa BimuafatiKA min ukubatiKA wa BirahmatiKA min GhazaabiKA wa auzu BiKA minKA... Lâ uhsiy sanâan alayka anta kamâ asnayta alâ nafsik.

Erläuterung:

Aus den vorhandenen Quellen erfahren wir, dass der Rasulallah s.a.s. dieses Gebet bei der Sadjda, also der Niederwerfung, im Nachtgebet (Tahaddjud-Salaah) gesprochen hat.

„Ich suche Zuflucht vor Deiner Unzufriedenheit DURCH („B"-Konzept) **Deine Zufriedenheit,**

Vor Deiner Strafe DURCH Deine Vergebung, Vor Deinem Zorn durch Deine Rahmat (dass mir ein Weg zu Dir eröffnet wird)

vor Dir DURCH DICH...

Ich bekenne, dass ich Dich nicht so bewerten/loben kann, wie DU Dein Selbst bewertest!"

Dies ist ein wundervolles Gebet. Besonders die zwei letzten Abschnitte weisen auf die Wirklichkeit, die dem Tasawwuf zugrunde liegt und den Rang von „Marifatibillah" hin *(A.d.Ü. Mit der Sichtweise Allahs zu wissen... „Die Hand mit der Er anfässt, die Augen mit der Er sieht etc..").* Dies ist ein Punkt, den Wissende dringend beachten müssen. Ich möchte die Wissenden darauf hinweisen, dass sie sehr gut verstehen müssen, was uns der Rasulallah a.s. hier lehrt.

45

GEBETE ZUR VERMEHRUNG DES LEBENSUNTERHALTS

Allahumma akfiniy bihalaalika an haraamika wa aghniniy bifadlika amman siwâk...

Die Übersetzung:

Allah, gib mir soviel ausreichenden legitimen Lebensunterhalt, dass ich nicht auf Verbotenes zurückgreifen muss, mache mich durch deine Güte reich, damit ich vor allen Unannehmlichkeiten geschützt bin.

Erläuterung:

Als der Rasulallah s.a.s. dieses Gebet lehrte, sagte er Folgendes:

„Selbst wenn die Schulden eines Menschen so hoch wie ein Berg wären, wenn er dieses Gebet fortwährend spricht, so wird Allah seinen Diener diese Schulden abtragen lassen..."

Wir empfehlen Menschen, die unter Schulden gebeugt sind, dieses Gebet 300 Mal am Tag zu rezitieren.

Allahumma rahmataka ardjû, falâ takilniy ilâ nafsiy tarfata

aynin, wa aslihliy scha'niy kullahu, lâ ilâha illâ anta...

Allah, ich hoffe auf Dein Rahmat, überlass mich nicht mal für die Zeit eines Liedschlags meinem Selbst, korrigiere mich jeden Augenblick, denn es gibt keinen Gott, nur Du existierst!

Erläuterung:

Mit den Worten **„dies ist ein Gebet, welches Menschen, die in Notlagen sind oder sich in Zwangslagen befinden, beten sollen"** hat uns der Rasulallah s.a.s dieses Gebet empfohlen.

Wir empfehlen dieses Gebet Menschen, die in Not sind, die ein Leid haben oder unter Schulden gebeugt sind. Sie sollten dieses Gebet täglich mindestens 40 Mal sprechen.

46

EINIGE SEHR NÜTZLICHE GEBETE

Auzu biwajhillâhil kariym wa kalimâtillâhit tâmmatillatiy lâ yudjawiz hunna barrun walâ fâdjirun min scharra mâ yanzilu minas samâi wa mâ yâ'rudju fiyha wa min scharra mâ zara`a fil ardi wa mâ yakhrudju minha wa min fitanil layli wan nahhari wa min scharri kulli tarikin illâ târikan yatruku bikhayrin yâ Rahman.

Ich suche Zuflucht im Antlitz (die Eigenschaften von Allah, die sich manifestieren) von Allah, welches Karim ist und der Ausdrucksweise von Allah und in all seinen Namen, nichts kann es angreifen und ich suche Zuflucht vor dem, was zu den Himmeln aufsteigt (durch provokative Gedanken) und vor dem, was von den Himmeln absteigt (von Gedanken, die Zweifel und Skepsis verbreiten), vor dem, welches von der Ebene der wahrgenommenen Manifestation (Ard-was vom Körperlichen abstrahlt) produziert wird und dort heraus wächst (körperliche Begierden und Wünsche), vor den Provokationen des Tages (Außenwelt) und der Nacht (internes Leben) und vor dem, welches an der Tür in der Nacht klopft (Instinkt), außer was mit guter Intention kommt, OH RAHMAN (die Quelle von allen Potenzialen).

Erläuterung:

In Istanbul lebte eine Persönlichkeit, die unter dem Namen **„Medine'li Haci Osman Efendi"** bekannt war und auch **„Beykozlu"** genannt wurde. Diese Person hatte fünfzig Jahre ihres Lebens in Medina verbracht und in den Bibliotheken von Medina gab es kein Buch, welches dieser nicht gelesen hätte!

Es Seyyid Mehmed Osman Akfırat, möge Allah ihm mit seiner Gnade umfangen und seinen Glanz erhöhen, war Anfang der sechziger Jahre, als ich seine Hand küsste, sechsundachtzig Jahre alt. Ich hingegen war um die achtzehn herum. Dies war die Person, welche mir zuerst das Tor zum Offensichtlichen und dann zum Verborgenen öffnete und mich mit dem Rasulallah s.a.s. bekannt machte! Bei den wichtigsten Ereignissen in meinem Leben war er es, der „geistige Eingriffe" vornahm! Möge er von Allah in seiner Gnade aufgenommen werden, möge er ihm von meiner Seite her Wohltaten erweisen bis in alle Ewigkeit!

Eben diese hohe Person hat mir dieses Gebet des Rasulallah s.a.s. gelehrt und er empfahl den Menschen, die von verschiedenen Notlagen betroffen waren, dieses Gebet auf einem Papier aufzuschreiben und dieses bei sich zu tragen…

Auch wir tun dies, denn…

Als die Stärksten der **Djinn** -unter ihnen als **Ifrit** bekannt- mitbekommen haben, dass der Rasul Allahs bei seiner Miraadj zum Himmel auffuhr, entstand unter ihnen ein großer Aufruhr. Sie sagten: **„Sollte Mohammed die Himmel kennenlernen und mit Allah zusammenkommen, dann wird er nicht mehr aufzuhalten sein"**, und so griffen sie den Rasulallah mit allen ihnen zur Verfügung stehenden Kräften an.

Da erschien Gabriel a.s. unserem Rasul und gab ihm dieses Gebet ein, mit dem er sich schützen konnte. Als der Rasulallah a.s. dieses Gebet sprach, verbrannten alle, die ihm Schaden zufügen wollten! Es bleibt also Ihnen überlassen, wie Sie dieses Gebet bewerten, das aus solch einem wichtigen Anlass gelehrt wurde!

Yâ Hayyu Yâ Kayyum Yâ Zul Djalâli wal Ikrâm as'aluka an tuhyi kalbiy binuri mâ'rifatika abadan Yâ Allah Yâ Allah Yâ Allah Yâ Badî'as samâwâti wal ard.

Oh Hayy, Oh Kayyum, Oh Zul Djalaali Wal Ikram! Ich erbitte von Dir, dass Du mein Herz mit dem ewigen Licht des Wissens belebst! Oh Allah, oh Allah, oh Allah, der Badi (Erzeuger) von den Himmeln (höheren Bewusstseinszuständen) und der Erde (des körperlichen Bewusstseins)!

Erläuterung:

Wer dieses Gebet vor dem Pflichtteil des Morgengebets 40 Mal rezitiert und damit 40 Tage lang fortfährt, der wird sofort dessen Erfolg zu spüren bekommen.

Das Herz mit dem **Licht des Wissens** belebt, bedeutet Folgendes:

In der Terminologie des Islam steht das Wort „**Herz**" für das Bewusstsein. Die Belebung des **Bewusstseins** ist indessen nur durch das **Licht des Wissens** (Marifat Nuur) möglich. Mit dem **Licht des Glaubens** (Iman Nuur) lässt der Mensch die Grenzen seines Bewusstseins hinter sich und mit dem **Licht des Wissens** erlangt er die Kapazität, die Wirklichkeit außerhalb der Grenzen seines Bewusstseins zu begreifen!

Möge Allah uns lebenslang das ständige **Licht des Glaubens** und das **Licht des Wissens** nicht verweigern. Denn wem das Licht des Glaubens verweigert ist, der lebt „**blind**" mit einem blockiertem Verstand und wem das Licht des Wissens verweigert ist, der kann niemals über die Wirklichkeit außerhalb der Grenzen seines Bewusstseins nachdenken oder diese bewerten. Aus diesem Grunde müssen wir bei jeder Gelegenheit Allah um das **Licht des Glaubens** und das **Licht des Wissens** bitten und ihn darum anflehen, uns diese ununterbrochen bis in Ewigkeit zu gewähren.

Rabbi inniy maghlubun fantasir, wadjbur kalbil munkasir, wadjma shamlil muddasir, innaka antar rahmanul muktadir; ikfiniy yâ Kâfiy fa anal abdul muftakir wa kafâ billahi waliyyan wa kafâ billahi nasiyra; innasch schirka la zûlmun aziym. Wa

mallâhu yuriydu zulman lil ibaad. Fakutia dabirul kawmillaziyna zalamu, walhamdulillahi rabbil alamiyn.

„Oh Rabb, ich wurde besiegt; bitte hilf mir unverzüglich mit Deiner Siegeskraft, um siegreich zu werden... Mein Herz ist zerbrochen (lass mich die Wahrheit spüren), lass es eins und ganzheitlich werden ... (im ursprünglichen Zustand), bringe meinen bedeckten Zustand, der zerstreut ist in einem ganzheitlichen Zustand zusammen...Weil Du, wahrlich, Du bist ohne Zweifel Muktadir (der, der Kaadir ist) und Rahman...Sei für mich ausreichend, genügend; wahrlich ich bin der Diener, der von Deiner Existenz abhängig ist (meine Existenz ist bedürftigt nach Dir)…. Als Waliyy ist derjenige, der Allah (eure Wahrheit) genannt wird ausreichend… als Helfer (derjenige, der seinen Dienern gegen ihre Feinde zur Seite steht) ist derjenige, der Allah (eure Wahrheit) genannt wird ausreichend....Wahrlich ist Schirk (Dualismus) die größte Grausamkeit; und Allah wünscht für seine Diener keine Grausamkeit...Die Machenschaften der Bevölkerung, die Grausamkeiten verbreiten, sind beendet; das Hamd (Bewertung) gehört Allah, der der Rabb (Herr) der Welten ist...

Erläuterung:

Dieses Gebet, welches uns der **Ghaus-i A'zâm Abdulkadir Djailani** gelehrt hatte, haben wir auch in dieses Buch aufgenommen.

Viele Menschen haben sich in Notsituationen an den **Ghaus-i-A'zâm Abdulkadir Djailani gewendet und dieser hat allen, die in Not waren, dieses sehr wirksame Gebet empfohlen. Es ist ausreichend dieses Gebet morgens und abends je siebenmal zu rezitieren. So Allah will, werden wir zu denen zählen, denen dieses Gebet hilft.**

47

EINIGE GEBETE UND GEBETSSUREN

SUBHÂNAKA

Subhanaka Allahumma wa Bi-Hamdika wa tabarakasmuka wa ta`âla jadduka (wa jalla sanâuka) wa la ilaha ghayruka.

Mein Allah! Mit Deinem Hamd (Bewertung) bist Du Subhan! Dein Name ist angewandter Segen (Mubarak)! Dein Zustand ist erhaben! Es gibt keinen Gott, nur Dein Allah-Dasein!

AT-TAHIYYÂTU

Attahiyyatu lillahi wasSalawaatu wattayyibatu, as-Salaamu alayka ayyuhannabiyyu wa rahmatullahi wa barakatuhu, as-Salaamu alayna wa a'la i'badillahissalihiyn, aschadu an la ilahe illallahu wa aschadu anna Mohammedan abduhu wa rasuluhu.

Alle Ehre, Hinwendungen und die aufrichtigste Dienerschaft gehören Allah und unterliegen seiner erhabenen Herrschaft. Allahs Salaam, Segen und Frieden, sei mit dir, o Nabi. Friede sei mit uns und den gerechten Dienern Allahs. Ich bezeuge, dass es keinen Gott gibt, einzig Allah, und ich bezeuge, dass Mohammed

Sein Diener und Rasul ist.

SALAWAATE (SALLI – BARIK)

Allahumma salli a'la Mohammedin ve a'la âli Mohammedin kama sallayta a'la Ibrahima wa a'la âli Ibrahim, innaka Hamiydun Majid.

Allahumma barik a'la Mohammedin wa a'la âli Mohammedin kama barakta a'la Ibrahima wa a'la âli Ibrahim, innaka Hamiydun Majid.

O Allah, schenke Mohammed und der Familie Mohammeds Salaam, wie Du auch Abraham und der Familie Abrahams Salaam geschenkt hast. Wahrlich, Du bist Hamid, Madjiyd.

O Allah, segne Mohammed und die Familie Mohammads, so wie du auch Abraham und die Familie Abrahams gesegnet hast. Wahrlich Du bist Hamid, Madjiyd.

DIE ZEIT/AL-ASR (Sure 103)

bi-smi llāhi r-raḥmāni r-raḥīm

1 wa-l-ʿaṣr

2 ˈinnal-ˈinsāna la-fī khusrin

3 ˈillāllazīna ˈāmanū wa-ʿamilūṣ-ṣāliḥāti wa-tawāṣaw bil-ḥakki wa-tawāṣaw biṣ-ṣabr

(1)Bei der Zeit *(innerhalb der Lebensspanne des Menschen)**!***

(2)Wahrlich der Mensch ist verloren.

(3)Außer denen, welche *(an ihre Wahrheit)* ***glauben und das Notwendige ihres Glaubens*** *(A.d.Ü.:Salih Amal-gerechte Tat: Taten, die einen veranlassen, dass man zu spüren bekommt, dass man nicht aus Fleisch und Knochen besteht, sondern aus „Seele")* ***anwenden, die sich gegenseitig mit der Wahrheit empfehlen, die sich gegenseitig mit Geduld empfehlen.***

DER ELEFANT/AL-FIL (Sure 105)

bi-smi llāhi r-raḥmāni r-raḥīm

1 ʾa-lam tara kayfa faʿala rabbuka bi-ʾaṣḥābil-fīl

2 ʾalam yadjʿal kaydahum fī tazlīl

3 wa-ʾarsala ʿalayhim ṭayran ʾabābīl

4 tarmīhim bi-ḥidjāratin min sidj-djīl

5 fa-djaʿalahum ka-ʿaṣfin maʾkūl

(1) Hast du nicht gesehen, wie dein Herr mit den Leuten des Elefanten verfuhr? (2) Hat Hu nicht ihren Plan scheitern lassen? (3) Und Ababil Vögel in Scharen über sie geschickt, (4) Die sie mit Steinen aus gebranntem Ton bewarfen? (5) Dann machte Hu sie wie ein abgefressenes Feld.

QURAISCH (Sure 106)

bi-smi llāhi r-raḥmāni r-raḥīm

1 li-ʾīlāfi qurayschin

2 ʾīlāfihim riḥlatasch-schitāʾi waṣ-ṣayfi

3 fal-yaʿbudū rabba hāzāl-bayti

4 allazī ʾaṭʿamahum min djūʿin wa-ʾāmanahum min khawfin

(1) Auf dass die Quraisch *(zu ihrer Sicherheit)* ***zusammenhalten, (2) Zusammenhalten bei ihren Winter- und Sommerkarawanen! (3-4) So mögen sie deinem Herrn dieses Hauses*** *(als Leute des Tawhid)* ***dienen, der sie mit Nahrung gegen den Hunger versieht und sie sicher macht vor Furcht.***

DIE HILFELEISTUNG/AL-MAUN (Sure 107)

bi-smi llāhi r-raḥmāni r-raḥīm

1 'a-ra'aytallazī yukazzibu bid-dīn

2 fa-zālikallazī yadu''ul-yatīm

3 wa-lā yaḥuddu 'alā ṭa'āmil-miskīn

4 fa-waylun lil-muṣallīn

5 allazīna hum 'an ṣalātihim sāhūn

6 allazīna hum yurā'ūn

7 wa-yamna'ūnal-mā'ūn

(1) Hast du den gesehen, der die Religion *(Sunnatullah-System und Ordnung)* ***leugnet? (2) Er ist es, der den Waisen wegstößt (3) Und nicht zur Speisung der Armen anspornt*** *(geizig, egoistisch)* ***(4) Wehe denn denjenigen, der das „Salaah-Hinwendung zu Allah" verrichtet*** *(die es als „rituellen Ablauf" nur wegen der Tradition verrichten)* ***(5) Die*** *(sich im Kokon befinden)* ***unachtsam*** *(der Erfahrung der wahren Bedeutung)* ***in ihren „Salaah-Hinwendung zu Allah" sind*** *(welches einen Aufstieg darstellt zu ihrer innersten, essentiellen Realität, ihrem Herrn)****! (6) Die nur dabei gesehen werden wollen (7) Und das Gute verhindern.***

DER ÜBERFLUSS/AL-KAWSAR (Sure 108)

bi-smi llāhi r-raḥmāni r-raḥīm

1 'innā 'a'ṭaynākal-kawsar

2 fa-ṣalli li-rabbika wanḥar

3 'innā schāni'aka huwal-'abtar

1)Wahrlich wir haben dir den Kawsar gegeben. (2) Darum wende dich zu deinem Herrn hin *(Salaah)* ***und opfere*** *(das Ego)****! (3) Wahrlich, dein Hasser, er soll abgeschnitten sein*** *(von seiner Nachkommenschaft).*

DIE DAS WISSEN UM DIE WAHRHEIT LEUGNEN/AL-KAFIRUN (Sure 109)

bi-smi llāhi r-raḥmāni r-raḥīmi

1 kul yā-ʾayyuhāl-kāfirūn

2 lā ʾaʿbudu mā taʿbudūn

3 wa-lā ʾantum ʿābidūna mā ʾaʿbud

4 wa-lā ʾana ʿābidum mā ʿabadtum

5 wa-lā ʾantum ʿābidūna mā ʾaʿbud

6 lakum dīnukum wa-liya dīn

(1) Sprich: Oh ihr, die das Wissen um die Wahrheit leugnet! (2) Was ihr anbetet *(Nafs Ammarah; das Ego-das Darmhirn; das Selbst, welches Befehle vom Körper erhält)*, ***das bete ich nicht an. (3) Und ihr dient nicht dem, dem ich diene (4) Und ich diene nicht dem, was ihr anbetet (5) Und ihr werdet keine Diener dessen sein, dem ich diene. (6)Für euch ist*** *(euer Verständnis der)* ***Religion und für mich ist*** *(mein Verständnis der)* ***Religion!***

DIE HILFE/AL-NASR (Sure 110)

bi-smi llāhi r-raḥmāni r-raḥīm

1 ʾizā djāʾa naṣrullāhi wal-fatḥ

2 waraʾaytan nāsa yad khulūna fī dīnillāhi ʾafwādja

3 fa-sabbiḥ bi-ḥamdi rabbika wastaghfirhu ʾinnahū kāna tawwāba

(1) Wenn Allahs Hilfe kommt und die Eroberung *(Fath-wahre Eröffnung, die Sicht mit dem reinen universalen Bewusstsein)* ***(2) Und du die Menschen in Scharen in Allahs Religion eintreten siehst, (3) Dann gib deinem Herrn Hamd*** *(lass Hu bewerten)* ***und mach Tasbih und bitte ihn um Verzeihung, wahrlich Hu ist Tawwab.***

DAS VERDERBEN/AL-MASAD (Sure 111)

bi-smi llāhi r-raḥmāni r-raḥīm

1 tabbat yadā 'abī lahabin wa-tabba

2 mā 'aghnā ʿanhu māluhū wa-mā kasaba

3 sa-yaṣlā nāran zāta lahabin

4 wamra'atuhū ḥammālatal-ḥasab

5 fī djīdihā ḥablun min masad

(1) Zugrundegehen sollen die Hände von Abu Lahab. Und er ist auch zugrunde gegangen! (2) Sein Reichtum und sein Gewinn sollen ihm nichts nützen. (3) Er wird in einem flammenden Feuer brennen. (4) Und seine Frau auch…als Trägerin des Brennholzes (5) Mit einem Strick aus Palmfasern um ihren Hals.

BEKENNTNIS ZUR EINHEIT ALLAHS/AL-IKHLAS (Sure 112)

bi-smi llāhi r-raḥmāni r-raḥīm

1 kul huwallāhu 'aḥad

2 allāhuṣ-ṣamad

3 lam yalid wa-lam yūlad

4 wa-lam yakun lahū kufuwan 'aḥad

(1) Sprich: „Hu, Allah ist AHAD *(absolut, grenzenlos EINS)* ***(2) Allah ist SAMAD*** *(ganz; derjenige, der nicht mit dem Begriff der Vielfältigkeit zu begreifen ist, außerhalb des Begriffes steht)*. ***(3) Hu zeugt nicht und ist nicht gezeugt worden (4) Und es gibt keinen, der mit Hu zu vergleichen ist."***

48

NACHWORT

Obwohl dieses Buch nicht in meinem Programm war, habe ich vor vierzehn Tagen auf Bitten von einigen sehr wertvollen Freunden damit begonnen, dieses Buch zu schreiben; und Allah hat uns nicht beschämt und uns die Gnade erwiesen dieses Buch fertig zu stellen.

Es war mir nicht möglich diese Freunde zu enttäuschen, die beharrlich sagten: Nur du kannst in einer auch für kommende Generationen verständlichen Form erklären, was Gebet und Zikir sind, was diejenigen verlieren, die diese vernachlässigen und was diejenigen gewinnen, die diese würdigen.

Wir haben uns vor unsere Schreibmaschine gesetzt und im Vertrauen auf die unendliche Güte und Freigebigkeit Allahs zu schreiben begonnen...

Wenn es uns gelungen ist, erfolgreich zu beschreiben, was Gebet und Zikir sind, so erfolgte dies einzig, weil es Allahs Wunsch war, weil er uns Erfolg verlieh; weil er wünschte, dass die Menschen dieses Wissen erlangen sollten! Wenn es uns jedoch nicht gelungen sein sollte, so liegt dies ganz bestimmt an unserer Unzulänglichkeit. Halten Sie unsere gute Absicht im Auge und entschuldigen Sie unsere Unzulänglichkeit.

Ich erflehe von Allah dem erhabenen und großmütigen Herrn der Himmel und der Welten, aus Hochachtung vor seinem

Liebling Mohammed Mustafa a.s., diesem Geringen, welcher der Vorwand dazu war, dieses Wissen niederzuschreiben, den Lesern dieses Buches und denen, die als Mittelsperson zum Lesen dieses Buches beigetragen und animiert haben, dass Hu uns seinen Segen und seine Gnade erweisen möge, dass Hu uns das Licht des Glaubens und das Licht des Wissens verleihe, Hu uns aufrichtige Nähe schenke und uns vor allen Arten von Hader und Zwietracht bewahren möge!

Möge Allah von uns im Umfang seines Wissens Frieden und Segen auf seinen Rasul senden.

Möge Allah es uns allen zuteil werden lassen, zu denen zu gehören, die dieses Buch angemessen zu würdigen wissen!

Amin Amin Amin

AHMED HULUSI
22 September 1991
Antalya

ÜBER DEN AUTOR

Ahmed Hulusi ist ein zeitgenössischer islamischer Philosoph (geboren am 21. Januar 1945 in Istanbul, Türkei). Von 1965 bis zum heutigen Tage hat er an die 30 Bücher geschrieben. Seine Bücher basieren auf der Weisheit des Sufismus und erklären den Islam anhand von wissenschaftlichen Prinzipien. Er glaubt, dass das Wissen um Allah nur rechtmäßig geteilt werden kann, indem man es gibt, ohne irgendetwas zu erwarten. Und das hat dazu geführt, dass er sein ganzes Werk, welches Bücher, Artikel und Videos umfasst, kostenlos auf seiner Webseite zur Verfügung stellt. 1970 fing er an, die Kunst „Geister zu beschwören" zu erforschen und stellte diese parallel zu den Hinweisen im Koran (rauchloses Feuer und Feuer, welches durch Poren dringt). Er fand heraus, dass diese Hinweise tatsächlich auf „strahlende Energie" hindeuteten, was ihn veranlasst hat, das Buch Seele, Mensch, Djinn zu schreiben, während er als Journalist für die Aksam-Zeitung in der Türkei arbeitete. Im Jahre 1985 war das Buch „Der Mensch und seine Geheimnisse" (Insan ve Sirlari) Ahmed Hulusis erster Versuch, die Metaphern und Parabeln des Korans anhand von wissenschaftlichen Erkenntnissen zu entschlüsseln. 1991 veröffentlichte er das Buch „Gebet und Zikir", in dem er erklärt, wie Wiederholungen von bestimmten Gebeten und Wörtern zu einer erhöhten Kapazität des Gehirns führen und so erkannt wird, dass die göttlichen Attribute unserer Essenz innewohnen. Im Jahre 2009 hat er seine letzte Arbeit veröffentlicht, nämlich eine Interpretation des Korans aus der Sufi-Perspektive heraus, welche das Verständnis von renommierten Sufi-Meistern wie Abdulkarim Djili, Abdulkadir Djailani, Muhyddin ibn Arabi, Imam Rabbani, Ahmed Rufai, Imam Ghazali und Razi widerspiegelt. Sie alle haben die mit Parabeln und Metaphern verschlossene Botschaft des Korans immer mit dem geheimen Schlüssel des Buchstabens „B" geöffnet.

www.ingramcontent.com/pod-product-compliance
Lightning Source LLC
LaVergne TN
LVHW091247080426
835510LV00007B/151
* 9 7 8 0 6 9 2 2 2 8 1 0 4 *